La Conspiration

du même auteur
au **cherche midi**

La Légende des Templiers : L'Épée, tome I, 2014.
La Légende des Templiers : La Croix, tome II, 2014.
La Légende des Templiers : Le Trône, tome III, 2014.

Paul Christopher

La Légende des Templiers

La Conspiration

TRADUIT DE L'ANGLAIS (ÉTATS-UNIS)
PAR **FLORENCE MANTRAN**

COLLECTION **THRILLERS**

cherche **midi**

Vous aimez la littérature étrangère ? Inscrivez-vous à notre newsletter pour suivre en avant-première toutes nos actualités :
www.cherche-midi.com

DIRECTION ÉDITORIALE : ARNAUD HOFMARCHER
COORDINATION ÉDITORIALE : ROLAND BRÉNIN

Titre original : *The Templar Conspiracy*
Éditeur original : Signet, an imprint of New American Library, a division of Penguin Group (USA) Inc.

23, rue du Cherche-Midi
75006 Paris

Première partie
OUVERTURE

1

C'était le jour de Noël à Rome, et il neigeait. Un événement rare, ici, mais il s'y attendait. Dix jours qu'il ne quittait pas des yeux les prévisions météorologiques. Mieux valait se préparer.

Sur son passeport américain figurait le nom de Hannu Hancock, né à Madison, Wisconsin, d'une mère finlandaise et d'un père américain. Celui-ci était professeur à l'université, et sa mère tenait un magasin d'art finlandais. À quarante-six ans, Hancock possédait une maîtrise d'agronomie, obtenue à l'université de Wisconsin-Madison, et travaillait au ministère de l'Agriculture comme biologiste spécialisé dans la conservation des sols. Il avait eu pour épouse une jeune femme du nom de Janit Ferguson, morte au bout de trois ans d'un cancer du poumon. Il n'avait pas d'enfants et ne s'était jamais remarié.

Rien de tout cela n'était vrai. Ses employeurs eux-mêmes ignoraient qui il était réellement. Il voyageait sous des noms différents, avec plusieurs passeports qu'il conservait avec de grosses sommes d'argent dans un coffre de la banque Bauer, à Genève. Il gardait de côté plusieurs autres passeports ainsi qu'un deuxième pécule dans une banque de Nassau, aux Bahamas, où il possédait également une petite maison – voisine de celle de Sean Connery – située à Lyford Cay. Il disposait aussi d'un local personnel dans Carmichael Road, la route qui menait à l'aéroport. C'était toujours là, dans cette villa des Bahamas, qu'il se retrouvait après chaque job. Et ce serait encore là qu'il atterrirait, une fois achevée sa mission à Rome pour laquelle on lui avait demandé de se tenir disponible au cours des six prochains jours.

Pas un instant il n'avait envisagé l'échec, ni songé à l'énormité de ce qu'il devait accomplir. Jamais il n'échouait dans ses missions ; jamais il ne commettait d'erreur. Le remords lui était inconnu. L'aurait-on traité de sociopathe que l'on se tromperait lourdement. C'était juste un homme doué d'un talent particulier, dont il usait avec une efficacité redoutable. Les raisons et l'aspect moral des missions qu'on lui confiait, il les laissait entièrement à ses employeurs. Selon lui, il n'était qu'un technicien, le simple exécutant des tâches pour lesquelles ces derniers l'avaient engagé.

Remontant le Corso Vittorio-Emanuele II, qu'une neige légère ne parvenait même pas à recouvrir, Hancock regarda sa montre. Six heures et demie du matin, et il faisait encore sombre. Le soleil se lèverait dans une heure et quatre minutes. Il avait tout son temps. Sur ses cheveux noirs, il portait un passe-montagne blanc orné d'une visière et il était vêtu d'un blouson de ski également blanc, acheté à Genève, d'un jean dégoté dans un magasin de vêtements vintage à New York, et des chaussures de course trouvées dans une boutique de Paddington, à Londres. Il avait en bandoulière un sac gris pâle et, glissée sous le bras, une longue boîte emballée dans du papier cadeau, de celles que l'on utilise d'habitude pour des roses à grande tige.

En chemin, il n'avait croisé que quelques rares taxis, et les stores des cafés, pizzerias et bars étaient encore tous baissés, à cause de la neige inhabituelle qui tombait sur la ville, mais aussi à cause de ce jour particulier. Les gens devaient être chez eux en famille, les plus pieux en train d'avaler un petit déjeuner avant de se rendre sur la place Saint-Pierre pour recevoir la bénédiction du pape, prévue à midi.

Hancock atteignit la Via dei Filippini et tourna dans la ruelle étroite. Des voitures étaient garées en épi tout le long du mur et seuls quelques espaces libres permettaient d'accéder aux entrées des immeubles du XIXe, sur la gauche. Sa petite DR5 de location se trouvait là où il l'avait laissée la veille. Il poursuivit sa marche jusqu'à une porte noire anonyme, sur sa droite. Utilisant la clé à l'ancienne qu'on lui avait remise, il ouvrit le battant et entra.

Il se retrouva dans un petit vestibule sombre, flanqué au fond d'un escalier de fer en colimaçon. Il grimpa, ignora plusieurs paliers pour finalement atteindre le dernier étage. Un couloir de pierre menait à droite. Hancock le suivit. Après plusieurs coudes, le passage aboutit sur l'une des galeries réservées aux chœurs.

Il baissa les yeux sur la nef centrale, quelque vingt-cinq mètres en contrebas. Comme il s'y attendait, elle était déserte. La plupart des églises à Rome, petites ou grandes, n'accueilleraient personne ce matin. Tous les chrétiens de la ville se pressaient vers Saint-Pierre dans l'idée de dénicher une bonne place près de la loggia principale de l'édifice, là où le pape faisait ses plus importantes proclamations.

Avisant une autre porte, sur la gauche, Hancock l'ouvrit et se retrouva face à un nouvel escalier, en bois, aussi raide qu'étroit. Il en grimpa tranquillement les marches pour arriver dans une petite pièce. Le plancher, taillé dans un épais chêne de Sardaigne, était noirci par les ans, et les murs, faits du même bois, formaient un colombage complexe qui rappelait l'ossature d'un navire de l'Armada espagnole. Ce qui n'avait rien de surprenant, car la charpente avait été édifiée à la fin du XVIe siècle par les meilleurs constructeurs navals de Ligurie.

Au-dessus de la structure s'élevait une imposante coupole dont la hauteur dépassait nettement celle des églises construites à cette époque. Un simple escalier de bois s'élançait vers le sommet de la voûte, suivant la courbe du dôme pour se terminer à la base du petit clocher qui surmontait l'ensemble.

Hancock continua sa progression, grimpa les dernières marches en spirale et déboucha enfin dans la tourelle. Il regarda sa montre. Encore quarante minutes avant le lever du soleil. Il posa au sol la boîte qu'il portait sous le bras et se défit de son sac à dos. Le trajet entre la porte donnant sur la Via dei Filippini et le clocher lui avait pris onze minutes. Selon ses calculs, le retour ne durerait pas plus de sept minutes puisqu'il descendrait débarrassé de son lourd fardeau.

Sans attendre, il enfila des gants chirurgicaux, souleva le rabat de son sac à dos et sortit un sandwich emballé dans du papier paraffiné, qu'il avala rapidement, en prenant garde de ne laisser aucune miette tomber sur le sol dallé. Tout en mangeant, il jeta un regard sur la ville en contrebas. La neige s'épaississait à présent, suffisamment pour recouvrir ses traces sur l'allée qui l'avait conduit à la porte de l'église, mais pas assez pour obscurcir sa vision. Son casse-croûte achevé, il replia soigneusement le papier qui l'avait enveloppé et le glissa dans la poche de son blouson de ski.

Il régla l'alarme de sa montre sur 11 h 30, enfila son passe-montagne pour maintenir son visage au chaud et s'allongea par terre. Il lui fallut moins de trois minutes pour plonger dans un sommeil sans rêves.

L'alarme le réveilla à 11 h 30 précises. Avant de se lever, il sortit de son sac à dos une combinaison blanche ultralégère qui devait le recouvrir de la nuque aux pieds. Dans cette tenue, et avec la cagoule également blanche, il ne risquerait pas de se détacher sur le ciel terne et pâle de Noël.

Accroupi, Hancock tira de son sac ce qui ressemblait à une caméra vidéo. Il se redressa et, portant le viseur à son œil, examina la ligne des toits qui s'étendait au-delà des rives du Tibre. La distance était exactement de mille deux cents mètres, mais il voulait vérifier la force du vent. À la façon dont tombaient les flocons, il avait déduit que le vent était quasiment nul, mais le télémètre Leupold était assez sophistiqué pour détecter les courants d'air invisibles et définir une ligne de tir qui tenait compte de la différence de hauteur entre lui et sa cible. Détail important, car la Chiesa Nuova et son clocher étaient plus hauts de quatre-vingt-onze mètres que sa cible, située face à la plaine de Mars, de l'autre côté du fleuve.

Hancock remit le télémètre dans son sac. Puis il ôta le papier rouge et or qui emballait son lourd paquet, le plia soigneusement et le rangea à son tour. Il souleva alors le couvercle de la boîte, dévoilant les éléments d'assemblage d'un CheyTac M200 Intervention, chambré en .408 – le meilleur fusil de précision jamais inventé, selon lui. Sur le canon, il vissa le frein de bouche en acier puis le silencieux, enfila la lunette US Optics sur son rail et déploya la crosse en position tactique. Enfin, il clipsa le chargeur garni de sept cartouches dans le puits de chargement.

Le fusil était immense à tout point de vue. Mesurant près d'un mètre cinquante tout assemblé, il possédait à l'avant un bipied intégré, ainsi qu'un pied télescopique à l'arrière. Hancock les ignora tous les deux, choisissant d'appuyer son arme sur un coussinet de sable de sa confection, qu'il déposa sur le muret à hauteur d'épaule devant lui.

Calé sur un genou, il pouvait ajuster son tir quasiment au millimètre près. Il regarda sa montre. Midi moins cinq. C'était presque l'heure maintenant. Il sortit sa radio Pioneer Inno et la brancha sur ses écouteurs. Comme chaque année, le jour de Noël, CNN retransmettait en direct la bénédiction papale.

Selon le commentateur, plus de six mille personnes étaient réunies place Saint-Pierre pour se faire pardonner leurs péchés. En se basant sur les quatre dernières bénédictions *Urbi et orbi*, Hancock savait qu'il ne lui restait pas plus d'une minute et dix secondes pour repérer sa cible et tirer. À midi moins deux, d'énormes applaudissements s'élevèrent de la place. Il jeta sa radio dans son sac à dos et se mit en position de tir, plaçant sur le coussin de sable la partie du canon située juste à l'arrière du silencieux. Il tourna de deux crans le bouton de la lunette, et la zone de sa cible apparut aussitôt dans le viseur : le balcon central de la basilique Saint-Pierre.

Il y avait huit autres personnes dans la loggia, auprès de Sa Sainteté : deux évêques en habit blanc et coiffés d'une mitre ; deux prêtres en soutane blanche rehaussée d'un col rouge ; un perchman ; un cameraman ; Dario Biondi, le photographe officiel du Vatican ; et un cardinal qui tenait en main le dossier blanc et or qui contenait les bénédictions.

Et, parmi tous ces gens, se trouvait le pape. Assis sur un fauteuil rouge et or, une crosse à la main gauche, il était vêtu de blanc et or et portait une mitre aux mêmes couleurs. Derrière lui, à peine visibles dans l'ombre, se tenaient les hommes de la Vigilanza, qui constituaient les forces de sécurité du Vatican.

Enfin, Hancock vit la bouche du souverain pontife s'entrouvrir tandis qu'il prononçait les paroles de sa bénédiction :

« Sancti Apostoli Petrus et Paulus de quorum potestate et auctoritate confidimus ipsi intercedant pro nobis ad Dominum. »

Une bannière papale posée sur la balustrade se souleva légèrement sous la brise. Hancock ajusta minutieusement sa vision. Sous le balcon, l'immense foule lui répondit d'une même voix :

« Amen. »

Quinze secondes s'écoulèrent.

Hancock glissa sur la détente son gant recouvert de latex tandis que le pape commençait sa deuxième phrase :

« Precibus et meritis beatæ Mariæ semper Virginis, beati Michaelis Archangeli, beati Ioannis Baptiste, et sanctorum Apostolarum Petri et Pauli et omnium Sanctorum misereatur vestri omnipotens Deus ; et dimissis omnibus peccatis vestris, perducat vos Iesus Christus ad vitam æternam. »

Vingt secondes s'écoulèrent.

Un champ de vision parfaitement clair, un profil de trois quarts ; pas le meilleur angle, mais cela ferait l'affaire.

Une fois encore, la foule répondit :

« Amen. »

Trente secondes passèrent. À travers sa lunette, Hancock vit le pape prendre une légère inspiration avant de se lancer dans la troisième phrase de sa bénédiction. Sa dernière inspiration.

Hancock tira.

La balle de 8 millimètres à bout pointu parcourut la distance entre le tireur et sa cible à la vitesse de mille mètres par seconde, atteignant Sa Sainteté en à peine plus d'une seconde et demie.

L'impact repoussa le fauteuil du pape jusque dans l'embrasure de la porte-fenêtre tandis que le projectile pénétrait sa poitrine. Certain d'avoir réussi son tir, Hancock vida le chargeur des six cartouches restantes en formant un arc au-dessus du balcon, dans le but de créer panique et confusion. Ce qui ne manqua pas de se produire.

Sa tâche accomplie, il abaissa son fusil et le posa sur le sol dallé de la tour. Il prit le temps de ramasser chacune des douilles de cuivre éparpillées autour de lui, puis se débarrassa de sa combinaison qu'il fourra dans son sac à dos. Après avoir glissé les douilles vides dans la poche de son blouson, il extirpa de celle de son pantalon un petit sachet de plastique transparent.

Celui-ci lui avait été envoyé, accompagné de quelques instructions, par son employeur. Il en déposa le contenu sur le sol devant lui : une pièce de monnaie en or qui scintilla sous le pâle soleil d'hiver.

Dès sa réception, Hancock en avait soigneusement recopié l'image avant de l'envoyer à un numismate. Authentique, elle datait de 1191. Un nom inscrit dans un cercle encadrait le visage qui apparaissait en son centre : « *al-Malik an-Nasir Yusuf Ayyub* », un soldat kurde né dans la ville que l'on appelait aujourd'hui Tikrit, en Irak, et connu en Occident sous le nom de Saladin, celui qui avait repris Jérusalem aux croisés et vainquit Richard Cœur de Lion.

La pièce déposée bien en vue sur la dalle, Hancock se redressa, fit glisser son sac sur son épaule et descendit de la tour, laissant le fusil derrière lui.

Il avait surestimé le temps nécessaire à son trajet de retour. Cinq minutes après avoir entamé sa descente, il atteignit la ruelle, referma l'anonyme porte noire puis, six minutes avant l'heure prévue, grimpa dans sa voiture de location et se dirigea vers Roma Termini, la gare principale.

Tout en roulant, il entendit hurler des sirènes de police du côté du Vatican, sans que personne lui prête la moindre attention. Il arriva à la gare onze minutes après avoir accompli son travail, monta dans le Leonardo Express, le train qui assure la liaison avec l'aéroport de Fiumicino, où il embarqua pour Genève avec un billet réservé sur une compagnie répondant au nom étrange de Baboo, une ligne de court-courriers qui utilisait des Bombardier Dash 8, des avions à turbopropulseur.

Cinquante-quatre minutes s'étaient écoulées entre le meurtre et le décollage. Ni la police nationale ni celle du Vatican n'avaient encore localisé l'endroit de l'attaque, et elles n'avaient bien sûr aucune idée de l'identité de l'assassin.

La mission était accomplie.

Le pape était mort.

L'opération *Croisade* était en marche.

2

« Je devrais être là-bas », grommela Peggy Blackstock.

Pelotonnée au creux d'un fauteuil de cuir craquelé, dans le bureau fort masculin d'une maison de Georgetown, elle avait les yeux rivés sur l'écran placé au-dessus d'une petite cheminée.

Les images terribles de l'assassinat du pape, de la mort de deux évêques, d'un cardinal, du photographe officiel du Vatican et d'un membre de la Vigilanza tournaient en boucle sur CNN, les commentateurs analysant chaque seconde de la bénédiction du pontife qui avait viré au drame.

Chaque chaîne d'info avait son correspondant sur place, qui s'empressait de retransmettre la moindre nouvelle, même la plus insignifiante, sur le déroulement de l'enquête ; et les questions sur le manque de sécurité entourant le pape fusaient dans toutes les directions. C'était une immense tragédie pour des milliards de catholiques, mais de l'info basique pour les médias.

« Tu devrais te reposer », rétorqua Doc Holliday, le quasi-oncle de Peggy.

Attablé au vieux bureau de chêne qui trônait au fond de la pièce, il notait une pile de dissertations remises par ses élèves. Il remplaçait un confrère médiéviste de l'université de Georgetown qui avait pris une année sabbatique ; et la très classique maison du XIXe siècle, récemment rénovée, faisait partie du package. Lorsqu'il s'était vu offrir le job, Holliday s'était jeté dessus. L'idée de passer une année entière dans les terres paisibles du monde universitaire était pour lui la réponse parfaite à l'été de violence qu'il venait d'endurer. Lorsque Raffi, le mari de Peggy, avait dû quitter Jérusalem pour une longue expédition archéologique, Holliday avait aussitôt proposé à la jeune femme un refuge tranquille dans sa maison de Georgetown, afin qu'elle récupère de sa récente fausse couche.

« Pfft ! lâcha-t-elle. À ce rythme, je vais finir par mourir d'ennui. Et puis, je connais Dario Biondi ; c'était un très bon ami.

– Biondi était le photographe du Vatican ?

– Oui, depuis que Mari avait raccroché son Nikon.

– Qu'est-ce que tu pourrais faire qui n'a déjà été fait ?

– J'ai mes entrées au Vatican. À ma connaissance, il n'y a jamais eu de reportage photo en coulisses sur les préparatifs des funérailles d'un pape. D'autre part, dès vendredi de la semaine prochaine, il n'y aura pas un leader mondial qui ne se trouvera pas sur un banc de Saint-Pierre de Rome.

– Pourquoi vendredi ?

– Un pape doit être enterré dans les six jours qui suivent son décès. J'ai vérifié, précisa-t-elle avec un sourire morbide. Tu savais qu'à sa mort on crie trois fois son nom et qu'on le frappe trois fois à la tête avec un marteau d'argent pour s'assurer qu'il est bien mort ?

– Non, Peg, je l'ignorais, répliqua-t-il sèchement. Mais je le note sur mes tablettes. »

Les détails tournant autour des funérailles d'un pape l'intéressaient moins que le motif d'un tel assassinat. En regardant encore et encore la vidéo, une chose lui apparaissait clairement : ce n'était pas le boulot d'un amateur à la Lee Harvey Oswald ; c'était le travail d'un tueur professionnel. Ce qui voulait dire que, quelque part, certains politiques étaient impliqués. Mais, qui, à part un membre interne au Vatican, pouvait bénéficier politiquement de la mort du pape ?

« C'est vrai. D'abord, on le frappe à la tête avec un marteau, ensuite on détruit sa chevalière à l'aide d'un autre marteau et, enfin, on lui dérobe ses souliers.

– Je te demande pardon ?

– On lui prend ses chaussures et on les remplace par des mules rouges.

– Tu as l'air d'en connaître un rayon là-dessus, dis-moi.

– J'ai juste surfé sur le Net, soupira Peggy. Je devrais *réellement* y être, tu sais. »

Puis, l'air le plus sérieux du monde, elle ajouta :

« Ne serait-ce qu'en hommage à Dario.

– Bon Dieu ! s'exclama Holliday en riant. Tu as vraiment envie de reprendre du service.

– Oui, il y a de ça, aussi », avoua-t-elle.

Holliday jeta devant lui son stylo rouge et s'écarta de son bureau.

« Bon, c'est la Saint-Étienne, aujourd'hui. Il fait froid mais sec. Si on sortait s'offrir un bon petit restaurant sur M Street, pour fêter ça ?

– La Saint-Étienne ?

– Oui, le deuxième des douze jours de Noël. La deuxième nuit. Le lendemain de Noël.

– Ah... tu veux dire aller acheter des batteries pour la journée des jouets des enfants ?

– Par exemple. »

Après avoir enfilé bottes et blouson de ski, ils sortirent de la maison. Le ciel bas et gris annonçait de la neige, alors que, jusque-là, tout était resté vert. Ils quittèrent Prospect Street pour prendre la Trente-Troisième Rue et marchèrent jusqu'au carrefour suivant avant de déboucher sur M Street.

Ils tournèrent sur la gauche et remontèrent lentement la rue à la recherche d'un restaurant ouvert et prêt à les accueillir.

Ils en ignorèrent plusieurs, Peggy ne voulant pas de pizza, et Holliday refusant de manger mexicain. Ils finirent par traverser Wisconsin Avenue et se retrouvèrent devant Mie N Yu, qui, sans surprise, restait ouvert et bourré de clients. Ce restaurant au joli nom était sans doute un peu cher, mais il y en avait pour tous les goûts. On y servait, dans une série de petites salles étroites à thème, toutes sortes de cuisines, qui allaient des dattes fourrées au chorizo, au houmous de banane au pesto, en passant par la salade de cacahuètes de Bombay ou le sandwich de porc à la cubaine. Tout cela sous l'œil vigilant d'un chef qui n'avait rien d'asiatique et répondait au nom d'Elliot.

Ils trouvèrent une table un peu à l'écart dans la salle tibétaine, une tente meublée de confortables divans et d'ottomanes de cuir. Au menu, Peggy choisit une grillade du nom amusant de *pupu*, accompagnée de riz frit. Son oncle opta pour des palourdes et un burger Silk Road.

Tous deux commandèrent de la bière à la pastèque, par pure curiosité. S'attendant au pire, ils ne furent d'ailleurs pas déçus. Leurs plats, en revanche, bien qu'un peu inhabituels, se révélèrent excellents. À la fin du repas, la jeune femme s'offrit une tarte au chocolat et aux noix de pécan, suivie d'un café, et Holliday se délecta d'une coupe de glace au citron vert. La seule chose dont il se priva fut une Marlboro mais, ayant arrêté de fumer depuis dix ans, cette cigarette ne lui manqua guère.

« Je pense sincèrement que tu n'as rien à faire à Rome », dit-il à Peggy.

Faisant signe à un serveur de leur apporter une nouvelle rasade de café, il ajouta :

« Ça va être le cirque tant qu'ils n'auront pas mis la main sur le tireur.

– Écoute, Doc, je ne suis pas une petite jeune fille fragile. Pendant que tu étais en Afghanistan, j'enquêtais en Chine sur les orphelinats, avec une horde de voyous chinetoques à mes trousses. Pendant que tu étais à Mogadiscio, je me faisais les dents en photojournalisme, en racontant des histoires sur la mafia cubaine de Miami. Tu es mon cousin, pas mon père, Doc. Je te croyais mon ami... J'ai *besoin* de faire quelque chose, là, tout de suite, au lieu de rester à pleurer un enfant qui n'est jamais né et qui, sans doute, ne devait pas naître.

– Je suis ton ami, Peg, mais je m'inquiète pour toi. C'est normal, non ?

– C'est trop me protéger, Doc. Et puis, c'est stupide. Je ne suis plus la petite fille à qui tu as appris à nager dans la rivière derrière la maison de grand-père Henry, à Fredonia.

– Et si je venais avec toi ? Histoire de porter ton sac photo et tes objectifs – enfin, tout ce que peut faire un assistant. »

Sous le faible éclairage de la table, Peggy lui décocha une grimace, qui se mua en un immense sourire.

« C'est ce petit sournois de Raffi qui t'a suggéré ça en douce, non ?

– Bien sûr que non, protesta Holliday d'un ton peu convaincu.

– Menteur.

– Il m'a juste dit de veiller sur toi pendant son absence, c'est tout. Et de t'empêcher de commettre des imprudences. Aller à Rome immédiatement après l'assassinat du pape, voilà ce que je qualifierais d'"imprudence".

– Je ne vous pensais pas en très bons termes, toi et le Vatican, reprit Peggy. Vous avez eu quelques prises de bec, ces derniers temps, si je ne m'abuse ?

– Pareil pour toi. Si je me souviens bien, lors de ton dernier contact avec cette estimable organisation, tu t'es fait enlever contre une rançon, et séquestrer dans une cabane de pêcheur sur les rives du Tibre.

– Peut-être, mais Dario était mon ami, et on l'a tué par hasard. Il ne constitue rien de plus qu'un dommage collatéral. Tout le monde se concentre sur le pape, et personne ne se soucie du petit Italien avec son appareil photo.

– Ils ne font qu'un, Peg.

– Non, justement. On ne parle que de l'assassinat de Sa Sainteté. Dario, lui, est relégué aux oubliettes. Personne n'enquête sur lui et sa disparition.

– Je vois où tu veux en venir, même si c'est assez subtil. C'est comme lorsque Lee Harvey Oswald a tué JD Tippit ; on ne se préoccupait que du meurtre de JFK.

– Tippit, c'est le flic qu'Oswald a tué sans raison particulière, c'est ça ?

– Exact, reprit Holliday. Personne ne s'est soucié de découvrir pourquoi.

– Comme Dario.

– J'en ai peur. »

Alors qu'il servait sous les drapeaux, il avait tout vu : des villages anéantis par les bombes au Vietnam, des enfants mutilés à coups de machette au Rwanda, et l'enfer du Congo. Assez pour une vie peuplée de cauchemars et de souvenirs atroces.

« Ça prouve que j'ai raison, insista Peggy.

– Mais bien sûr. Peut-être que Dario était depuis le début la cible visée ; et le pape, seulement un dommage collatéral.

– Tu te moques de moi.

– Ce ne serait pas la première fois qu'on utilise un crime pour en couvrir un autre. Comme disait Shakespeare : *Il y a plus de choses sur la terre et dans le ciel...*

– Je ne suis pas un bébé, ni un œuf prêt à éclore. Je suis capable de prendre soin de moi, Doc.

– Je sais. Je ne fais que m'inquiéter pour ta sécurité, c'est tout. Les étrangers qui vont venir mettre leur nez dans les affaires de la police italienne ne seront pas les bienvenus, dis-toi ça.

– Sortons d'ici, fit tout à coup Peggy en se levant. J'ai besoin d'air. »

Holliday régla l'addition puis ils passèrent leur blouson et repartirent vers la maison. Il s'était enfin mis à neiger, et la circulation sur M Street commençait à cafouiller. Ils marchèrent en silence, chacun perdu dans ses pensées, au milieu des flocons qui tourbillonnaient. Puis, ils rejoignirent Prospect Street et tournèrent au coin de la rue.

C'est alors qu'ils aperçurent, assis sur la dernière marche du petit escalier en fer forgé, un homme d'âge moyen en costume noir rehaussé d'un col blanc de prêtre. Il fumait une cigarette et paraissait frigorifié. De la cendre maculait le revers de sa veste, dont il avait remonté les pans dans l'espoir de lutter contre le froid.

« Mes vieux os d'Irlandais ne sont pas habitués à ce fichu temps polaire, lança-t-il avec un accent quasi théâtral. Peut-être me proposeriez-vous une tasse de thé ou un bouillon chaud, colonel Holliday ? »

Comme chez tout bon Irlandais, chacune de ses formulations était une question.

« Par tous les saints ! s'exclama Doc. Si ce n'est pas le père Thomas Brennan... »

Il se figea, repensant à l'enfer que le chef de la police secrète du Vatican leur avait fait vivre, à tous les deux, il n'y avait pas si longtemps. Puis la curiosité prit le dessus.

« Même si je brûle d'envie de coller une balle entre vos deux yeux de fouine, il me reste encore un vague sens de l'hospitalité. Venez donc vous réchauffer devant le feu et prendre une tasse de thé. Vous nous raconterez ce qui vous amène ici.

– Quelle générosité, colonel, merci », articula le prêtre.

Il se leva, les bras croisés sur le torse, sa cigarette pendant au coin des lèvres.

« Et comment allez-vous, madame Blackstock ?

– Nauséeuse, depuis que je vous ai aperçu.

– Mon Dieu, c'est bien malheureux ! »

Le salon, qui donnait sur le coin de Prospect Street et de la Trente-Troisième Rue, était une pièce agréable et lumineuse, avec ses fenêtres en angle. Équipée d'une cheminée à gaz, elle était, comme toutes les autres pièces de la maison du professeur, ornée d'étagères chargées de livres en tout genre, de sièges de cuir des années quatre-vingt, d'un tapis de sisal de style Ikea, et de quelques tableaux aux murs, représentant pour la plupart de jolis paysages du XIXe ou des batailles napoléoniennes.

Holliday fit asseoir le prêtre sur un canapé face à la cheminée et lui offrit une bonne rasade de whisky irlandais, en prenant soin de lui servir du Jameson « catholique » plutôt que du Bushmills « protestant ». Puis il prit place dans un fauteuil à la droite de son hôte, pendant que Peggy s'installait à sa gauche. Brennan fixa son regard sur les flammes en sirotant son verre d'alcool, qu'il tenait serré entre ses doigts.

« C'est un mythe, vous savez, déclara-t-il enfin. Le Jameson était fabriqué par des parpaillots, comme le Bushmills. Tout le monde pense que le Bushmills est protestant parce qu'il est produit dans le Nord et que le Jameson est catholique sous prétexte qu'il est fait à Cork, dans le Sud. Pour moi, c'est comme du lait maternel, si vous voulez savoir.

– Venez-en au fait, Brennan. Mon sens de l'hospitalité n'ira pas au-delà de Noël.

– Ah, colonel, droit au but, comme toujours.

– Oui. Je vous écoute.

– Vous êtes au courant de la tragédie qui a secoué le Saint-Siège, je suppose ?

– Bien sûr, répondit Holliday.

– Et vous connaissez les rituels qui entourent le décès d'un pape ?

– Je sais, entre autres choses, qu'il doit être enterré six jours après que le cardinal camerlingue a annoncé sa mort, intervint Peggy.

– Tout à fait, madame Blackstock. Dans quatre jours, pour être exact. Vendredi.

– Toutes mes condoléances pour la perte de votre patron, reprit Holliday, mais, franchement, en quoi cela nous concerne-t-il ?

– Nous avons entendu des choses...

– Ne tournez pas autour du pot. Quelles choses ?

– Nous avons plusieurs informateurs, dont l'un est accessoirement lié à la CIA.

– Et alors ?

– Cet informateur nous dit que l'assassinat serait l'œuvre d'un nouveau groupe terroriste. Une frange djihadiste. Qui se réclamerait d'Al-Qaïda.

– Vous le croyez ?

– Je pense que c'est possible.

– Est-ce plausible ?

– Est-ce que faire sauter un métro à Moscou est plausible ? Seule la folie peut motiver un tel acte.

– Alors pourquoi êtes-vous ici, chez moi ?

– Parce que je crois que l'assassinat du pape n'est qu'un début. »

3

« Qu'est-ce qui vous fait penser ça ? » demanda calmement Holliday.

Tous les officiers du renseignement à qui il avait eu affaire affichaient une certaine tendance à la paranoïa. James Jesus Angelton, un temps chef du contre-espionnage à la CIA – et avec qui Doc avait brièvement travaillé – était l'un des pires. Obsédé par la présence d'une taupe sur laquelle il n'avait jamais pu mettre la main, il avait failli mener l'Agence à sa perte. Et Holliday doutait que Brennan soit très différent.

« Notre source est un prêtre », répondit celui-ci.

Comme il considérait son verre vide, son hôte comprit l'allusion et se leva pour aller chercher la bouteille de Jameson. Il lui en versa une autre rasade puis posa le whisky sur la table basse près de lui. Sans attendre, Brennan en avala une longue gorgée.

« Qui ? demanda Holliday.

– Le père John Leeson.

– Dites-m'en plus. Qui est John Leeson ?

– Un prêtre de la paroisse St John, à MacLean, en Virginie. Le père Connelly étant parti au chevet de sa mère souffrante, c'était le père Leeson qui le remplaçait. Il travaillait d'habitude comme secrétaire de l'évêque.

– Bon, on sait maintenant d'où il sort. Venons-en à l'assassinat.

– Le père Leeson a confessé les fidèles, après la dernière messe.

– Et ?

– Cela me gêne un peu de trahir le secret de la confession, maugréa l'Irlandais.

– Foutaises. J'ai été élevé dans la foi, Brennan. Le confessionnal n'est sacro-saint que pour ceux qui ne sont pas prêtres. C'est l'un des meilleurs systèmes de contrôle et d'espionnage que possède l'Église. Un chantage subtil réalisé à une échelle gigantesque. Nous connaissons tous vos secrets, mais vous ne savez rien des nôtres, y compris lorsque ce sont vos enfants que nous sodomisons.

– Ce n'est pas juste, colonel. L'Église a accompli assez de belles choses dans le passé pour atténuer ses petites faiblesses.

– Les seuls à avoir déclenché plus de guerres et tué plus de gens au nom de Dieu ont été les armées de Gengis Khan. Maintenant, dites-moi quelle confession a entendue votre prêtre.

– Le père Leeson n'a pas reconnu la voix du paroissien qui est entré dans le confessionnal. Comment l'aurait-il pu ? Il n'est là que depuis quelques jours.

– Continuez.

– Selon lui, l'homme était soit ivre, soit drogué. Il bafouillait et prétendait avoir tué “Notre Père” et puis le “pauvre salopard de la Maison-Blanche”, et aussi qu'il n'y avait plus rien à faire à présent que l'opération *Croisade* était en marche. Ensuite, il a ajouté quelque chose de très étrange ; il a dit que le meurtre du Saint-Père n'était rien d'autre qu'une tromperie digne du bonneteau. Que ça valait pour tout le reste du projet.

– Et que lui a répondu le père Leeson ?

– Il lui a donné l'absolution, bien sûr. Que pouvait-il faire d'autre ? Il pensait que le pauvre homme hallucinait. Quoi qu'il en soit, il était terriblement anxieux. »

Brennan avala une nouvelle gorgée de whisky avant d'ajouter :

« Et puis John m'a téléphoné.

– À Rome ?

– Oui.

– Dans quel but ?

– Nous sommes de vieux amis. On se voyait beaucoup, à l'époque. Il savait ce que je faisais pour l'Église. Il avait confiance en moi. »

Holliday resta un instant songeur puis il comprit.

« Il était l'un des vôtres, c'est ça ? Une fois entré dans le cercle, on n'en sort plus – je me trompe ?

– De quoi parlez-vous ?

– Vous étiez une taupe pour l'IRA. Vous travailliez déjà pour Rome. Depuis combien de temps... ? Les années quatre-vingt, soixante-dix, peut-être même plus tôt. »

Un silence pesant s'installa. Abîmé dans ses souvenirs, les yeux tournés vers la fenêtre, Brennan regardait la neige tomber. Il se servit une autre rasade de Jameson, lâcha un lourd soupir puis articula :

« J'étais déjà dedans avant d'être ordonné prêtre. Je n'étais qu'un jeune crétin avec des cailloux dans la poche... et autant dans la tête, j'imagine. Quand vous habitez Dairy Street, à la limite de Falls Road, vous n'avez qu'une obsession : vous trouver un boulot en Amérique ; et, à défaut, grimper les échelons dans l'IRA. Je n'avais personne à retrouver en Amérique, alors j'ai rejoint les Républicains, et voilà.

– Et puis vous êtes devenu prêtre ? interrogea Peggy.

– Ce sont eux qui me l'ont demandé. Il y avait beaucoup de balances dans le clergé de Belfast, à l'époque. Des patriotes, aussi. Ils voulaient que je découvre qui était qui.

– À la place, les prêtres vous ont retourné, reprit Holliday.

– Ils m'ont offert une échappatoire. Je l'ai acceptée.

– Et Leeson travaille pour vous ?

– On était ensemble à Saint Malachy. Puis on nous a transférés à l'université de Rome. On a été tous les deux ordonnés prêtres à Saint-Pierre. Il y en a beaucoup comme lui en Amérique et dans le monde. Au Mossad, il serait considéré comme un *sayan*, un agent dormant, un bénévole.

– D'accord. Alors, il vous téléphone et vous parle de cette étrange confession. Quand était-ce ?

– Trois jours avant l'assassinat.

– *Avant* ? Et vous n'avez rien dit ?

– Que pouvais-je dire, colonel Holliday, et à qui ? On était avec un homme à moitié bourré, un habitant de Virginie, à six mille cinq cents kilomètres d'ici, qui bafouillait et qui racontait qu'on allait assassiner Sa Sainteté. Ça n'avait franchement aucun sens.

– Mais, maintenant, vous pensez que cela avait quelque chose à voir avec le meurtre du pape ? demanda Peggy.

– Le bonneteau est un jeu qui se jouait dans le passé avec des coquilles de noix et, aujourd'hui, avec des cartes, déclara Holliday. Le mot *Croisade* semble être un nom de code. Et cette banlieue de Virginie, c'est là où la CIA a son siège, non ?

– Pire que ça, j'en ai peur, murmura Brennan.

– Comment ça ?

– Le père Leeson a été assassiné le jour de Noël.

– Assassiné ?

– Deux corps ont été retrouvés dans une voiture, au fond d'un bas-côté le long de Dolly Madison Parkway, la nuit du vingt-cinq décembre. Celui du passager n'a pas été identifié, mais c'était Leeson qui tenait le volant. Le premier avait reçu une balle en plein visage, et on a trouvé un .45 automatique sur les genoux du père John qui, lui, s'était pris une balle dans la tempe droite. Il y avait un message, sur le tableau de bord, qui disait : *Séparés dans la vie, réunis dans la mort.* On appelle ça un “meurtre suicide gay”.

– Peut-être était-ce précisément le cas, suggéra Peggy.

– Sauf que John n’était pas gay.

– Vous en êtes certain ? demanda Holliday d’un ton sceptique.

– Tout à fait.

– Comment pouvez-vous en être sûr ? insista Peggy.

– Parce que moi-même *je suis* gay, nom de Dieu ! s’exclama Brennan, le visage rougi par l’alcool. Je l’aurais vu.

– Comment avez-vous découvert tout ça ? interrogea Holliday.

– Le FBI m’a téléphoné très tard, hier soir. Ils ont dit que mon numéro était le dernier à avoir été appelé sur son portable. Mon nom figurait dans son carnet d’adresses.

– Et que leur avez-vous dit ?

– Rien. Qu’il m’avait appelé pour parler du bon vieux temps. Qu’il m’avait paru un peu larmoyant. Déprimé. J’ai joué le jeu de leurs idées préconçues.

– Pourquoi ne leur avez-vous pas dit la vérité ? demanda Peggy.

– Le Saint-Père était déjà mort. Je m’étais dit que l’homme au confessionnal évoquait Sa Sainteté lorsqu’il parlait de “notre” père. Celui qui est capable d’organiser l’assassinat du pape est certainement tout aussi capable d’intercepter le téléphone de John et le mien. Il fallait que je vous parle de vive voix, colonel. J’ai pris le vol de nuit pour Washington ; je suis arrivé il y a deux heures.

– Pourquoi moi ? Et pourquoi maintenant ?

– Vous avez un long passé dans les services du renseignement. Vous avez des contacts que je n’ai pas. Et vous savez des choses sur les croisés, certainement. »

Le prêtre acheva son verre de whisky et plongea son regard dans celui de Holliday.

« Pendant que l'attention du monde entier se concentre sur Rome et ce qui s'y passe, cette organisation va planifier sa prochaine attaque quelque part ailleurs, et nous n'avons que cinq jours pour découvrir où elle aura lieu et en quoi elle consistera.

– Je ne comprends toujours pas pourquoi c'est à moi que vous vous adressez. Je ne suis pas le seul historien médiéviste de l'annuaire.

– Je pense que *Croisade* n'est qu'une façade qui dissimule autre chose. Quelque chose d'autrement sinistre.

– Quoi, d'après vous ? demanda Holliday en poussant un soupir.

– Le corps prétendument non identifié dans la voiture, aux côtés du père Leeson, était celui d'un certain Carter Stewart.

– Ça devient d'une complexité byzantine, commenta Peggy.

– Qui est – ou était – Carter Stewart ? demanda Holliday.

– L'un des nôtres.

– Il appartenait aux services secrets du Vatican ?

– Oui. Un agent laïque. Comme les *sayanim* du Mossad.

– Et pourquoi est-ce important ?

– Parce qu'il a réussi à infiltrer le bureau d'un sénateur américain.

– Qui est ?

– Richard Pierce Sinclair, le fils de Kate Sinclair. Je pense que ce *Croisade* n'est rien d'autre que Rex Deus. »

4

« Difficile de ne pas entendre le fils de Sinclair, ces jours-ci, avec les cris d'alarme qu'il nous envoie sur l'imminence d'un nouvel 11-Septembre au Sénat. En revanche, sa mère reste muette.

– Elle est à la retraite, précisa Brennan. Aux dires de certains, il semblerait que Rex Deus soit à la ramasse, mais je n'en suis pas si sûr.

– Elle habite toujours Hickory Hill ou quelque chose du genre ?

– Poplar Hill, corrigea Brennan. Non, elle possède une île privée aux Bahamas, une résidence de campagne du nom d'Edinburgh House, en Écosse, un immense ranch dans le Colorado et une propriété en Suisse. Elle se balade d'un endroit à l'autre.

– Mais pourquoi voudrait-elle assassiner le pape ? demanda Peggy. Qu'est-ce qu'elle en tirerait ?

– Oublions les motifs, pour l'instant, laissa tomber Holliday, songeur. Et oublions sa déception quant aux espoirs de grandeur qu'elle fondait sur son vantard de fils. Regardons les faits en face. »

Se tournant vers Brennan, il ajouta :

« La police de Rome a-t-elle découvert quelque chose ?

– Ils ont concentré leurs recherches sur la position du *sniper*. Sans doute la colline du Capitole, l'endroit qui offre l'élévation nécessaire pour une bonne ligne de visée sur Saint-Pierre.

– Quelle est la distance ?

– Au moins neuf cents mètres. Peut-être davantage.

– Alors, c'est un pro... comme je le pensais, commenta Holliday. Privé, ou militaire à au moins un titre : ce genre d'entraînement ne s'obtient qu'à l'armée. Je suis aussi prêt à parier qu'il n'a pas quarante ans ; passé cet âge, les yeux et les mains ne sont plus aussi fiables, on n'a plus les mêmes réflexes. C'est autour de vingt-cinq ans que Carlos Hathcock a accompli ses plus beaux tirs.

– Qui est Carlos Hathcock ? demanda Peggy. Qu'est-ce qu'il faisait ?

– Il était *sniper* au Vietnam. Il tuait des gens. Je l'ai rencontré une fois, il y a des années de ça.

– Sympas, tes amis, Doc. »

Ignorant ce commentaire, Holliday poursuivit :

« Le tir réussi le plus long a été effectué par un Canadien, à deux mille quatre cents mètres. Mais notre homme est sans doute américain, russe ou britannique. Il ne doit pas y avoir plus de vingt ou trente gars dans le monde capables de descendre le pape à cette distance. Celui qui l'a engagé recherchait certainement le meilleur. On ne devrait pas avoir trop de difficultés à le localiser.

– Alors, pourquoi les flics italiens ne lui ont pas déjà mis la main dessus ? s'étonna Peggy.

– Parce qu'ils ne croient pas qu'un tir pareil soit possible à cette distance, répondit Brennan. Leurs experts en balistique leur parlent d'un millier de mètres, mais ils pensent que les tirs venaient de bien plus près. Au début, le médecin légiste a estimé que la balle avait une ligne de visée directe ; ils ont donc concentré leurs recherches à l'est, imaginant que le *sniper* avait tiré d'une hauteur telle que celle du château

Saint-Ange. La balle s'est désintégrée à l'impact, ce qui a laissé une sale blessure, mais le légiste a fini par découvrir une concentration de fragments derrière l'omoplate gauche.

– Ce qui veut dire que la balle a pénétré selon un angle de droite à gauche, conclut Holliday. Tirée du sud-ouest, et non de l'est, comme ils le prétendent.

– Ce qui veut dire que la distance était bien d'environ mille mètres, soupira Brennan. Les Italiens adorent compliquer les choses. »

De l'autre côté de la table basse, Holliday voyait le regard du prêtre commencer à flotter. Il souffrait du décalage horaire, c'était manifeste. Il semblait prêt à s'effondrer sur place.

« Il y a une chambre d'amis au premier, si vous voulez, proposa Holliday. Tournez à gauche sur le palier, c'est la dernière porte, au fond.

– Non, non, je ne voudrais pas m'imposer, protesta faiblement Brennan. Je vais trouver un petit hôtel pour la nuit.

– J'insiste, reprit Holliday, non sans reconnaître l'étrangeté d'inviter chez lui un vieil ennemi. Ça porte malheur de mettre un prêtre dehors le jour de la Saint-Étienne. Et puis, un "petit hôtel" sur M Street vous coûtera près de cinq cents dollars la nuit.

– Grand Dieu ! lâcha Brennan avant d'étouffer un bâillement et de se lever. D'accord, colonel, j'accepte votre aimable invitation. Pas plus de quelques heures, cela dit ; nous n'avons pas beaucoup de temps. »

Holliday était au téléphone dans le bureau lorsqu'un Brennan au regard vitreux apparut sur le pas de la porte, à 10 h 30, le lendemain matin.

« Doux Jésus, pourquoi m'avoir laissé dormir aussi tard ?

– Parce que sans cela vous ne nous auriez été d'aucune utilité », répondit Holliday.

Il était en train d'écrire quelque chose sur un calepin. Du fond de la maison leur parvenait une odeur de café fraîchement passé. Un instant plus tard, Peggy les rejoignit, un plateau à la main, et Brennan se laissa tomber dans un des fauteuils clubs.

« Vous avez du nouveau ? demanda-t-il d'une voix pâteuse.

– Je suis au téléphone depuis 8 heures », répliqua Holliday pendant que la jeune femme leur servait une tasse de café.

Elle s'assit à son tour et replia les jambes sous elle, comme seules les femmes semblent savoir le faire.

« J'ai fait appel à quelques vieux amis. On a plusieurs noms.

– Des sales types ? hasarda Peggy.

– De la pire espèce, répondit Holliday en regardant son calepin. J'en ai une dizaine. Quatre d'entre eux se détachent légèrement, car ils sont spécialisés dans les cibles longue distance. »

Il marqua une pause puis enchaîna :

« Dimitri Mikhaïlovitch Travkin, du GRU Spetsnaz russe en Afghanistan et en Tchétchénie. Il devrait approcher la quarantaine, mais ça fait des années que personne ne l'a vu. Le bruit court qu'il a pris sa retraite quand il a commencé à montrer les premiers signes de la maladie de Parkinson, ce qui, évidemment, le mettait hors course. Le deuxième est un Français d'origine algérienne, Gabir François Bertrand, du régiment de parachutistes français, l'équivalent de notre Delta Force. Embarqué dans un scandale sexuel impliquant la femme d'un officier supérieur, il s'est fait virer. Il vivrait maintenant en Suisse et travaillerait au contrat, le plus souvent comme mercenaire en Afrique.

– Le troisième ? interrogea Brennan, que le café semblait réveiller un peu.

– C'est Edward Adler Fox, meilleur *sniper* de la SAS britannique. Congédié pour insubordination et refus de quitter le front en Afghanistan. Il voulait rester avec ses hommes. Il vit comme un ermite, dans un coin reculé d'Angleterre. Un peu déjanté, à ce qu'on dit. Aucune indication qu'il soit encore en activité.

– Et le dernier ? demanda Peggy.

– Le seul Américain. William Tritt. Un bon gars de Virginie-Occidentale. Enfant, il tuait des écureuils, car ça servait de pitance à sa famille. Il a atterri dans les Seal, les forces spéciales, et fait des études – génie chimique, puis construction mécanique. Apparemment un as dans ce domaine, c'est aussi un tireur d'élite. Il a gagné la coupe Wimbledon à Camp Perry trois années de suite.

– Où est-il, maintenant ? s'enquit Brennan avant de se servir une autre tasse de café.

– Il est consultant pour la CIA et le Centre national antiterroriste. Ils dénichent les terroristes, et Tritt se débarrasse d'eux. Ils ont appris la leçon avec Guantanamo ; c'est plus efficace et moins coûteux de tuer des terroristes que de les capturer et les garder enfermés là-bas.

– Vous dites que l'un de ces hommes serait responsable de l'assassinat du Saint-Père ?

– Je suis prêt à le parier, oui. Mes sources en sont, elles aussi, persuadées.

– Alors, pourquoi n'est-on pas déjà à sa poursuite ?

– Peut-être qu'ils le sont, justement, mais personne ne semble vouloir l'assurer. Il y a quelque chose qui les effraie.

– Qu'est-ce qui pourrait les effrayer ? s'étonna Brennan. Découvrir le *sniper*, ce serait un supercoup pour tout le monde.

– C'est la politique de la nécessité, intervint Peggy. Le pape a été tué. Nous, dans cette pièce, connaissons quatre assassins possibles – un Russe, un Français, un Britannique et un Américain. La dernière chose que veulent ces quatre États, c'est être associés à l'assassin. Les dommages diplomatiques seraient catastrophiques. Même les Italiens s'effarouchent à cette idée. Un Italien coupable de l'assassinat du pape ? L'hérésie absolue. Ce serait la chute du gouvernement. »

Elle avala une gorgée de café.

Brennan s'alluma une cigarette, la première de la journée, et lâcha une toux rocailleuse avant de s'indigner :

« Vous voulez dire que personne n'est encore à la recherche de ce cinglé ?

– Comme ils n'ont jamais ardemment cherché l'assassin de Kennedy. Avec Oswald, ils avaient une victime commode qui a eu la bonne idée de se faire tuer moins de quarante-huit heures plus tard. Une affaire classée et un incident diplomatique potentiellement fatal entre États-Unis et URSS évité de justesse.

– Ainsi donc, une enquête ne serait rien d'autre qu'un spectacle fait pour impressionner ?

– Jusqu'à ce qu'on trouve qui a fait le "sale boulot" et celui qui l'a engagé, répliqua Holliday. Vous semblez penser que Kate Sinclair est impliquée. Parmi d'autres choses, le père de Kate était un héros de guerre qui a débarqué en Normandie, sénateur et sous-directeur des services secrets pendant les années Eisenhower. Il a achevé sa carrière comme ambassadeur. Vous perdez votre temps en fouillant dans la vie de la fille d'un véritable héros américain. Ni l'administration actuelle ni la CIA n'aimeraient que ce genre de linge sale soit révélé, je peux vous l'assurer. Il semble plus convenable de se contenter d'affirmer que c'est le travail d'extrémistes djihadistes.

– Alors, que fait-on ? C'est David contre Goliath.

– On réunit des preuves irréfutables, répondit le colonel.

– Et on prie, c'est ça ?

– Non, reprit Holliday en souriant. On va au McDo se prendre un Big Mac et des frites, et on pose les bonnes questions. »

Situé sur une quelconque bande d'asphalte, au carrefour d'Old Dominium Drive et de Dolly Madison Parkway, le McDonald's n'avait pas de licence de débit de boissons, ce qui excluait d'emblée les repas accompagnés de bière. Mais il offrait l'avantage de disposer de trois ou quatre tables de pique-nique permettant de dîner en plein air, avec tout loisir de respirer les gaz d'échappement provenant des trois routes qui bordaient l'établissement.

Aux yeux d'un officier du renseignement, c'était l'endroit idéal pour éviter toute surveillance – à condition d'ignorer la fraîcheur du temps, qui, en l'occurrence, ne semblait pas gêner le compagnon de Holliday. À moins de se trouver directement sur le parking, on restait invisible de la rue, et la circulation incessante que filtrait une rangée d'arbres maladifs serait parvenue à brouiller le plus sensible des micros paraboliques. Le fast-food se situait à près de mille cinq cents mètres de l'entrée principale du NCTC, le Centre national antiterroriste, au coin de Dolly Madison Parkway et de Lewisville Road.

« Je n'ai qu'une demi-heure », déclara Pat Philpot.

Analyste chevronné au NCTC, il traquait le menu fretin qui avait glissé entre les mailles des filets installés par la Sécurité intérieure, couvrant les frontières mexicaine et canadienne. Il gardait un œil et une oreille électroniques sur les quelques Timothy McVeigh en puissance qui seraient tapis, prêts à agir, dans les coins les plus reculés des États-Unis.

Il attaqua le premier de ses deux Big Mac, qu'il dévora sans broncher, et ne s'interrompit que pour avaler de temps à autre une longue gorgée de milk-shake à la fraise. À voir ce candidat à l'infarctus, on avait du mal à se rappeler que Pat avait un jour dirigé un commando de première frappe au sein des rangers.

« Alors, qu'est-ce que vous savez du pape ? » lui demanda Holliday.

Il sirota patiemment son café, attendant que Philpot enfourne une énorme bouchée de hamburger.

« Il porte un drôle de chapeau, et il parle latin, répondit le gros homme.

– Épargnez-moi vos plaisanteries, Potsy. Vous vouliez me parler ici plutôt qu'au centre, ça veut dire que vous savez quelque chose. Alors, accouchez.

– Je ne suis pas censé vous parler, je vous rappelle. Et encore moins vous divulguer des secrets d'État. Ça fait des années que vous n'avez pas d'autorisation.

– Comment va Loretta ? » lui demanda Holliday en souriant.

Loretta était l'épouse de Philpot. Une femme jalouse. Comme beaucoup de celles que connaissait Holliday, elle se moquait bien des anciens amis de son mari, surtout ceux qui le connaissaient depuis toujours.

« Qu'est-ce qu'elle a à voir là-dedans ?

– C'est comme ce que disait John Lennon : *Tout le monde a quelque chose à cacher.*

– À propos de cette histoire au Panama, c'est ça ? demanda Philpot d'une voix sombre.

– Je dis seulement...

– Vous me faites chanter ?

– Je vous rappelle à quoi servent les amis », répondit platement Holliday.

Il y eut un long silence, ponctué par les mastications de Philpot.

« On a réussi à tous les retrouver, lâcha-t-il enfin. Sauf un. Tritt.

– Vous êtes certain ?

– Oui. Les trois autres ont réussi à se tirer d'ici. Travkin poireaute depuis trois mois dans un hôpital de Saint-Pétersbourg, avec un cancer du poumon. Edward Fox, l'English, est en train de mijoter un sale coup au fin fond du Soudan. Et Bertrand, le Français, croupit dans la prison de Fresnes.

– Quand a-t-on vu Tritt pour la dernière fois ?

– À Genève, lors du contrôle de passeport à sa descente d'avion. On ne l'a pas vu quitter la Suisse, mais ça ne veut rien dire. »

Il acheva le premier hamburger, s'essuya la bouche et la cravate avec une serviette de papier, puis attaqua le second. Son langage corporel indiquait à Holliday que l'homme était très nerveux.

« Il y a quelque chose qui vous inquiète, Potsy ?

– Je n'aime pas qu'on se serve de moi, rétorqua-t-il. C'est pire que ça en a l'air, Doc. Restez en dehors de tout ça.

– C'est tout ?

– C'est le fait de vous parler qui m'inquiète. Comprenez-moi, Doc, je travaille pour l'organisation qui a inventé le terme "paranoïa". »

Après un regard furtif sur le parking, il poursuivit :

« Ailleurs, ils font des contrôles antidrogue aléatoires. Au NCTC, ils vous mettent sous surveillance au hasard *et* testent vos urines. Travailler dans un environnement pareil n'est pas de tout repos. »

Une idée traversa soudain l'esprit de Holliday.

« D'où venait Tritt en débarquant à Genève ? demanda-t-il.

– De Rome, répondit Philpot. Le 6 novembre. On en conclut qu'il faisait des repérages pour son tir.

– Et avant Rome ?

– L'aéroport de Glasgow, en Écosse.

– Et avant ?

– Il venait d'Orlando, il a pris un vol de Virgin Atlantic.

– Avant ça ?

– Nassau, aux Bahamas. Il a un petit truc, là-bas. Une maison à Lyford Cay. À son propre nom.

– Vous ne trouvez pas cet itinéraire un peu étrange ?

– On a trouvé une explication à tout, sauf Glasgow. Qu'est-ce qu'un gars comme Tritt peut bien trouver à faire dans un endroit pareil pendant trois jours ?

– Rencontrer son employeur, suggéra Holliday.

– Vous savez qui l'a engagé pour jouer les tireurs d'élite ? Ça vous ennuierait de m'en raconter un peu plus ? Jusque-là, j'ai été le seul à déballer ce que je savais

– Katherine Pierce Sinclair, ça vous parle ? reprit Holliday. Elle possède une propriété du nom d'Edinburgh House, pas si loin de Glasgow en voiture, et une maison aux Bahamas, également.

– Sean Connery aussi. Et alors ? Je croyais que vous en aviez soupé des Sinclair, depuis votre engueulade de l'été dernier. Vous auriez dû les voir tous s'activer à mort pour calmer le jeu. On a fait venir l'ambassadeur d'Israël, qui est du Queens, au fait, et bien coriace, mais il est resté très évasif.

– Je vais avoir besoin d'examiner quelques dossiers », déclara Holliday tandis que Philpot achevait sa boisson rose.

Les gaz d'échappement qui leur parvenaient du carrefour voisin commençaient à lui donner réellement mal à la tête.

« Et, très vite.

– N'insistez pas, Doc. Aucun dossier officiel n'atterrira entre vos mains, soyez-en sûr.

– Tritt, Kate Sinclair et tout ce que vous avez sur le sénateur.

– Vous êtes cinglé. Ils pourraient m'enfermer à vie dans une de leurs prisons secrètes, au fin fond du Colorado. Il s'agit purement et simplement de trahison !

– Vous me devez ça, Potsy. »

Philpot ramassa ses emballages vides pour aller les jeter dans la boîte à ordures. Puis il revint vers la table de pique-nique.

« Vous êtes déjà allé à Rock Creek Park ?

– Bien sûr.

– Vous savez où se trouve Ross Drive ?

– Je peux trouver, oui.

– À huit cents mètres environ après Ridge Road il y a un fossé à sec et un pont, en fait, trois tubes en acier soutenus par des butées en béton. Sur celui de gauche, un gamin a laissé un tag à la peinture noire. Si l'endroit est sûr, il y aura une barre rouge ajoutée sous le tag noir. Ce dont vous avez besoin sera glissé dans le tube du milieu, le plus proche de la butée taguée.

– Vous êtes un petit cœur, Potsy.

– Vous savez où vous pouvez vous le mettre, votre petit cœur, Holliday ? Considérez ma dette comme acquittée. »

Tournant les talons, il regagna la salle du McDonald's. Pour en sortir une minute plus tard, les dents sauvagement plantées dans un chausson aux pommes.

« Encore une chose... articula-t-il, la bouche pleine.

– Allez-y, crachez le morceau.

– Cracher le morceau... non merci, mon vieux.

– Oui, pardon... je vous écoute.

– Nos gars ont localisé l'endroit d'où provenaient les tirs, à Rome.

– Avant les flics italiens ?

– Oui. Ce n'était pas la mer à boire, en fait.

– Et ?

– On a trouvé quelque chose. »

Il acheva son chausson aux pommes et s'essuya les mains.

« Allez-y, reprit Holliday avec impatience.

– Une pièce en or, datant des croisades. Un dinar, je crois que ça s'appelle. Il y avait dessus le nom de Saladin, écrit en arabe.

– Et ?

– La NSA a intercepté un certain nombre de conversations téléphoniques d'Al-Qaïda et d'e-mails en provenance d'un groupe du nom de "Djihad al-Salibiyya". Ils revendiquent en secret l'assassinat de l'homme au grand chapeau.

– Et vous avez gardé ça pour vous ?

– On ne veut pas déclencher une nouvelle tempête comme celle de Ben Laden et de ses potes. Du moins tant qu'on n'en sait pas plus à leur sujet. »

Plongeant son regard dans celui de Holliday, il ajouta :

« Ce nom, ça vous dit quelque chose ?

– Non, rien du tout, mentit Holliday.

– Bon, vous et moi, on en a fini, alors. N'oubliez pas... Rock Creek Park.

– J'y serai. »

Potsy le laissa à la table de pique-nique, remonta dans sa voiture et partit.

Une demi-heure plus tard, Holliday était de retour dans sa maison de Prospect Street, l'odeur vaguement chimique des hamburgers accrochée comme de la fumée à ses vêtements. Brennan et Peggy étaient dans la cuisine, sirotant encore du café et lisant le *Washington Post.*

La photo au-dessus du pli, à la une du journal, était sans doute la dernière du pape vivant, prise par Dario Bondi, photographe officiel du Vatican et ami de Peggy. Dans un même élan, Brennan et celle-ci levèrent les yeux vers Holliday.

« Alors, comment ça s'est passé ? demanda la jeune femme. Tu as du juteux ?

– C'était un coup monté. On se joue de nous comme d'un violon.

– Pourquoi dites-vous ça ? interrogea Brennan.

– Un groupe qui dit s'appeler le "Djihad al-Salibiyya" revendique l'assassinat du pape.

– Des fondamentalistes ?

– Oui, mais pas des musulmans. Al-Salibiyya était le nom donné aux Templiers qui sont passés du côté des infidèles. Les ennemis jurés des vrais Templiers. Littéralement, ce nom signifie "Ennemis de la Croix".

– Des croisés, dit Peggy.

– Kate Sinclair », enchaîna Brennan.

5

« Philpot a peut-être beaucoup à se reprocher, mais il ne joue pas la comédie », déclara Holliday le plus sérieusement du monde.

Il s'assit à la table de la cuisine et poursuivit :

« Il en a juste fait un peu trop. Mais il n'a pas réussi à garder certaines infos pour lui. Je n'ai eu aucun mal à le persuader. Il a confirmé que William Tritt était le suspect le plus vraisemblable et s'est presque parfaitement rappelé l'itinéraire de son tout dernier voyage. Je suis prêt à parier qu'il portait un micro caché ou qu'on était épiés depuis le parking. »

Avec un soupir, il enchaîna :

« On dirait que les gars essaient de prendre de la distance avec ce Tritt, commenta Brennan.

– Et ils n'ont qu'une envie : tout mettre sur le dos des musulmans.

– Nous, les Américains, on craint toujours de voir nos ennemis nous attaquer. Il est facile de s'inquiéter de quelqu'un du nom d'Ali Sayyid Muhamed Mustafa al-Bakri ; mais s'inquiéter d'un certain Bill Tritt, qui pourrait aussi bien être plombier ou employé de banque, c'est autrement difficile à avaler.

– Un Américain assassin... Bonté divine, c'est comme lâcher un renard dans un poulailler ! »

Holliday considéra longuement le plafond d'un air songeur. Quelque chose ne collait pas, dans les paroles prononcées par Philpot. Mais, plus il y pensait, plus sa mémoire se faisait vague. Abaissant son regard sur Brennan, il lâcha :

« Je crois que vous aviez raison. Cette histoire atteint un niveau qu'on n'imagine peut-être pas.

– Alors, qu'est-ce qu'on en fait ? demanda Peggy.

– On suit les petits indices que nous a laissés Potsy. On n'a pas d'autre choix, et le temps presse. »

Cédant à la liberté que lui permettait un divorce tout frais, au démon de midi et à son envie secrète d'être James Bond depuis que, adolescent, il avait vu *Goldfinger* dans le cinéma de sa petite ville de Holyhead, Wales, le professeur que Holliday remplaçait, s'était offert, pour ses cinquante ans, une Aston Martin D89 gris métallisé. Il avait laissé à Doc tout loisir de conduire le précieux bolide durant son absence, dès lors qu'il prenait pour cela une assurance personnelle, qu'il n'oubliait pas de la déposer au garage pour une révision mensuelle, et – condition expresse – qu'il ne fumait pas dans l'habitacle.

Cet animal racé de douze cylindres avait aussi soif qu'un homme égaré en plein désert, mais il valait bien chaque goutte d'essence avalée. Jamais Holliday n'avait pris autant de plaisir qu'en conduisant cette merveille. Brennan et Peggy désiraient tous deux l'accompagner jusqu'à la boîte aux lettres de Rock Creek Park, indiquée par Philpot. Mais la voiture ne comptait que deux places.

La jeune femme mit alors en avant ses dons de conductrice hors pair tandis que Brennan se contenta de déclarer que c'était un boulot d'homme et non celui d'un « bout de femme, vous m'excuserez... » Pour finir, ce fut elle qui l'emporta, après que le prêtre eut admis qu'il lui serait extrêmement difficile de rester aussi longtemps sans allumer une cigarette.

Avant de partir, Brennan s'excusa auprès de Holliday et alla récupérer quelque chose dans sa chambre, à l'étage. Il en ressortit avec un semi-automatique Beretta Storm à canon court, assez petit pour se caser dans la poche d'une veste, accompagné d'un chargeur supplémentaire de quinze balles de calibre .40 à tête creuse. Une véritable arme de policier.

« Comment diable avez-vous pu passer la douane avec ça ? s'étrangla Holliday.

– Je voyage avec un passeport diplomatique du Vatican », fit-il en haussant les épaules.

Avec un sourire amer, il ajouta :

« Et puis, aujourd'hui, c'est de pédophilie qu'on soupçonne les prêtres, pas de trafic d'armes.

– Vous pensez réellement qu'on aura besoin de ça ? interrogea Peggy.

– Les armes, c'est comme la Garda, repartit Brennan en évoquant la police irlandaise. Elles ne sont jamais là quand vous en avez besoin. »

Holliday saisit le pistolet, y jeta un rapide coup d'œil, histoire de se familiariser un peu avec, puis le glissa dans sa poche.

Il n'était que 4 heures de l'après-midi quand ils quittèrent Prospect Street pour Rock Creek, et pourtant il faisait déjà presque nuit. Dans un peu plus d'une heure, la police du parc serait occupée à surveiller les gamins se disputant devant l'entrée en attendant la voiture de leurs parents.

Peggy s'installa au volant, laissant Holliday lui indiquer la route à suivre. À la première alerte, elle avait pour consigne de prendre la fuite au plus vite ; si poursuite il devait y avoir, aucune voiture autre qu'allemande ne serait capable de rattraper une Aston Martin.

La neige continuait à tomber dans le soir qui s'installait tandis que Peggy pilotait la puissante sportive vers

Ridge Road et leur destination, les essuie-glaces balayant méthodiquement le pare-brise pour en chasser les flocons. Il faisait un peu moins froid, et la neige, plus molle, laissait entendre un sifflement mouillé sous les roues. S'il se remettait à geler dans la nuit, les rues deviendraient une véritable patinoire et la circulation du lendemain matin tournerait au cauchemar pour les automobilistes et les piétons.

«Je ne vois pas ce que cette boîte aux lettres peut nous apporter ? demanda Peggy. Pour moi, ça ne représente que des problèmes, non ?

– On utilise ce genre de boîte aux lettres pour éviter aux deux parties impliquées dans un échange de se rencontrer. Mais, dans notre cas, je dirais que ce n'est qu'une façade destinée à rendre l'histoire de Potsy un peu plus crédible. Je ne pense pas qu'il y ait réellement à s'inquiéter ; ils *veulent* qu'on récupère ce matériel.

– Alors, comment on s'y prend ? Ma technique d'espionne n'est pas franchement au point.

– Il s'agit davantage de trafic que d'espionnage, corrigea Holliday. On fait exactement ce que Potsy a dit. Une arrivée par le nord placera le côté passager le plus près du fossé et des tubes qui forment le pont. Je sors, caché de la route par l'Aston. Je récupère les fichiers, je remonte dans la voiture, et on file.»

Ils prirent vers le nord par Nebraska Avenue puis Military Road, et poursuivirent à l'est en direction du parc. À la nuit tombante, les pins et les cèdres recouverts de leur lourd manteau de neige formaient une carte postale idéale tandis qu'un silence cotonneux s'emparait du paysage, qui, lentement, semblait retrouver l'aspect de cette lande désolée qu'il avait été quelques milliers d'années plus tôt.

Peggy s'engagea sur Ridge Road, au sud. Quasi phosphorescente dans la pénombre, la neige formait un chemin lumineux entre les épaisses rangées d'arbres. Personne n'avait roulé ici depuis un moment, ce qui n'avait rien de surprenant vu le peu d'empressement des automobilistes de Washington à conduire par un tel temps.

« Ça me fait flipper, commenta Peggy.

– Tu ne te sens pas à l'aise ? demanda Holliday. Je peux prendre le volant, si tu veux.

– Non, ça va.

– Roule lentement, et tout se passera bien.

– Oui, grand-père, siffla-t-elle. Après, tu vas me raconter comment tu te tapais huit kilomètres à pied pour rejoindre l'école. »

Elle rétrograda avec souplesse puis passa la seconde, s'enfonçant encore plus profondément dans le parc.

Une fine couche glacée commençait à se former sur la poudreuse que les larges pneus de l'Aston Martin broyaient avidement, accentuant encore le silence qui les entourait. La route, qui suivait le cours d'un ancien ruisseau, était bordée de bouleaux et de noyers aux branches squelettiques, auxquels les puissants phares de la voiture donnaient une allure fantomatique. Holliday regarda le compteur. À huit cents mètres, après un tournant, exactement comme Philpot l'avait dit, les phares éclairèrent le pont et ses trois tubes d'acier. Le terrain descendait de chaque côté, et les arbres s'espaçaient quelque peu.

« C'est là, déclara Holliday.

– J'ai vu, Doc. »

La jeune femme ralentit puis s'engagea sur le pont vers la butée la plus à gauche. Un tag à la peinture noire apparut. Et, dessous, une unique barre de rouge. Peggy stoppa l'Aston Martin.

« Éteins les phares », lui dit Holliday.

Ce qu'elle fit, ne laissant pour toute lumière dans l'habitacle que la lueur bleuâtre du tableau de bord. Holliday ouvrit la portière, descendit et s'approcha prudemment de la butée et des tubes fermés chacun par un bouchon. Celui du milieu se dévissa facilement. Il s'attendait à trouver une liasse de papiers roulés dans un sac de plastique. Mais il ne découvrit qu'une étiquette postale, attachée à une clé USB.

Il saisit l'étiquette, sortit la clé, puis reboucha le tuyau. À la façon dont la neige tombait à présent, ses empreintes et même les traces de pneus de l'Aston auraient disparu dans les cinq minutes. Holliday remonta dans la voiture.

« Mission accomplie, déclara-t-il.

– Comme on dit, oui... »

L'énorme engin déboucha, pleins phares, du sommet de la côte, le lourd cliquetis de ses chaînes parvenant jusqu'à l'intérieur de l'Aston Martin.

Peggy alluma ses feux qui éclairèrent un court instant le monstre qui leur fonçait dessus.

« Merde... » souffla-t-elle.

C'était un Ford F150, un véhicule colossal, équipé à l'avant d'un chasse-neige à demi levé, scintillant sous la lune. S'il les heurtait de plein fouet, l'énorme 4 × 4 ne ferait qu'une bouchée de l'Aston Martin, ou alors la lame de son chasse-neige la couperait littéralement en deux. D'une façon ou d'une autre, c'était leur mort assurée.

Sans plus réfléchir, Peggy passa la marche arrière et écrasa l'accélérateur. La voiture fit un bond en arrière tandis que le F150 continuait vers eux sa course folle. La jeune femme donna alors un violent coup de volant à droite tout en tirant sur le frein à main.

Le véhicule de sport partit dans un tête-à-queue savamment orchestré, puis s'arrêta net. Dans un même élan, Peggy lâcha la poignée du frein et passa la seconde. Ils faisaient maintenant face au chemin qu'ils venaient de prendre. Elle appuya de nouveau sur l'accélérateur, l'Aston patina l'espace d'une demi-seconde, s'élança dans une glissade en avant sur la route enneigée, non sans chasser de l'arrière à chaque virage. Seuls son poids et son centre de gravité relativement bas les empêchèrent de plonger dans le bas-côté.

Durant tout l'épisode, ni Peggy ni Holliday ne prononcèrent le moindre mot, l'une concentrée sur son pilotage, l'autre réfléchissant à toute vitesse.

Mais, quoi qu'il advienne, la bête allait sûrement les accrocher avant qu'ils ne retrouvent la relative sécurité de Military Road. Les chaînes fixées sur ses quatre roues motrices procuraient au F150 une meilleure tenue de route sur la neige. Que lui avait dit l'un de ses instructeurs, à l'école des rangers ? « Bats-toi ou fuis. Si tu ne peux pas fuir, retourne-toi et bats-toi. »

Holliday jeta un coup d'œil derrière eux. Le Ford était à moins de cent mètres.

« Ce demi-tour, tu peux le refaire ? cria-t-il à Peggy.

– Dis-moi quand ! » répondit-elle.

Holliday sortit le Beretta de sa poche, glissa une balle dans la chambre et agrippa la poignée de la portière.

« Maintenant ! » hurla-t-il.

De nouveau, Peggy effectua un tête-à-queue... pour se retrouver face au 4 × 4 qui fonçait droit sur eux. Holliday ouvrit en grand la porte de l'Aston et se jeta sur la route enneigée. Il enserra son pistolet à deux mains, le leva à hauteur des yeux et se mit à tirer en balayant le pare-brise du Ford.

À une vingtaine de mètres, le véhicule fit une embardée, tenta de grimper la petite inclinaison sur sa gauche puis recula en tournoyant sur lui-même, ce qui finit par l'envoyer dans le fossé sur sa droite... avant de venir heurter par le flanc un groupe de trois chênes qui stoppèrent net sa course.

Holliday en profita pour jeter son chargeur vide, fouilla dans sa poche à la recherche du second et parvint enfin à le glisser dans la crosse du Beretta.

Il recommença à tirer, appuyant sans cesse sur la détente, s'efforçant de concentrer son tir sur la fenêtre du conducteur. Arrivé à la moitié de son chargeur, il vit une étincelle ricocher vers le centre du châssis. Une nanoseconde plus tard, il y eut un flash, aussitôt suivi d'une puissante déflagration tandis que le réservoir du 4 × 4 explosait, propulsant le F150 à deux mètres au-dessus du sol. À demi désintégré, le véhicule retomba lourdement sur le côté, non sans incendier les arbres qui l'entouraient.

Holliday fourra le Beretta dans sa poche, galopa vers l'Aston Martin et y grimpa en refermant la portière à toute volée. Les yeux exorbités, Peggy regardait le 4 × 4 se transformer en une véritable torche.

« Il... il y avait des gens dans ce truc, balbutia-t-elle, le visage sinistrement éclairé par les flammes.

– Mieux vaut que ce soient eux que nous, lâcha Holliday d'une voix glacée. Démarre. »

Elle passa la première, fit faire un lent demi-tour à l'Aston Martin et prit la direction du nord vers Military Drive. Derrière eux, le Ford embrasé ne fut bientôt plus qu'une lueur orangée sous les arbres. Au loin, ils entendirent les premiers sons des sirènes qui approchaient. Holliday plongea la main dans la poche intérieure de sa veste, en sortit son téléphone et composa le numéro de la maison de Prospect Street. À la sixième sonnerie, Brennan répondit d'une voix hésitante.

« Oui ?

– C'est Holliday. Tirez-vous d'ici tout de suite ; la maison n'est plus sûre. Pas le temps d'embarquer quoi que ce soit... Filez ! »

Il marqua une brève pause puis ajouta :

« Enfin, si, apportez-moi mon portable. Dans un tiroir de mon bureau. Faites vite. Vous n'avez sans doute que quelques minutes. Ne portez pas votre col, rien qui risque de trahir votre état de prêtre. Rejoignez M Street et sautez dans un taxi. Dites au chauffeur de vous conduire au Capital Hilton, sur la Seizième. Ça se trouve à quelques pâtés de la Maison-Blanche. On y est enregistrés sous le nom de Docteur Henry Granger.

– Je ne comprends pas... hasarda Brennan.

– Je vous expliquerai plus tard. Filez, maintenant. »

Il raccrocha et glissa le téléphone dans sa poche.

Ils poursuivirent leur route, plongés dans leurs pensées. Ni l'un ni l'autre n'ouvrit la bouche.

6

« Pourquoi ici ? » demanda Peggy alors qu'ils traversaient le hall sobre et austère du Capital Hilton.

Avec son éclairage tamisé et son décor d'acajou, l'endroit ressemblait à la réception d'un grand cabinet d'avocats.

« Primo, on a un voiturier pour garer l'Aston en toute sécurité, et, deuzio, cela nous permet de reposer nos têtes fatiguées et de réfléchir à la suite des événements.

– Pourquoi as-tu dit à Brennan que la maison de Prospect Street n'était plus sûre ?

– Parce que, pour moi, ça ne fait aucun doute. On est sûrs que ce ne sont pas les gens de Potsy qui en avaient après nous. Il s'agit donc d'individus au courant de ce qu'il sait. Ce qui veut dire aussi qu'ils connaissent sûrement l'endroit où nous vivons. Ce doit être les bons amis de Sinclair.

– Et pourquoi ce ne serait pas ce Potsy ?

– Pourquoi se donnerait-il tant de mal ? reprit Holliday. Pourquoi s'enquiquiner à aller cacher une clé USB dans un tuyau si cette boîte aux lettres n'était qu'un leurre ? Pourquoi avoir joué la comédie au McDonalds ? Non, ce n'étaient pas des gars de Potsy, et ce n'étaient pas non plus ceux d'une agence style CIA, NSA ou DIA. Plutôt quelqu'un qui chercherait à nous éliminer parce qu'on en sait un peu trop sur l'assassinat. Si le tueur était réellement ce William Tritt et qu'il bossait pour Kate Sinclair, elle s'arrangerait pour que ça ne se sache pas. Cela ferait du tort à Rex Deus pendant des siècles. Ils doivent maintenir à tout prix la fiction de l'hypothèse terroriste.

Arrivés devant le long comptoir de la réception, ils furent accueillis par une aimable hôtesse nommée ANNE V., à en croire son badge. Elle leur donna une suite au cinquième étage puis tendit un message à Holliday. Un morceau de papier où il put lire : *Je suis au bar.* De Brennan, manifestement, car il était signé d'un *B* griffonné à la va-vite.

La dénommée Anne leur indiqua au fond du hall une salle fermée par des rideaux, où ils trouvèrent le prêtre, assis face au bar, dans une alcôve tendue de tissu orange. Il sirotait une boisson couleur rouille, trop sombre pour être un whisky, et trop claire pour être un bourbon.

« Je dois avouer une certaine tendresse pour le whisky canadien, déclara Brennan tandis que Peggy et Holliday s'asseyaient à ses côtés. Il est un peu... brut, je dirais. Comme s'il avait été fait dans une baignoire. »

Il avait l'air lointain, presque triste, sans son col blanc. Sa chemise noire était recouverte d'un pull vert qui avait manifestement connu des jours meilleurs.

« J'imagine toujours des fermiers grisonnants du Saskatchewan, vêtus d'une salopette, suant et transpirant au-dessus d'un baquet de whisky illégal en train de bouillonner, caché au fond de leur ferme. »

Une serveuse apparut et prit leurs commandes. Holliday demanda une bière Beck, et Peggy un Jäger Bomb – une monstruosité australienne constituée d'un digestif allemand Jägermeister additionné d'un grand verre de Red Bull. Puis la discussion commença.

Holliday raconta à Brennan l'attaque du 4 × 4 et de son chasse-neige tandis que son interlocuteur se laissait tenter par un deuxième Crown Royal.

« Je ne savais pas que vous étiez si bon pilote, commenta-t-il à l'adresse de Peggy.

– Moi non plus, reconnut Holliday avec un petit rire. Je m'accrochais à la vie comme je pouvais.

– *Slainte* », lâcha Brennan en levant son verre à moitié vide.

Ce qui signifiait *slancha*, autrement dit « santé », le mot que prononçaient les Irlandais lorsqu'ils portaient un toast.

Reposant son verre, il demanda :

« Alors, colonel, que fait-on ?

– On voit s'il y a quelque chose sur cette clé. Vous avez le portable ?

– Ici, oui, fit-il en tapotant le siège à côté de lui.

– Bien, allons-y. »

Ils occupaient une suite haut de gamme de l'hôtel Hilton : deux tableaux au-dessus des lits dans chacune des chambres décorées de tons rouille, beiges et roses, aussi sobres qu'impersonnels. Une connexion Wi-Fi, un petit salon entre les deux pièces et des écrans télé géants partout à l'exception des salles de bains. Holliday installa l'ordinateur sur le bureau puis l'alluma. Il y glissa la clé USB et attendit quelques secondes que l'icône apparaisse sur l'écran. Il y avait trois fichiers en mémoire sur la clé, respectivement nommés « Tritt », « Sinclair » et « Itinéraire ».

Chacun était un abrégé produit par la CIA de ce qui avait manifestement été un fichier bien plus important appelé « Opération Croisade ». D'après ce que Holliday pouvait en dire, Croisade était une compagnie de moyenne importance, située dans le Delaware ; une société prête-nom de technologie de pointe, dont la fonction essentielle consistait à suivre de près le trafic des télécommunications satellite. Au vu des numéros des fichiers, on pouvait déduire que Croisade était en activité, même dormante, depuis deux ans.

« Si Croisade, c'est Kate Sinclair, comment cela peut-il précéder l'épisode de cet été – Sable Island, ces reliques enterrées et tout le reste ? demanda Peggy.

– Le principal objectif de Sinclair était de mettre son fils à la Maison-Blanche, répondit Holliday. Ces prétendues reliques ne constituaient qu'un moyen pour arriver à ses fins. Je pense que Croisade pourrait bien correspondre à sa version d'un plan B.

– Et en quoi l'assassinat du pape lui serait-il utile ?

– À nous de le découvrir, Peggy. »

Holliday reprit sa lecture du dossier de Tritt.

Diplômé de l'école militaire de tir de Fort Benning, en Géorgie, William Spencer Tritt avait commencé sa carrière en Afghanistan comme conseiller des rebelles moudjahidine, pour continuer avec la guerre en Irak sous George Bush père. Après avoir quitté l'armée par une porte de sortie honorable, il avait aussitôt trouvé un emploi à la DEA, au sein du commando Condor Group, spécialisé dans les assassinats, qui opérait au Cambodge, en Thaïlande et en Amérique centrale et du Sud. De là, son passage à la CIA avait été facile. Parfois, durant son séjour à l'Agence, il s'était vu offrir beaucoup d'argent par un cartel colombien pour abattre l'un ou l'autre de ses rivaux. Après cela, il s'était mis à travailler en free-lance pour ceux qui étaient prêts à payer les sommes astronomiques qu'il demandait. Il avait accepté des missions pour les rois de la drogue mexicains, la mafia russe, des despotes africains et même certains de ses anciens amis de la CIA. Il représentait le candidat idéal à l'assassinat du pape, mais personne n'était en mesure d'expliquer à qui pouvait profiter la mort de ce dernier, à l'exception, peut-être, d'un cardinal qui souhaitait désespérément prendre sa place, ce qui semblait peu probable. Il y avait beaucoup d'intrigues et de jalousies au Vatican, mais, pour Brennan du moins, aucune ne justifiait d'aller jusqu'à tuer le pape.

Le dossier Sinclair regorgeait de détails sur la vie très exposée de la famille, y compris sa longue association avec Rex Deus ; mais cette rumeur était déjà connue de beaucoup et alimentait depuis longtemps les pires théories de la conspiration qui circulaient sur Internet. À l'image de l'appartenance de la famille Bush à la société secrète Skull and Bones, celle des Sinclair à Rex Deus avait à peu près le même impact sur leur réputation : nul. Mais cela leur donnait un certain cachet. Une fois encore, on n'y percevait aucune menace. Le sénateur Sinclair se voyait cité, tout comme ses idées extrêmement conservatrices, mais il n'était certainement pas le seul au Sénat à avoir les mêmes vues.

Comme John McCain avant lui, Sinclair était un franc-tireur, qui votait là où soufflait le vent et en faveur de tout ce qui pouvait favoriser le développement de sa carrière. Un grand nombre d'articles faisaient état de l'influence exercée par sa mère sur ses votes, mais aucun ne lui avait réellement causé de tort.

Le fichier « Itinéraire » correspondait exactement à la description de Philpot ; avec davantage de détails, cependant, tels que les numéros de vol, les compagnies aériennes ainsi que les vidéos des caméras de sécurité où l'on voyait Tritt quitter un lieu pour arriver dans un autre. Les seules à ne pas apparaître étaient celles montrant l'arrivée et le départ de Rome de l'assassin.

« Il n'y a rien ici qui suggère que Tritt soit l'assassin du pape, s'étonna Holliday. Tout ce que nous avons, c'est ce nom de Croisade et son lien avec les Sinclair, et ça ne pourrait être au fond qu'une coïncidence.

– Ce 4 × 4 avec son chasse-neige n'était pas une coïncidence, rétorqua Peggy. Celui qui conduisait cet engin a réellement tenté de nous écraser comme de vulgaires insectes. »

Les vagues doutes qu'il avait éprouvés au sujet de Philpot, au McDonald's, lui revinrent brusquement à l'esprit. Qu'avait-il dit qui ne collait pas ? Cette idée recommença à faire son chemin dans son inconscient. Puis, brusquement, cela lui revint.

« Philpot, laissa-t-il tomber.

– Quoi, Philpot ? demanda Peggy.

– Il a dit : "C'est pire que ça en a l'air, Doc. Restez en dehors de tout ça."

– Qu'est-ce qu'il voulait dire, d'après vous ? interrogea Brennan.

– Il jouait contre moi, mais Potsy n'a pas pour habitude de trahir ses vieux amis. C'était plutôt comme s'il cherchait à me mettre en garde contre quelque chose.

– Mais, qu'est-ce qui est *pire* que ça en a l'air ? reprit Peggy. Et pourquoi le contre-espionnage jouerait contre toi ?

– Potsy est aux ordres de quelqu'un. Et je ne pense pas que ce soit le NCTC non plus. Le Centre national de contre-espionnage et la CIA sont comme les deux doigts de la main. Ce n'est rien d'autre qu'une excuse de l'Agence pour agir à l'intérieur du pays.

– Vous pensez que la CIA aurait engagé Tritt pour tuer le Saint-Père ? demanda Brennan. Pourquoi, au nom du ciel, voudraient-ils faire ça ? Les risques seraient énormes.

– Comme je l'ai dit un peu plus tôt, oubliez les motifs. Les faits sont là. L'homme qui s'est confessé au père Leeson était de la CIA ; Tritt était de la CIA ; et Philpot également. Depuis l'assassinat de Kennedy, il est question d'une faction voyou de la CIA. Pourquoi pas une faction impliquant Rex Deus ? Pourquoi les gens de Sinclair n'auraient-ils pas pris pied dans l'Agence ?

– Je n'y crois pas du tout, répliqua Peggy. Tu parles exactement comme tous ces adeptes de la théorie du complot qui pullulent sur Internet.

– Écoute, j'ai assisté à une conférence dans la maison de Kate Sinclair avec un télé-évangéliste, un membre des Joint Chiefs, deux hommes et une femme du Congrès, et, je crois, un conseiller présidentiel sur la sécurité nationale du gouvernement précédent. Il y avait aussi une demi-douzaine d'autres personnes présentes. Pourquoi aucune d'entre elles n'aurait-elle appartenu la CIA ? Parfois, ça conspire réellement dans ce repaire de rats.

– Tu as une preuve que l'un d'eux *était* à la CIA ? insista Peggy, qui continuait à se faire l'avocat du diable.

– Il n'y a aucune preuve que l'un d'eux *n'était pas* à la CIA, répondit Holliday. C'est une théorie qui correspond aux informations qu'on possède.

– En fait, c'est une hypothèse. Une théorie doit être prouvée. Et, là, on tournerait plutôt en rond. »

Il lui jeta un regard méprisant mais elle ne se démonta pas.

« Je ne comprends toujours pas pourquoi votre ami Philpot, ou l'organisation pour laquelle il travaille, voudrait vous impliquer dans tout ça, observa Brennan.

– Je le répète, ils veulent prendre leurs distances avec Tritt. Ça, je ne peux pas le prouver non plus, mais eux, de leur côté, peuvent prouver que j'ai été en relation avec Kate Sinclair. S'il existe une faction voyou au sein de l'Agence, ils ne manqueront pas de prévenir leur petit assassin. Je pense que les gens de Philpot se servent de nous comme d'un appât pour l'amener à se dévoiler et ensuite le sortir avec un minimum de tapage.

– On servirait de leurres ?

– Quelque chose dans le genre, oui.

– Je ne saisis toujours pas, colonel. Même si vous préféreriez l'ignorer, nous devons évoquer la question du motif.

Cui bono, comme disent les procureurs et les enquêteurs dans les polars. À qui tout cela profite-t-il ? À Kate Sinclair en particulier ?

– La seule chose qui la préoccupait réellement était d'installer son fils à la fois à la tête de Rex Deus et dans le bureau ovale de la Maison-Blanche. Et elle a échoué.

– Rien ne l'empêche d'essayer encore, suggéra Peggy. Comme tu l'as dit, elle cherche à se rabattre sur un plan B. »

Holliday resta un long moment à regarder l'écran de son ordinateur, comme s'il pouvait y trouver une réponse.

« Qu'a dit cet homme en se confessant à Leeson ? Quelque chose sur la Maison-Blanche, non ?

– Il a parlé de "tuer Notre Père", et ce "pauvre salopard de la Maison-Blanche", répondit Brennan.

– Qui étaient les trois derniers papes ? interrogea soudain Holliday.

– Si on exclut Jean-Paul Ier, qui est mort au bout d'un mois, il y a eu Paul VI, Jean-Paul II et Benoît XVI.

– Qui était convié aux funérailles ?

– Les chefs d'État du monde entier.

– Le Président ?

– Bien sûr.

– Il a assisté aux trois enterrements ?

– Oui.

– Alors, ça doit être ça, marmonna Holliday.

– Ça doit être quoi ? demanda Peggy sans comprendre.

– Grand Dieu, soupira Brennan en voyant où Holliday voulait en venir, ils vont tuer le président des États-Unis. »

7

« Je ne comprends pas, dit Peggy. En quoi le fait de tuer le Président peut-il aider cette Sinclair ?

– Tu marchais encore à quatre pattes quand le Watergate a éclaté ; mais, même avant ça, Nixon avait eu droit à son scandale ; son vice-président, Spiro Agnew, a été accusé d'avoir reçu des pots-de-vin lorsqu'il était gouverneur du Maryland. Il a démissionné et Nixon a engagé Gerald Ford. Puis c'est Nixon lui-même qui a démissionné, et Ford a pris sa place à la Maison-Blanche. Ford, à son tour, a engagé Nelson Rockfeller, ex-gouverneur de l'État de New York. Ce qui veut dire que ni le Président ni le vice-président n'ont alors été élus. Ils ont tous les deux été nommés.

– Si le Président est assassiné, c'est automatiquement le vice-président qui prend sa place et choisit ensuite son vice-président, commenta Brennan.

– Et vous pouvez être sûrs que Kate Sinclair s'est bien mis ça dans la tête. Ce sera son fils, Richard Pierce Sinclair, qui s'assiéra dans le fauteuil du Bureau ovale.

– Comment va-t-elle s'y prendre ? demanda Peggy.

– Oh ! elle va tout essayer, lui assura Holliday. Chantage pour des fautes passées, rappel de faveurs accordées ici et là, contributions en tout genre. C'est une administration de canards boiteux. Le vice-président tentera de se faire nommer.

– Je ne crois pas, intervint Brennan. Je ne pense pas que Sinclair dépensera sa fortune ou prendra ce risque juste pour tenter une nomination. Pour moi, c'est une femme qui ne pariera qu'à condition d'être certaine de ses chances de réussite. Dans la situation actuelle, elle va préférer s'assurer que tout se passe exactement selon ses plans. J'ai l'impression que quelque chose nous échappe.

– Bien, reprit Holliday, je pense donc qu'on devrait garder Tritt à l'œil et attendre qu'il commette une erreur.

– On ne devrait pas aussi tirer la sonnette d'alarme ? suggéra Peggy.

– Qui va nous croire ? répliqua Holliday. On va nous prendre pour des cinglés. Et qui peut être sûr que nous ne sommes pas en train de nous dévoiler en communiquant en direct avec Kate Sinclair ? Réfléchissez, je parle avec Potsy et, quelques heures plus tard, un engin monstrueux essaie de nous anéantir.

– Votre fameuse faction voyou de la CIA ?

– Ou Kate Sinclair.

– Ou alors, ils ne font peut-être qu'un », suggéra Peggy.

Se tournant vers le portable, Holliday tapota sur le clavier pour trouver le site d'Expedia.

« On a un vol de nuit de l'US Airways qui décolle pour Nassau dans une heure. Si on se dépêche, on peut l'attraper. »

Au bout de trois heures de vol, ils atteignirent l'aéroport Lynden-Pindling de Nassau à tout juste minuit passé. Tous trois montèrent dans un taxi qui les emmena jusqu'à l'hôtel Royal Bahamian, dans West Bay Street. Ils louèrent une voiture pour le lendemain matin, puis chacun se retira dans sa chambre et tenta de trouver le sommeil en s'accoutumant lentement au temps humide et chaud de l'île.

Ils se retrouvèrent pour le petit déjeuner sur l'une des terrasses avec vue imprenable sur la mer. En mordant dans un petit pain tout frais et en sirotant un délicieux café jamaïcain, Peggy contemplait d'un air rêveur l'océan turquoise.

« Je crois que je m'habituerais vite à vivre ici, articula-t-elle, le regard caché derrière ses Ray-Ban. »

Lloyd, leur serveur, vêtu d'une veste blanche, apparut pour remplacer la cafetière en argent qu'ils venaient à peine de vider. C'est alors que leur parvint, de loin, un puissant coup de sirène qui ne manqua pas d'étonner la jeune femme.

« Qu'est-ce que c'est que ça ? demanda-t-elle en écarquillant les yeux sous ses lunettes.

– Ça, madame, répondit Lloyd, c'est le *Disney Magic.*

– Le… *Disney Magic* ?

– Un bateau, madame. Un grand bateau. Il nous prévient de son arrivée par un coup de sirène comme celui que vous venez d'entendre. On le perçoit même de l'autre côté de New Providence. Ses passagers viennent rarement ici. Ils ont leur propre île privée, où le capitaine Crochet en costume vous emmène en balade.

– Beuh, très peu pour moi, fit-elle avec une moue.

– Je me permettrai de dire que je suis bien de votre avis, madame, répliqua-t-il en s'éloignant pour aller chercher d'autres petits pains.

– Au fait, où se trouve cet endroit, Lyford Cay ? demanda la jeune femme à Holliday.

– À l'extrémité ouest de l'île.

– Dans l'avion, tu disais que c'était une enclave protégée. On ne sait même pas de quelle maison il s'agit, et encore moins comment passer la sécurité.

– On s'en souciera quand on sera sur place.

– En d'autres termes, tu n'en as pas la moindre idée, c'est ça ?

– À peu près, oui », lâcha Holliday.

L'agence immobilière haut de gamme de Mary Breau se trouvait à l'étage au-dessus de la banque Nova Scotia, dans West Bay Street, en plein cœur de Nassau, à mi-chemin entre le port et la résidence du gouverneur. La plupart des établissements bancaires des Bahamas étaient en fait des succursales des trois plus grandes banques canadiennes : la Nova Scotia, la Royal et la Canadian Imperial Bank of Commerce.

Il y avait une explication à cela. Durant la prohibition, la majorité des bootleggers, dont le légendaire trafiquant de rhum Bill McCoy, achetaient le plus gros de leur matière première aux distilleries canadiennes, et l'acheminaient par ferry de Nassau à Bimini, avant de traverser le détroit de quatre-vingts kilomètres entre les Bahamas et la Floride. À un moment, il y avait tant d'argent stocké dans la forteresse que constituait la Royal Bank que les gens commençaient à se poser des questions sur la solidité structurelle du bâtiment.

Mary Breau offrait un spectacle à elle seule, et elle possédait bien l'unique agence immobilière à annoncer sur les pages jaunes qu'elle se spécialisait dans les maisons de Lyford Cay. C'était une jeune femme noire, à l'accent légèrement anglais, aux robes fleuries et à l'impressionnante poitrine, qui ne faisait qu'ajouter à sa forte présence physique et à son sourire aussi immense que charmeur.

« Que puis-je faire pour vous, mes très chers ? » demanda-t-elle en les considérant l'un après l'autre.

Holliday vit bien qu'elle s'interrogeait sur la place que Brennan pouvait occuper dans le trio qu'ils formaient, mais elle semblait néanmoins plus curieuse que soupçonneuse.

Intelligente et perspicace, elle savait sonder ses interlocuteurs. Ils allaient devoir jouer finement avec elle.

« Nous cherchons quelque chose à Lyford Cay, répliqua Holliday après avoir fait les présentations.

– À louer ou à acheter ? »

Il lui donna la réponse qu'à coup sûr elle attendait.

« À acheter. »

Son visage s'illumina aussitôt à l'idée de la commission qui ne manquerait pas de tomber dans son escarcelle. Holliday en profita pour renchérir :

« Nous venons sur la recommandation de Bill Tritt.

– Vous connaissez M. Tritt ? demanda-t-elle d'une voix soudain mielleuse.

– Oui, depuis des années. Nous lui avons rendu visite à plusieurs reprises ; on adore cet endroit.

– Et il y a une raison particulière pour laquelle vous désirez acheter aujourd'hui ? » interrogea-t-elle en notant l'info sur un petit carnet jaune.

Indiquant Brennan d'un signe de tête, Holliday répondit :

« Oncle Thomas a décidé de confier son poste de président de banque à quelqu'un de plus jeune. Moi-même.

– Une banque ? répéta-t-elle, l'air intéressé.

– Oui, la Texas Oilman's Trust. Nous travaillons principalement dans le financement des puits et l'investissement des profits.

– Très bien, reprit Mary avec un petit soupir d'enthousiasme. Nous allons vous trouver quelque chose de parfait.

– Une piscine, intervint Brennan. Nous voulons une piscine, et du terrain autour, aussi. Les réceptions en plein air, c'est ce que nous aimons.

– Et une jetée, ajouta Peggy.

– Oui, une jetée, renchérit Brennan. Nous avons un bateau.

– Quelle taille ? demanda Mary avant d'ajouter cette précision sur son carnet.

– Dix-huit mètres.

– Bien, fit-elle en approuvant de la tête.

– Est-ce que vous nous emmèneriez chez Bill ? demanda Holliday. Histoire de le saluer et de lui dire que nous allons être voisins.

– Il est là ? s'étonna Mary. Il s'absente tellement souvent pour ses affaires.

– Je n'en suis pas certain, en fait, reprit Holliday avec un haussement d'épaules.

– On va l'appeler, proposa-t-elle en se mettant à fouiller dans un fichier Rolodex.

– Non, faisons-lui la surprise, plutôt. On est sans doute les dernières personnes qu'il s'attend à voir. »

C'est plus que certain, même... songea-t-il, amusé.

« Pas de problème », sourit-elle.

Première règle d'un agent immobilier : satisfaire l'acheteur et le vendeur, que vous soyez d'un côté ou de l'autre.

« Votre voiture ou la mienne ?

– La nôtre est à l'hôtel ; nous sommes venus à pied, déclara Peggy, qui tenait à jouer son rôle dans cette petite mise en scène. Votre agence n'est qu'à quelques pas du Royal Bahamian.

– Rien n'est loin de rien, à Nassau, dit Mary avec un petit rire. Je prends ma Land Rover, garée derrière. On se retrouve devant l'agence ?

– Entendu. »

La Land Rover gris métallisé paraissait flambant neuve. Elle était signe de confiance en soi, de succès et de bon goût, tout en évoquant l'aventure et l'imagination. Un chirurgien au volant d'une Mercedes suscitait l'idée de cupidité et d'arnaque, alors que le véhicule de Mary devenait une marque de sa réussite.

Elle manœuvra son 4×4 avec aisance, non sans manquer au passage d'esquinter un minibus garé sur le parking de devant, fit monter ses passagers et s'engagea dans Bay Street, en direction de l'ouest de l'île. À l'angle de Charlotte Street, elle stoppa pour laisser traverser une horde d'adultes et d'enfants coiffés des oreilles de Mickey et menés par un grand jeune homme vêtu en Capitaine Crochet.

Envahissant les trottoirs, ils mitraillaient tout ce qui passait devant leurs objectifs. Curieusement, personne ne semblait y trouver à redire ; ce qui s'expliquait, finalement, puisque, selon Mary, un seul de ces paquebots à quai pouvait, au bout de vingt-quatre heures, laisser derrière lui un demi-million de dollars, sans compter les redevances portuaires.

Ils continuèrent dans Bay Street, aperçurent sur leur gauche l'extrémité du long bâtiment jaune qui abritait l'ambassade des États-Unis puis virèrent sur la droite avant de passer devant le Royal Bahamian. Après le grand hôtel, la ville disparut rapidement pour laisser place à une épaisse végétation d'un côté et à l'océan de l'autre.

Le chemin se poursuivit entre les baraques à frites et les villas cossues, les boutiques pour touristes, les magasins d'alcool et les stations d'essence, avant d'atteindre la « mine d'or » des grands hôtels de Cable Beach, à la pointe de l'anse de Goodman's Bay.

À mi-distance, dressé au milieu des eaux peu profondes, se trouvait un bâtiment qui semblait perché sur une jambe, telle une cigogne. Selon Mary, cela avait été à l'époque un observatoire de la vie sous-marine destiné aux touristes.

Après avoir encore longé hôtels, restaurants, clubs et boutiques de toutes sortes, ils s'engagèrent dans la longue courbe qui contournait la pointe ouest et qui les mena vers le sud – la côte « ouragan » de l'île. Plus ils avançaient dans West Bay Street, plus le paysage changeait. Les maisons se faisaient plus grandes, se situaient plus loin de la route et s'ornaient de végétation aux allures de jungle.

Arrivés à la pointe de l'île, ils prirent une nouvelle fois sur la gauche pour regagner la côte et longer l'anse de Clifton Bay. Ils remontèrent alors une étroite péninsule, d'où l'océan était visible des deux côtés. Ils avaient bien croisé la loge d'un gardien, à l'entrée de Clifton Bay Drive, mais Mary n'eut guère le temps d'arrêter la Land Rover : l'homme, vêtu d'un étincelant uniforme blanc et coiffé d'un casque colonial anglais, lui fit signe de continuer, avec un sourire au moins aussi large que le sien.

Elle prit à gauche et ils suivirent la route jusqu'au bout de la presqu'île. Les maisons étaient ici nettement plus petites que les autres, ressemblant davantage aux cottages que l'on trouvait dans les banlieues de Dublin ou de Galway.

« Nous voici dans EP-Taylor Drive, déclara Mary. Taylor était un milliardaire canadien à qui l'on doit le développement de Lyford Cay, qui, à l'époque, lui a appartenu. Il y a élevé des chevaux de course juste pour le plaisir. Northern Dancer, le plus prestigieux de l'histoire des pur-sang, était à lui.

– Vous semblez être fan, observa Brennan.

– Je vais à Hialeah dès que j'en ai l'occasion, dit-elle en souriant. C'est mon péché mignon. »

Ils s'arrêtèrent devant l'allée en pierre d'un joli bungalow peint en jaune. Derrière les palmiers, on apercevait l'océan et la petite plage privée qui y accédait.

« Nous y voilà », annonça Mary.

Les trois visiteurs descendirent de la Land Rover et firent semblant de frapper à la double porte vitrée de l'entrée. Les mains autour des yeux, Holliday regarda à travers la vitre teintée. Aucun signe d'une lumière rouge clignotante signifiant la présence d'une alarme, mais cela ne voulait rien dire.

Le panneau pouvait très bien être dissimulé dans le placard que l'on apercevait sur la gauche. Il se tourna vers Mary, qui attendait patiemment dans la voiture.

« Il est peut-être derrière », lui lança Holliday.

Elle acquiesça d'un signe de tête.

Ils firent donc le tour de la maison, pour se retrouver au bord de la pelouse qui descendait vers la petite plage de sable blond.

Holliday vérifia la porte de derrière. La même que celle de devant, mais dotée d'un battant unique. L'ouvrir serait un jeu d'enfants. Sur le côté s'élevait une petite terrasse, avec des chaises longues et une table ronde d'où émergeait un parasol fermé.

« J'espère que tu as un plan bien en tête, Doc, s'inquiéta Peggy. Sinon, on est mal. Le gardien de tout à l'heure n'aura pas pour nous le même sourire qu'il a eu pour Mary. »

Holliday observa le côté mer puis se tourna vers la maison. Pas plus de quarante-cinq mètres entre celle-ci et la plage, dont la partie gauche était flanquée d'une murette de pierre qui aurait pu être, à l'époque, aussi bien une digue qu'une jetée privée.

« Pas d'inquiétude, répliqua-t-il. Je sais parfaitement à quoi m'en tenir.

– Oui, c'est ce qu'on dit... » murmura Peggy.

8

« Tu es sûr de savoir conduire cet engin ? demanda Peggy », agrippée aux poignées de Nylon du canot pneumatique.

Le bateau, un Zodiac de six mètres cinq équipé d'un moteur hors-bord de cinquante chevaux, filait entre deux gerbes blanches sur les eaux tranquilles de Cable Beach.

Sur leur gauche, la ligne des hôtels bordée d'un banc de sable blanc s'étalait le long de l'anse de Delaport Bay. Le soleil commençait à descendre sur l'horizon en feu, dans un flamboyant spectacle de teintes jaunes, rouges et orange.

Pendant leur trajet dans la Land Rover de Mary Breau, et alors qu'ils quittaient Nassau en empruntant la route côtière, Holliday avait remarqué un panneau signalant un loueur de bateaux, à l'entrée d'un chemin de terre. Après quelques heures passées auprès de l'agent immobilier afin de sauver les apparences, ils lui avaient demandé de les lâcher à leur hôtel. Mais, à peine quelques minutes plus tard, ils sautaient dans leur voiture de location et s'engageaient à leur tour dans West Bay Drive, en direction du chemin de terre où Holliday avait aperçu le loueur de bateaux.

Ce qui les avait menés jusqu'à Arawak Cay, un terrain vague peu engageant, situé au fond d'une baie abritant les bateaux utilisés pour la pêche aux conques ainsi que les barges chargées de barils d'eau provenant du continent, car Nassau ne possédait pas d'eau potable. « Conque » était le nom donné à ces grands coquillages roses qui, bien que considérés comme une espèce protégée partout dans le monde, jonchaient par milliers les plages caillouteuses d'Arawak Cay après qu'on en eut ôté la chair. On pouvait les cuisiner de mille et une manières et rares étaient les restaurants le long de Cable Beach qui n'en proposaient pas dans leurs menus. L'un des pêcheurs de conques les plus connus du coin, un géant aux allures de sumo appelé Big Bambu, s'était lancé dans la location de Zodiac et vendait également des sandwiches aux conques ainsi que de la bière à ceux qui partaient explorer la côte sur ses canots.

Piloter ces bateaux n'exigeait aucune connaissance spéciale. Big Bambu ne demandait qu'un passeport en caution et le nom de l'hôtel. Après l'avoir écouté débiter ses recommandations et lui avoir promis de lui ramener l'embarcation avant la tombée de la nuit, le petit groupe était parti pour Lyford Cay, mais par la mer, cette fois, le seul équipement qu'ils emportaient avec eux étant le cric emprunté à leur voiture de location.

« Oui, répondit Holliday à Peggy, je sais conduire cet engin, comme tu dis. »

La jeune femme ne parut pas convaincue mais Brennan, assis à l'avant, le visage aspergé d'embruns, semblait y prendre un réel plaisir. Holliday éprouva un bref instant de compassion en s'imaginant le garçon irlandais à l'enfance malheureuse, élevé par de sévères jésuites prêts à foncer les sourcils devant les petits plaisirs de la vie.

« Et dans l'obscurité ? insista Peggy. Parce que, quoi que tu aies promis à ce Big Bambu, on ne sera pas rentrés avant la nuit.

– Rassure-toi, j'ai déjà piloté un Zodiac la nuit », répondit Holliday.

En souriant, il se rappela comment il avait accosté sur une plage de Mogadiscio, en Somalie, à l'occasion d'une petite revanche chirurgicale après l'incident du Black Hawk Dawn. Dix-neuf milles nautiques à franchir entre le porte-avions *Abraham Lincoln* et la terre ferme, dans l'obscurité la plus noire.

Le temps d'atteindre la petite digue marquant la limite de la propriété de Tritt et le soleil avait déjà presque disparu, ne laissant sur l'eau qu'une longue traînée rouge et brillante. Holliday coupa le moteur avant d'examiner les alentours. Les cottages se cachaient derrière les feuillages, et ceux que l'on pouvait encore deviner à leurs murs étaient nettement plus proches de la route que celui de Tritt. De toute évidence, il s'agissait de maisons de vacances plutôt que de résidences principales.

Alors que le ciel s'obscurcissait de plus en plus, Holliday dirigea le Zodiac droit sur le ruban lumineux de la plage qui bordait la propriété du tueur. Le canot s'arrêta en glissant mollement sur le sable, et Brennan sauta à terre, la corde d'amarrage entre les mains. Il attendit que les autres débarquent, puis tous trois tirèrent l'embarcation un peu plus haut sur la plage.

Holliday prit le cric avec lui, regarda sa montre et déclara :

« Nous en aurons pour quinze minutes, le temps d'entrer et de ressortir. Ce sera sans doute le temps que mettront les flics à réagir. Ils ne sont pas nombreux dans le coin. »

Une fois franchie la pelouse légèrement en pente, ils atteignirent la porte de derrière. Positionnant le cric en travers du cadre, Holliday se mit à visser, jusqu'à ce que les extrémités de la pièce métallique se retrouvent solidement plaquées contre le chambranle. Il continua, lentement mais sûrement. Au bout d'un moment, le bois commença à céder à droite et à gauche, puis, enfin, le mécanisme du verrou sauta et la porte s'entrouvrit.

« Impressionnant, souffla Brennan en haussant un sourcil. Un homme de lettres avec l'habileté d'un cambrioleur.

– Quinze minutes», leur rappela Holliday sans sourire.

Ils se glissèrent sous le cric encore fiché dans le cadre de la porte et pénétrèrent dans le cottage, pour se retrouver dans une pièce qui faisait office de cuisine et de salle à manger, simplement meublée d'une table en teck, de quatre chaises et d'un buffet. Ni récents ni anciens, les meubles avaient dû être vendus à Tritt avec la maison.

Au bout d'un petit couloir, ils découvrirent deux chambres à coucher, un cabinet de toilette et une salle de bains qui, elle, donnait sur une troisième chambre, plus spacieuse que les deux premières. Mais tout aussi anodine que la cuisine par laquelle ils étaient arrivés. Au milieu trônait un grand lit double, entouré de deux tables de chevet, d'une commode et d'un dressing plein de chemises soigneusement pliées, de vêtements de sport et de chaussures, plus une série de costumes – de marque célèbre, pour la plupart – encore dans leurs housses de nettoyage. Sur celles-ci on pouvait lire : NOUVEAU PRESSING ORIENTAL. VOTRE PRESTANCE, C'EST NOTRE FIERTÉ ET NOTRE JOIE. Un seul tableau était accroché au mur, au-dessus du lit, qui représentait un pot de fleurs sur un rebord de fenêtre, sur fond de palmiers et de plage caribéenne.

Sans un mot, Peggy et Brennan se séparèrent pour fouiller les deux petites chambres et les salles de bains, tandis que Holliday décidait d'ouvrir la double porte coulissante, à l'entrée du couloir.

La pièce principale du cottage était un salon, mais meublée comme un bureau plutôt que comme un endroit où l'on aimerait se détendre après une journée de travail. La table, installée devant une cheminée en brique, semblait ne pas avoir pas été utilisée depuis très longtemps. Au sol, le parquet donnait l'air, lui, d'avoir été ciré récemment. Et nulle part la moindre once de poussière.

Sur un coin du bureau reposait une lampe Tensor et, de l'autre côté, un téléphone à l'allure sophistiquée. Un routeur Wi-Fi était connecté à une sortie câble, mais nulle part la moindre trace d'ordinateur. Tritt s'y connaissait en sécurité. Et, s'il n'existait aucun système d'alarme, c'était qu'il n'y avait rien à cacher dans cette maison, aucun indice compromettant.

Derrière le bureau se trouvait un fauteuil de cuir à haut dossier, tandis qu'un autre, plus petit et recouvert de tissu, était placé près de la fenêtre, à côté d'un lampadaire. En face, fixé sur le mur opposé, trônait un écran plat.

Holliday traversa la pièce dans la demi-obscurité, alla fermer les rideaux puis s'approcha du bureau et alluma la lampe Tensor. En chêne blond foncé, le meuble, équipé de chaque côté de trois tiroirs ainsi que d'un tiroir central, provenait sans doute d'un surplus du gouvernement. Ils ne contenaient rien, excepté celui du centre où Holliday trouva une série de feuilles volantes, quelques feutres, un CD-Rom dans un étui de plastique transparent non étiqueté, et une liasse de factures attachées ensemble à l'aide d'une grosse pince.

Sans même marquer de pause, Holliday glissa le CD dans sa poche, saisit la liasse et en ôta la pince. Il n'y avait rien de très intéressant. Un relevé de Cable Bahamas pour Internet et la télévision, un autre de la compagnie téléphonique Vonage, mais qui ne détaillait aucunement les communications de Tritt, et le reçu pour une bombonne d'eau livrée par Chelsea's Choice.

Holliday revérifia les autres tiroirs et, de nouveau, n'y découvrit rien. Pourquoi avoir un bureau avec autant de rangements, si c'était pour ne rien y garder ? Était-ce parce que le meuble se trouvait là lorsque Tritt avait acheté la maison, ou existait-il une autre raison pour laquelle il était totalement vide ? Il resta songeur un long moment. Non, le bureau n'était pas là quand le tueur avait acquis cette maison

– ce n'était pas le genre de meuble que l'on installait dans son salon. Ce qui voulait dire que Tritt l'y avait placé lui-même, soit en le sortant d'une autre pièce, soit en l'apportant de plus loin encore.

Mais, pourquoi traîner un grand bureau comme celui-ci quand un tout simple – et nettement plus moderne – suffisait ? Il n'y avait là aucune logique, et, si Holliday savait une chose de Tritt et des endroits où il vivait, c'était que la logique prévalait. Il entreprit donc d'ôter chacun des tiroirs vides et d'examiner leurs surfaces externes. Et il trouva ce qu'il cherchait, sur le dos du deuxième à droite : trois numéros de téléphone, les deux premiers à moitié estompés inscrits au crayon noir, et le troisième beaucoup plus net, écrit au feutre, avec une barre sur les sept, à la manière européenne.

Holliday s'assit dans le fauteuil de cuir, en posant le tiroir sur ses genoux. Lâchant un sifflement strident, il sortit du tiroir du milieu un feutre et une feuille de papier. Un instant plus tard, Peggy et Brennan le rejoignaient dans le bureau.

« Pas vraiment poli de nous siffler comme ça, remarqua la jeune femme en s'approchant.

– Quarante et un, c'est le code de quel pays ? lui demanda Holliday.

– Aucune idée.

– La Suisse, intervint Brennan.

– Vous en êtes sûr ?

– Affirmatif.

– Et vingt-deux, c'est le code de quelle ville ?

– Genève, enchaîna le prêtre.

– J'ai trouvé trois numéros de téléphone à l'arrière de l'un des tiroirs, déclara Holliday. L'un d'eux a le code de la ville de Genève, un autre est en France, je crois, et le troisième est aussi en Suisse. Qu'en pensez-vous, Brennan ?

– Appelez le dernier.

– Il est 2 heures du matin, là-bas, leur fit remarquer Peggy.

– Peut-être que vous tomberez sur un répondeur», lâcha Brennan avec un haussement d'épaules.

Comme Holliday saisissait le combiné du téléphone, Peggy l'arrêta.

«Attends, attends, cet appareil a une touche de rappel du dernier numéro.»

Elle mit le haut-parleur, appuya sur la touche de rappel et regarda les numéros défiler sur l'écran. Genève, encore. Le téléphone laissa entendre quatre sonneries avant qu'une voix endormie ne vienne annoncer:

«Le Mandarin oriental. Jean-Pierre, j'écoute.

– Vous... êtes un hôtel?

– Tout à fait, monsieur. Je suis le responsable de nuit. Vous désirez faire une réservation?»

Couvrant le récepteur de sa paume, Holliday souffla:

«Il y a un vol Delta pour New York *via* Atlanta, dans une heure et demie... Si on se dépêche, on peut l'avoir.»

À leur arrivée à New York, la séquence passait en boucle sur tous les journaux télévisés. Debout sur les grandes marches du Capitole, le sénateur Richard Pierce Sinclair faisait sa déclaration:

«J'ai appris que les diverses agences du renseignement de notre grand pays gardent pour elles certaines informations essentielles à la sécurité de nos concitoyens. Des concitoyens qui ont le droit de savoir où se cache le danger.»

Le sénateur marqua une pause en considérant d'un air grave les objectifs qui l'entouraient.

«Selon mes sources, les responsables de l'assassinat du Saint-Père feraient partie d'un groupe de rebelles fanatiques prêts à détruire l'essence même de notre société démocratique et les principes moraux établis par les pères fondateurs.

Le nom de cette organisation est “Djihad al-Salibiyya”, les “Ennemis de la Croix”, et je tiens de source sûre que ce ramassis de fous a l’intention de frapper ici, au cœur de l’Amérique, et, cela, très bientôt. »

« Ce n’est plus un secret pour personne, maintenant, commenta Holliday, l’œil sur l’écran du bar de l’aéroport. On n’a plus beaucoup de temps. »

9

Le général Angus Scott Matoon s'assit face à Kate Sinclair dans le grand salon de l'immense domaine qu'était le vignoble du Château royal des pins, situé non loin de la ville d'Aigle, en Suisse. Au lieu du vin rouge fabriqué au château, le général sirotait son cher Woodford Reserve Bourbon, que les Sinclair gardaient toujours à portée de main spécialement pour lui. Matoon était censé assister à une conférence de l'Otan à Bruxelles, mais la Belgique se trouvait à moins d'une heure en jet privé, et le Château royal des pins possédait sa propre piste d'atterrissage.

Le général ignorait si le projet insensé de Kate Sinclair fonctionnerait, mais il savait que ses relations et l'argent dont elle disposait allaient, quoi qu'il en soit, lui servir dans un futur proche. L'industrie de la défense se portait très mal à cause du gouvernement en place, et il ne restait pas beaucoup de jobs de premier ordre pour les membres plus âgés et sans aptitudes remarquables. Sinclair l'avait déjà bien rémunéré pour sa collaboration et lui avait promis un travail absolument sûr si les choses se passaient comme prévu.

« Le nom du groupe terroriste a été divulgué, comme vous l'avez demandé, déclara le général.

– Parfait, dit Kate Sinclair. Maintenant qu'on a planté le décor, le public a un "méchant" à qui s'en prendre.

– Vous pensez réellement que cela fera sortir Holliday du bois ?

– Bien sûr. Malgré la bêtise ambiante qui règne à Washington, le nom d'al-Salibiyya lui fera au moins comprendre que les Templiers sont impliqués dans cette histoire. »

Matoon avala une longue gorgée du bourbon à la soyeuse flaveur fumée puis reposa son verre sur la table basse qui le séparait de son interlocutrice.

« Écoutez, lâcha-t-il, ce type, je ne l'aime pas plus que vous. Mais ne serait-on pas en train de l'exciter plutôt qu'autre chose ? Il serait peut-être plus judicieux de lui flanquer une dérouillée une fois pour toutes, avant qu'il ne nous cause plus d'ennuis, non ?

– Il est responsable de la mort de ma fille, rétorqua-t-elle d'une voix haineuse. À cause de lui, elle a cru avoir trahi notre cause sacrée. À cause de lui, nos projets d'avenir ont été saccagés. Je fais cela pour elle autant que pour notre grande nation. Je veux qu'on me trouve Holliday et qu'on me l'amène avant que tout cela se termine. »

Le général hocha la tête. Combien de fois n'avait-il pas déjà entendu cette diatribe ? Lui aussi connaissait la fille de Kate Sinclair, sœur Margaret Emily. Cette jeune nonne rousse lui avait toujours paru un peu ailleurs, avec le regard lointain de ceux qui avaient passé beaucoup trop de temps sur une zone de combat. Le fiasco du conclave de Rex Deus l'avait fortement déstabilisée. Et il n'avait pas été surpris d'apprendre qu'elle s'était saoulée à mort avant de se précipiter contre un mur de brique dans l'une des voitures familiales.

« Il y a aussi le problème du calepin », ajouta Kate Sinclair d'une voix un peu plus maîtrisée.

Le général sourit. Il pouvait faire confiance à cette femme pour revenir à l'essentiel : l'argent.

« Celui que le moine lui aurait remis ?

– Il s'agit de frère Helder Rodrigues, et le calepin n'est pas une invention ; il existe bien. Il recèle l'ancien secret des Templiers, la clé de leur fortune. Une fortune qui appartient de droit aux héritiers issus de la véritable lignée du Christ, à Rex Deus, et non à un professeur d'histoire à la noix, tombé par hasard sur ce secret.

– Ce sont vos gens qui ont découvert cela ?

– Ils ont suivi un homme à qui Holliday avait parlé en France.

– Et ? demanda le général... qui connaissait déjà la réponse.

– Disons qu'un bon interrogatoire commence toujours par le supplice de la baignoire.

– Et vous pensez que ce calepin est entre les mains de Holliday ?

– Je pense qu'il sait au moins où il se trouve. »

La vieille femme se pencha vers Matoon. Qui voyait aisément la folie dans son regard. Pour la énième fois, il s'interrogea sur sa décision de se rallier à la cause Sinclair. Il avait de plus en plus le sentiment d'avoir conclu un pacte avec le diable. Un diable qui, semblait-il, avait totalement perdu la raison.

« Alors, que comptez-vous faire ? interrogea-t-il.

– Breau, notre contact aux Bahamas, dit qu'ils sont en chemin. Ils ont fouillé la maison de Tritt. D'après moi, ils s'attendent à braver le lion dans sa tanière.

– De quoi parlez-vous ?

– Un jour ou l'autre, ils finiront par frapper à notre porte. J'en suis certaine.

– Et vous comptez vous en débarrasser ici ?

– Ne soyez pas stupide, général. Comme le disait si bien mon père, ne pisse pas là où tu manges. »

Une lueur féroce dans les yeux, Kate Sinclair ajouta :

« J'ai d'autres projets pour notre petit professeur. »

10

Après dix heures de vol et deux escales, ils débarquèrent enfin à l'aéroport de Genève, tout récemment rénové. Un voyage à travers les fuseaux horaires, qui leur fit ainsi perdre la moitié de la journée, car, à leur arrivée dans la capitale suisse, le soleil commençait à se coucher.

Dans seulement trois jours, Tritt allait frapper de nouveau, et ils devaient l'en empêcher.

« Je ne pense pas qu'on y arrivera », déclara Peggy dans la navette qui les conduisait en ville.

La neige recouvrait les trottoirs, et les vitres du bus s'étoilaient de fioritures glacées.

« On n'a pas assez de temps devant nous, ajouta la jeune femme dans un murmure.

– Alors, que doit-on faire, d'après toi ? lui demanda Holliday. Abandonner ?

– En parler à quelqu'un, suggéra-t-elle. Aux autorités.

– Quelles autorités, ma chère ? intervint Brennan. Cette pute de CIA ? Elle est sans doute la vraie responsable de toute l'opération. Le FBI ? Il n'a aucune compétence en dehors des États-Unis.

– Le Président, marmonna Peggy. C'est lui que vise Tritt, après tout.

– On n'en a aucune preuve, reprit Holliday. Et, en supposant qu'on trouve le moyen de le cerner, qu'est-ce qu'on dirait aux services secrets pour les convaincre ? Ils nous riraient au nez et nous chasseraient de la Maison-Blanche avec un coup de pied aux fesses. Et puis, qui peut assurer que maman Sinclair n'a pas une taupe au sein du renseignement ?

– Et tout ce qu'on a trouvé dans le cottage de Tritt, la nuit dernière ? Ça ne compte pas ? Le fait d'aller là-bas n'aurait servi à rien ? »

Holliday soupira avant de répondre :

« On a trouvé trois numéros de téléphone en Europe et un CD-Rom bourré d'infos sur un pauvre patelin du Kansas dont personne n'a jamais entendu parler. Tom's Hill, ou quelque chose comme ça... On en est là, Peg. Si l'on n'obtient pas quelques faits bruts sur une conspiration de meurtre, le Président est un homme mort. »

Le reste du trajet vers Genève se fit dans le silence. Le bus les déposa à la gare de Cornavin, où ils s'engouffrèrent dans un taxi qui les conduisit au Mandarin oriental, un hôtel de grand standing sur la rive droite du Rhône. Ils prirent trois chambres adjacentes puis se retrouvèrent au Rasoi, le restaurant gastronomique indien situé à l'étage principal de l'établissement.

L'hôtel était ultramoderne, avec son décor de granit noir, ses chromes luisants et son nombre incroyable de miroirs. Le restaurant lui-même avait tout d'une scène tirée du *Fantôme de l'Opéra*, où se mêlaient subtilement zones d'ombre et de lumière. C'était l'endroit idéal pour se montrer et voir les autres. Les plats étaient censés être révolutionnaires, mais personne ne pouvait ignorer que l'on mangeait au petit déjeuner du poulet tandoori ou du mouton tikka.

« J'ai appelé les trois numéros que l'on a trouvés, dit Holliday. Le premier, et le plus ancien, manifestement, était celui de la Gamma Bank, sur le quai du Seujet.

– Les gains mal acquis de Tritt, sans doute, suggéra Brennan.

– Probablement.

– Et les autres ? demanda Peggy.

– L'un est celui du vignoble de l'Aigle, et le dernier celui d'un garage privé, dans une ville appelée Thonon-les-Bains. Internet nous indiquera bien où elle se situe.

– Une banque, un vignoble et un garage, commenta la jeune femme. Ça n'a aucun sens.

– Pour le vignoble et la banque, on ne peut rien dire ; mais le garage, ça devrait être facile à trouver.

– On t'écoute, lui lança Peggy.

– La Suisse est à peu près le seul pays de l'Europe de l'Ouest à ne pas en faire partie, justement. Une fois qu'on est à Thonon-les-Bains, on n'a plus à passer la douane.

– Thonon-les-Bains... répéta Brennan. Ça sonne comme une station thermale. Il y en a beaucoup sur les rives françaises du lac de Genève, comme Évian, par exemple. De là, on est à un jet de pierre de Rome.

– Une plateforme stratégique ? hasarda Peggy.

– Possible, répondit Holliday. C'est le seul numéro écrit à l'encre. Ce n'est pas un endroit qui lui sert tous les jours.

– Et le vignoble ? demanda Brennan. Où est-ce qu'il se situe dans votre vision des choses ?

– Le seul moyen de le savoir est d'aller y voir par nous-mêmes.

– Je continue à croire que c'est une perte de temps, insista Peggy. Pour moi, tout ça n'a rien à voir avec ta chère Kate Sinclair. Le seul lien dont on ait la preuve, pour l'instant, c'est entre la CIA et Tritt ; et, encore, ça reste assez mince. Quand on y pense, on n'a rien, finalement... On n'est même pas sûrs de ce qu'on avance, pour Tritt. Tout ce qu'on a, c'est l'opinion de ton ami Philpot.

– Raison de plus pour vérifier la seule piste dont on dispose, c'est-à-dire ces numéros de téléphone.

– Peut-être qu'il a une mémoire pourrie, voilà tout.

– Dans ce cas, pourquoi dissimuler ces numéros sur l'envers d'un tiroir ? demanda Holliday. S'il n'a rien à cacher, quel est l'intérêt de faire ça ?

– En attendant, le temps presse, reprit la jeune femme. Je continue à penser qu'on devrait en parler à quelqu'un.

– Moi aussi, renchérit Holliday. Une fois qu'on aura quelque chose à leur dire. »

Peter Van Loan était agent secret depuis vingt ans et affecté à la sécurité du Président depuis onze ans. C'était le troisième gouvernement pour lequel il travaillait, et il y allait parfois avec un boulet au pied. Bien sûr, son job était de bosser, d'accomplir son devoir quoi qu'il advienne. Mais il lui arrivait d'estimer que « l'Homme » au pouvoir méritait bien une balle dans la cervelle. Quant aux autres, ils n'en étaient pas bien loin.

Onze ans, cela représentait une éternité passée au sein des services secrets, mais Van Loan était apprécié, là-bas ; toujours prêt à accepter les missions les plus ennuyeuses, comme celle d'emmener les enfants à l'école, ou d'assister, debout, à d'interminables réunions. À cinquante-quatre ans, ses nerfs et sa patience commençaient à s'user, sans parler de ses genoux qui menaçaient de céder, de sa tension trop élevée et de son compte en banque trop bas pour un citoyen quasiment en fin de carrière. Il lui restait encore quelques années à travailler pour la sécurité personnelle du Président, et il songeait de plus en plus sérieusement à prendre une retraite anticipée.

Tab Hartmann, le chef du renseignement, se montrait assez compréhensif pour proposer de temps à autre à Van Loan un os à ronger, comme celui de se retrouver dans l'équipe de reconnaissance, chargée de contrôler les sites que l'Homme s'apprêtait à visiter. Aujourd'hui, c'était Rome. Cette fois, Hartmann ne voulait prendre aucun risque. Il avait renforcé les effectifs de cette équipe, les faisant passer de six à douze. L'assassinat du pape, moins d'une semaine plus tôt, avait mis tout le monde à cran.

Van Loan ne s'inquiétait pourtant pas plus que cela. La sécurité présidentielle était toujours extrêmement rigoureuse et, pour ce voyage, il y aurait assez d'hommes pour protéger le Bon Dieu lui-même. Les services de sécurité russes s'activaient déjà dans la ville éternelle, tout autant que le RCMP du Canada, le MI6 du Royaume-Uni, le GSPR français (le Groupe de sécurité de la présidence de la République) ou la Bundespolizei allemande.

S'ajoutaient à cela les plus petits contingents de trente autres pays ainsi que les gardes du corps personnels d'une quarantaine de célébrités telles que Bill Gates, Arnold Schwarzenegger, George Clooney ou l'archevêque de Canterbury. Van Loan avait participé à des dizaines de manifestations de ce genre, dont une organisée à l'occasion de la mort du précédent pape, et il se sentait capable d'agir les yeux fermés.

Voici comment se passeraient les choses : peu avant minuit, le lendemain, deux C-17 Globemaster III de l'US Air Force atterriraient sur la base de Pratica di Mare, au sud de Rome. Le premier transporterait deux limousines présidentielles identiques, tandis que le second amènerait six Cadillac Escalade solidement blindées, pour les services secrets.

Les principaux véhicules seraient suivis par le staff de la Maison-Blanche et le personnel, qui, lui, voyagerait dans des 4 × 4 Chevrolet loués sur place ; la procession serait escortée, à l'avant comme à l'arrière, par une douzaine de motards de la police sur leurs BMW bleu et blanc.

Bien avant l'arrivée de l'avion présidentiel Air Force One, le lendemain matin, Van Loan, en tant que patron de l'équipe de reconnaissance et agissant avec l'aide de la police d'État, aurait choisi l'itinéraire le plus rapide et le plus sûr, tant pour arriver au Vatican que pour en repartir, ainsi que deux voies de secours, et une troisième en cas d'urgence. Les bouches d'égout seraient pour un temps hermétiquement fermées, et toutes les poubelles, tous les kiosques à journaux ainsi que les boîtes aux lettres situées le long du chemin seraient ôtés.

Un hélicoptère Augusta Westland AW109 de la police italienne, capable de gérer une évacuation sanitaire en cas de nécessité, se chargerait de la surveillance aérienne. Des salles de traumatologie étaient également réservées pour le Président dans trois hôpitaux de la capitale. Rien n'était trop beau pour l'Homme, et son factotum ne voulait négliger aucun détail pratique.

Les procédures au Vatican lui-même restaient relativement faciles à suivre. Aucun des hôtes, VIP ou non, n'échapperait au détecteur de métaux ni aux chiens renifleurs, et les sacs des femmes seraient scrupuleusement fouillés à la recherche d'une arme. Tandis que commencerait la messe des funérailles, les chefs d'État et autres dignitaires seraient priés de quitter la basilique et d'attendre sur les marches. Le cercueil en cèdre du pape serait alors conduit au centre de la place Saint-Pierre pour que l'on procède aux derniers rites funéraires et à la liturgie. Enfin, à l'issue de la cérémonie, ce même cercueil serait descendu à la crypte sous l'édifice religieux afin que Sa Sainteté repose auprès de ses prédécesseurs.

Pour Van Loan et les autres agents des services secrets, le moment où le Président devait attendre sur les marches de la basilique restait le plus critique. La foule rassemblée sur la place serait certes filtrée au travers de multiples points de contrôle, mais, durant près d'une heure, l'Homme serait vulnérable. Celui qui avait assassiné le pape, la semaine précédente, avait tiré de très loin. Mais, cette fois, des équipes des forces spéciales italiennes occupaient toutes les tours et les toits d'immeuble sur au moins trois kilomètres à la ronde.

C'était cette démarche qui avait mené à la découverte du nid du *sniper*, dans le clocher de la Chiesa Nuova, sur la Via del Filippini, située à la distance incroyable de mille deux cents mètres de la place Saint-Pierre. Le fait que la cachette, l'arme et la pièce de monnaie arabe aient été découvertes par accident la veille seulement n'améliorait en rien la piètre opinion que se faisait Van Loan des Italiens et de leurs mesures de sécurité.

Après avoir loué une limousine à une agence locale, il avait effectué deux fois le trajet de la base aérienne au Vatican, demandant au chauffeur de maintenir une vitesse régulière de quatre-vingt-dix kilomètres à l'heure pendant que lui-même s'occupait de repérer sur la route le moindre point d'embuscade, sans rien relever de potentiellement dangereux. Un *sniper* visant la silhouette assise du pape, c'était une chose ; tirer sur une limousine blindée qui roulait à quatre-vingt-dix à l'heure, c'en était une tout autre. La cible mouvante restait ce qui l'avait toujours troublé dans l'assassinat de Kennedy. Tirer vers le bas suivant un angle aussi extrême était difficile, mais atteindre une tête alors que la voiture cible négociait un virage devenait virtuellement impossible, excepté pour un tireur d'élite.

À la fin de la journée, Van Loan se retrouva satisfait d'avoir couvert tous les points d'attaque possibles. Il retourna à son hôtel pour s'offrir un verre bien mérité avant de déguster un dîner qui ne l'était pas moins.

De retour à Rome après une rencontre avec son employeur en Suisse, l'homme qui disait s'appeler Hannu Hancock se tenait debout sur l'unité de climatisation du toit de l'immeuble, au-dessus de la Viale America. Ses jumelles collées aux yeux, il cherchait par-delà la piscine du Piazzale dello Sport un repère sur la Via Cristoforo Colombo, pour finalement se fixer sur un large escalier de marbre menant au parking du stade.

Le point d'entrée dans Rome avait été bien choisi par les services secrets. La route à quatre voies se séparait en deux autour du stade, la partie la plus proche de Hancock descendant vers le sud, et la plus éloignée montant vers le nord et l'intérieur de la ville. Afin de réduire le bruit de la circulation, une bande de terre plantée d'arbres isolait chaque voie à sens unique des habitations qui la bordaient.

D'après ses estimations, la distance était d'environ huit cents mètres, du gâteau pour une arme à la portée de huit mille mètres. Mais il n'avait pas besoin de calculer quoi que ce soit, car son fusil possédait un système de visée automatique.

Son plan d'évasion était relativement simple. Un homme vêtu d'un costume Armani et assis au volant d'une luxueuse Audi A8 noire n'avait pas exactement le profil du terroriste. Toutefois, en cas de nécessité, il avait glissé dans le coffre de sa voiture une valise pleine d'articles de bijouterie suisse haut de gamme, et il possédait bien sûr les papiers d'identité qui sauveraient les apparences.

Selon Hancock, il faudrait à la police une bonne quarantaine de minutes pour installer des barrages autour de la ville, ce qui lui laisserait largement le temps de s'éclipser. En roulant à cent dix à l'heure, il pouvait sans problème rejoindre la Suisse dans la soirée et attraper le vol de nuit pour New York.

Debout sur le système de climatisation, observant les lieux qui allaient servir de décor à ses tirs, il visualisa une fois encore son plan d'attaque. Il n'y trouva rien à redire. Il ne lui restait qu'à se faire remettre par les hommes de son employeur les ultimes renseignements ainsi que la pièce d'équipement nécessaire à la réussite de l'opération.

Satisfait, Hancock sauta au pied du système de climatisation puis emprunta le petit escalier de service vers les ascenseurs du dernier étage.

11

Le président des États-Unis fit un signe de tête à Mattie, sa secrétaire, puis remonta tranquillement le couloir tendu de moquette menant au bureau de son chef d'état-major. Passant devant un miroir, il remarqua à nouveau ses tempes qui grisonnaient. C'était arrivé à tous les Présidents avant lui mais, le jour où il était entré dans le Bureau ovale, il avait pensé y échapper pendant quelques années encore du fait de sa jeunesse. La première dame disait que cela lui donnait du chic, mais elle manquait d'objectivité. Ce n'étaient pas six ans et demi passés à la tête du monde libre qui vous faisaient vieillir, c'était le fait d'être entouré de tous ces gens qui vous détestaient.

Un homme ordinaire entre cinquante et soixante ans avait quelques bons amis, beaucoup de relations et peut-être quelques vagues ennemis. Le président des États-Unis, lui, n'avait que peu d'amis qui n'attendaient rien de lui, aucune connaissance et toutes sortes d'ennemis, parmi lesquels des chefs d'État cinglés aux noms imprononçables ainsi que des membres de son propre Congrès ou Sénat. Sans compter la moitié de la population qui ne votait pas pour lui.

Jamais on ne l'avait pendu en effigie du temps où il enseignait le droit à Yale mais, aujourd'hui, cela arrivait quasiment une fois par semaine. On vivait vraiment dans un monde pourri, et beaucoup de gens pensaient, à tort ou à raison, que c'était sa faute.

Arrivé au bout du couloir, il entra dans le bureau de son chef d'état-major. Il préférait nettement cet endroit au Bureau ovale. Morrie Adler y maintenait un savant désordre, avec des papiers partout et une tenace odeur de cigare. Il s'arrogeait aussi le droit de croiser les pieds sur la table – un luxe que le Président lui-même ne s'autorisait pas, sous peine de se voir vertement critiqué. Morrie gardait toujours à portée de main un bol plein de barres de Mars miniatures, qu'il envoyait de temps à autre à la cuisine pour les faire frire en beignets, une habitude prise à Oxford lorsqu'il y était boursier.

Il était amusant de voir ce que pouvait parfois vous réserver le destin. À peine sorti d'Abbey School, leur école de Winter Falls, Morrie s'était inscrit à l'université d'Oxford, alors que lui-même était parti, sac au dos, traverser le Népal. Et c'était pourtant lui qui était devenu président des États-Unis. Il sourit. Depuis toujours, il avait compris que la vie comme la politique étaient une aventure risquée ; on ne savait jamais comment les choses allaient tourner.

Le Président frappa discrètement contre le chambranle et entra dans la pièce, avant de refermer la porte derrière lui. Morrie lisait la page des commentaires du *New York Times.* Se laissant choir dans le seul autre fauteuil du bureau, son visiteur lui demanda :

« Faut-il vraiment que je me rende aux funérailles du pape ?

– L'un des frères Castro y sera. Tu as envie de t'en laisser remontrer par un vieux commandant coco de quatre-vingt-huit ans ?

– Je parle sérieusement.

– Moi aussi, rétorqua Morrie en posant son journal sur la table. Oui, tu dois y aller. Ne serait-ce que d'un point de vue protocolaire, et pour suivre la tradition. Le Premier ministre israélien sera présent. Les musulmans seront là. Tonto lui-même fera le déplacement. »

Tonto était le nom de code que les services secrets donnaient au vice-président. Quant au chef d'État, il se faisait appeler Lone Ranger. Morrie se nommait Bullet, du nom du fidèle berger allemand de Lone Ranger, ce qui semblait assez approprié puisqu'ils étaient amis depuis le lycée.

« À propos de Tonto...

– Je sais, coupa Morrie. J'ai entendu. Le parti ne soutiendra pas sa nomination. Il est trop vieux et trop fatigué, entre autres choses.

– Il est aussi trop stupide, reprit le Président. Je veux dire, c'est un brave type, d'accord, mais, si on n'avait pas eu autant besoin de Chicago, jamais il ne se serait présenté sur la liste.

– C'est vrai.

– Tu as une idée de celui qu'ils vont choisir ?

– Le bruit court que ce serait notre cher secrétaire d'État. Ou alors une femme – tu sais, cette sénatrice californienne. Et puis, bien sûr, le sénateur Sinclair.

– Tu plaisantes ? Mettre ce cinglé à la gâchette facile aussi près du grand fauteuil ? Sarah Palin était un ange, à côté.

– Sarah Palin était incapable de situer le Canada sur une carte de l'Amérique du Nord, lui rappela Morrie en riant. Son choix provenait de la décision d'un vieillard désespéré. Et puis, elle n'avait pas le moindre sou. Alors que Richard Sinclair en a. Beaucoup. Et il a sa mère, aussi.

– Mais il doit savoir que je ne l'appuierai pas. C'est un gars aux réflexes primaires ; un éjaculateur précoce dont on aurait intérêt à se débarrasser au plus vite.

– Kate Sinclair s'en fiche royalement, et le parti aussi. Les autres sont en train de se constituer une bande de francs-tireurs sans état d'âme, et ça veut dire qu'on doit faire de même. Dans dix-huit mois, tu ne seras plus que de l'histoire ancienne, pour eux.

– Ça te mène où ?

– À une série de conférences suivies d'un bouquin, avec de juteux droits d'auteur en prime. Voilà où ça me mène. »

Tous deux éclatèrent de rire. Le Président se laissa choir contre son dossier en faisant dangereusement pencher son fauteuil en arrière. Puis, d'un ton soudainement navré, il demanda :

« Tu l'imagines dans le Bureau ovale ?

– Non, mais là n'est pas la question. Le nommer vice-président nous donnera un peu d'air avant de trouver un vrai candidat, le jour des élections venu. Un candidat dont les idées refléteront les tiennes. »

Le Président tourna le regard vers la fenêtre. La vue était assez semblable à celle qu'il avait du Bureau ovale, mais, ici, elle n'était pas obscurcie par de lourds rideaux et des vitres blindées.

« Tu sais ce qui m'insupporte, en fait ? finit-il par demander.

– La mauvaise cuisine chinoise ? Tous ces bouquins de vampires flippants que lit la première dame ?

– Non, sourit-il. Les funérailles, voilà ce que je déteste. Ça me déprime à un point...

– Offre-toi une bonne cuite sur le vol du retour, lui conseilla Morrie.

– Tu sais bien que je ne bois pas.

– C'est vrai, désolé. Ce n'est pas comme le cours de latin de Tank Gemmil, à Abbey School. »

Un silence s'ensuivit. Croisant les mains derrière sa tête, le Président ferma les yeux. Et Morrie se prit à penser à la bouteille de Glenlivet, couchée dans le tiroir de son bureau. Était-elle à demi vide ou à demi pleine ? Question existentielle pour un alcoolique... Quoi qu'il en soit, le problème se résolvait toujours de la même façon, et la bouteille finissait invariablement par se vider.

« C'est la quatrième réunion en quelques semaines, murmura le Président.

– Ça fait si longtemps ? » interrogea Morrie.

Assez, en tout cas, pour lui faire sortir du tiroir la bouteille et ses deux verres, et se verser un doigt de whisky.

« J'irai à cet enterrement si tu m'accompagnes au match.

– Au match ? » répéta Morrie.

Puis il se souvint.

« Ah, Abbey School contre le lycée de Winter Falls... tu te rappelles ?

– La grande époque, sourit le Président.

– Pour toi, peut-être, grogna son chef d'état-major. Tu étais la star, le capitaine de l'équipe. Et, moi, je n'étais que goal remplaçant à cause de mes chevilles fragiles.

– Ce sera amusant.

– Shannon O'Doyle, déclara Morrie en se servant un deuxième verre.

– Shannon O'Doyle... » fit le Président, se rappelant la Reine des neiges de Winter Falls comme si c'était hier.

Ses longs cheveux blonds et le bruissement de ses bas lorsqu'elle croisait les jambes...

« Tu es sûr de vouloir rappeler à tes électeurs que tu fréquentais une école préparatoire pour friqués ?

– Qu'est-ce que j'ai à perdre ? »

12

Ils se réveillèrent tôt, se firent livrer une voiture louée chez Hertz, avalèrent un petit déjeuner rapide et partirent pour Aigle à 9 heures. Empruntant l'autoroute 1 pour sortir de Genève, ils se dirigèrent vers le nord, tout en longeant la côte qui bordait le lac Léman. Ils avaient parcouru la moitié du chemin lorsque l'un d'eux prit enfin la parole.

« Rappelle-moi pourquoi on va à cet endroit, dit Peggy.

– Aigle est l'indicatif de zone inscrit sous le tiroir de Tritt. En appelant ce numéro, j'ai constaté que c'était celui d'un vignoble, le Château royal des pins. J'ai vérifié sur l'ordinateur ; ça se trouve à environ trois kilomètres de la ville d'Aigle. Ils y produisent apparemment un bon chablis.

– Je n'ai jamais adoré le vin blanc, observa Brennan, assis à l'arrière.

– J'ai un peu l'impression de courir dans tous les sens pour rien, déclara Peggy. S'il y a quelque chose à trouver, ce sera dans ce garage privé, du côté français. »

Pensive, elle tourna la tête vers les bords du lac que la neige recouvrait lentement d'un duvet blanc, tandis que sur l'eau dansait une flottille de petits voiliers.

« On devrait être à Rome, marmonna-t-elle. C'est là où tout va se passer.

– Mais ce serait chercher une aiguille dans une botte de foin, repartit Brennan avec un petit rire. Il y a deux millions et demi d'habitants, à Rome. Comment espérez-vous le traquer au milieu de cet essaim de gens ?

– Vous avez sa photo dans le dossier que vous a remis votre ami du contre-espionnage, non ?

– Tritt doit savoir qu'on a un dossier sur lui à la CIA, intervint Holliday. Vieux d'au moins dix ans. Il aura changé son apparence, depuis le temps, Peggy. »

La photo dans le fichier numérique montrait un bel homme au visage étroit, aux traits aristocratiques et aux cheveux blonds parfaitement coiffés. S'il était acteur, il aurait pu jouer le rôle d'un étudiant d'Oxford ou le fils bon à rien d'un riche lord anglais.

« Ça reste quand même une photo de ce salaud, insista la jeune femme. Un élément sur lequel il faut se baser. »

Holliday ne pouvait reprocher à Peggy son enthousiasme, mais, après une vie passée au sein des services secrets, il avait appris que l'enthousiasme autant que l'intuition n'avaient pas grand-chose à voir avec l'espionnage. Trouver et identifier Tritt résulterait d'un travail long et pénible, de l'assemblage d'un puzzle délicat avant que le tableau ne prenne forme. Au fond de lui-même, il savait qu'ils n'avaient à tout casser qu'une chance sur un million de retrouver l'assassin avant l'arrivée du Président. Car ils manquaient tout simplement de temps.

Malgré une circulation assez fluide, il leur fallut presque deux heures pour franchir les quatre-vingts kilomètres autour du lac avant d'atteindre Aigle, un pittoresque village alpin qui tenait son nom des oiseaux de proie volant en cercle au-dessus de la vallée, à la recherche de lapins ou de renards.

Chef-lieu de district depuis le XIe siècle, Aigle basait son économie en grande partie sur le tourisme et les vignobles alentour. Ils s'arrêtèrent place de la Gare, dans le centre-ville, pour demander leur route, où on leur indiqua de suivre le chemin du Fahey jusqu'au bout, à quatre kilomètres à l'est de la ville.

Quinze minutes plus tard et après s'être trompés deux fois de direction, ils atteignirent le Château royal des pins. Plutôt gentilhommière que château, la demeure trônait au sommet d'une colline. Les vignes qui l'entouraient lui donnaient l'air d'un cimetière militaire géant hérissé de croix noueuses et noires sur fond de neige fraîche.

Ils garèrent leur voiture sur un petit parking au pied de la colline puis grimpèrent l'étroit sentier menant au château, la neige crissant sous leurs pas. Ils atteignirent le vieux portail qui fermait l'entrée de la propriété. L'ancienne bâtisse était flanquée de deux tourelles ornées de meurtrières. Ici et là apparaissaient des boulets de canon enfoncés dans les murs, qui devaient dater des guerres napoléoniennes. Passant sous une double porte de chêne armée de lourdes barres de fer, le trio pénétra dans le château.

Ils se retrouvèrent dans un immense vestibule, avec l'incontournable boutique du château d'un côté et la salle des armures de l'autre. La boutique n'était rien d'autre qu'un magasin de souvenirs vendant toutes sortes de babioles qui n'intéressaient personne.

Sentant sur lui le regard soupçonneux de la vendeuse, Holliday se crut obligé d'acheter une chaînette à enfiler sur le col des bouteilles de vin, et lui accorda un sourire aimable. Celle-ci prit l'argent qu'il lui tendit sans lui rendre son sourire.

Un guide qui avait l'air de s'ennuyer et qui était sans doute son mari se leva alors de sa chaise et entreprit de leur faire visiter les lieux, sans se soucier de savoir s'ils suivaient ou non. Puis, lentement, il se retourna et demanda :

« Anglais ?

– Américains, répondit Holliday.

– Ah, Américains, oui... »

Comme si cela aurait dû sembler évident à ses yeux.

Holliday passa l'heure suivante à en apprendre bien plus qu'il ne le désirait sur le chablis. Il apprit aussi que le Château royal était un vin mûri en fûts de chêne plutôt qu'en conteneurs d'acier. Mais lorsqu'il chercha à s'informer sur les propriétaires du lieu, on lui fit vite comprendre que cela ne le regardait pas.

La visite se limita au rez-de-chaussée, où se trouvaient la boutique et un musée de la viticulture, pour terminer par le sous-sol, qui servait aujourd'hui à la fabrication, à la fermentation et à l'entreposage du vin. Les étages supérieurs du château restaient réservés aux propriétaires actuels, qui tenaient à protéger leur intimité.

Holliday commençait à penser que Peggy avait raison – tout cela n'était qu'une perte de temps. Il ne voyait pas comment il allait découvrir la moindre preuve d'un lien entre le propriétaire du château, quel qu'il fût, et William Tritt, l'exécuteur qui avait jadis travaillé pour la CIA.

La visite s'acheva enfin par un passage rapide au musée et une brève histoire du label Château royal, en évitant soigneusement d'évoquer tout ce qui touchait aux propriétaires. Le petit groupe émergea de nouveau dans le grand vestibule au sol dallé de marbre et aux murs tendus de tapisseries.

Alors qu'ils se dirigeaient vers la boutique, Holliday crut deviner un mouvement dans le fond de la salle et se tourna légèrement. Il reconnut l'homme immédiatement. La dernière fois que Holliday l'avait vu, il l'avait frappé si fort à la gorge qu'il lui avait écrasé la trachée.

Il tenta de garder une expression neutre et se détourna lentement. L'homme continua de descendre l'escalier puis entra dans le musée. Cinq minutes plus tard, le trio se retrouva de nouveau dehors, dans le froid, pour regagner le parking en contrebas.

« Eh bien, on peut dire que ça n'a pas donné grand-chose, commenta Peggy.

– Moi, je pense au contraire que ça a été très instructif », rétorqua Brennan.

Peggy le regarda comme pour s'assurer qu'il ne se moquait pas d'elle.

« J'ai appris exactement ce que j'avais besoin de savoir, lâcha alors Holliday.

– C'est-à-dire ? demanda Brennan.

– Vous avez vu le type qui descendait l'escalier, au moment où on revenait dans le vestibule ?

– Le grand type aux mâchoires carrées et à l'allure distinguée ? Avec ses tempes grisonnantes, il devait faire dans les soixante-dix ans.

– Celui-là même.

– Et ce serait qui ? interrogea Brennan.

– Il s'appelle Angus Scott Matoon. C'est l'un des chefs du Pentagone. Il est aussi membre de Rex Deus. Il était à la réunion où j'étais censé jouer les archéologues. J'ai dû lui taper dessus lorsque j'ai faussé compagnie à Kate Sinclair.

– Est-ce qu'il vous a vu ?

– Je ne crois pas. Et, si oui, il ne m'a pas reconnu.

– Espérons-le. »

Comme Holliday s'installait au volant, le prêtre demanda :

« Où va-t-on, maintenant ?

– En France. À Thonon-les-Bains. »

Assise dans la salle seigneuriale qui faisait office de salon dans les appartements privés du château, Kate Sinclair buvait son café en fixant d'un œil absent le panorama alpin à travers ses trois fenêtres aux arches gothiques. Le général Angus Scott Matoon, qui arpentait d'un pas préoccupé l'immense tapis Tabriz en sirotant un cognac Dudognon Héritage, grimaça soudain comme si le prestigieux alcool avait pris un goût amer. Sans son uniforme, il avait piètre allure, songea son hôtesse.

« Vous a-t-il vu ? demanda la vieille femme d'un ton sec.

– Je l'ai vu ; j'imagine donc qu'il m'a vu, lui aussi.

– Parfait.

– Vous êtes sûre qu'il faille divulguer le projet *Croisade* ? Holliday n'était que lieutenant-colonel, à l'époque, mais il a gardé d'importantes relations dans les renseignements. Il pourrait se montrer extrêmement gênant.

– Pour l'amour du ciel, général, un peu de courage ! Vous êtes l'un des chefs d'état-major, que je sache. Nous sommes bien trop riches pour avoir des ennuis et nous sommes tout à fait capables de surmonter les problèmes que nous rencontrons. »

Laissant échapper son rire rauque de fumeuse, elle alluma une autre cigarette.

« Cessez de vous en faire à propos de Holliday. Nous allons nous occuper de lui. »

Elle marqua une pause puis enchaîna :

« Quelle direction ont-ils prise en quittant le château ?

– Ils sont partis vers le nord, répondit le général. Je les ai fait suivre quelques instants par Jean-Pierre, comme vous l'avez demandé. Il a dit qu'ils avaient ensuite pris plein ouest, en se dirigeant vers la frontière par la route de la corniche.

– En France... » murmura Kate.

Elle tira longuement sur sa cigarette puis laissa la fumée s'échapper de ses narines d'aristocrate.

« Ils allaient à Thonon-les-Bains, ajouta-t-elle.

– Qu'y a-t-il, là-bas ?

– Des ennuis pour le colonel et ses amis, j'en ai peur. »

13

Situé à mi-chemin entre le lac de Genève et la frontière suisse, Thonon-les-Bains ne vivait plus depuis longtemps de ses bains romains, mais essentiellement du tourisme.

Il ne fallut pas longtemps au petit groupe pour trouver le garage qu'utilisait William Tritt. Il n'y en avait que deux dans la ville : Auto express, bien trop chic et trop fréquenté pour lui ; et un autre, qui correspondait nettement mieux à ses besoins – un minuscule entrepôt au toit de tôle, situé au fond d'une ruelle, avec sa vingtaine de box grossièrement séparés par des rideaux effilochés et hors d'âge. Il y avait un pont élévateur, une paillasse, quelques outils et une toile tendue à l'arrière du local qui offrait un minimum d'intimité.

L'endroit s'appelait le « Garage de Paulie », et ils trouvèrent celui-ci assis derrière un vieux bureau de bois croulant sous les factures. Paulie était obèse et transpirait à grosses gouttes malgré le ventilateur qui lui tournait au-dessus de la tête. Il portait une salopette en toile de jean dont le haut était rabattu sur son énorme ventre que dissimulait péniblement un tee-shirt grisâtre et sans forme. Malgré ses airs de demeuré, il s'avéra qu'il parlait couramment l'anglais.

Holliday sortit une copie de la photo que Potts lui avait donnée.

« Est-ce que vous connaissez cet homme ?

– Peut-être... peut-être pas. »

Holliday posa un billet de cent euros sur la table et répéta :

« Vous l'avez vu ?

– Oui.

– Où ?

– Il a un box ici.

– Lequel ?

– Le 19, tout au bout, sur la gauche.

– On peut aller jeter un coup d'œil ?

– C'est que... ça m'ennuie de vous laisser fouiller dans les affaires d'un autre. »

Un autre billet de cent euros atterrit sur le bureau.

« Et comme ça... ça va mieux ?

– Beaucoup mieux, m'sieur. »

Il empocha l'argent puis lâcha :

« J'ai l'esprit qui s'éclaircit à mesure qu'on parle.

– Quelle voiture a-t-il ?

– Une Audi A8. Noire. Neuve de chez neuf.

– Belle voiture, en effet, commenta Holliday d'un air appréciateur.

– À cent cinquante mille euros, elle peut, reprit Paulie en partant d'un gros rire gras.

– Qu'est-ce qu'il faisait à une voiture toute neuve ? Elle devait être encore sous garantie, non ?

– Elle devait, oui.

– Alors, pourquoi avait-il besoin de vous louer un box ? »

Paulie se contenta de secouer des épaules aussi larges que gélatineuses.

« Vous ne savez pas ? Ou vous avez décidé de ne rien dire ?

– J'ai... comment on dit ? Des scrupules...

– Et, là ? demanda Holliday en lui tendant un troisième billet. Vos scrupules s'envolent ?

– Disparus... comme par magie... souffla-t-il avant de le glisser dans sa poche.

– Alors, quel genre de réparation faisait-il dans son box ?

– Ça avait à voir avec le pot d'échappement.

– Comment le savez-vous ?

– Parce qu'il est arrivé il y a deux jours avec un jeu gauche complet de pots et tuyaux en pièces détachées. Ce qui me fait dire qu'il travaillait sur l'échappement.

– Quand est-il reparti ?

– Assez tard, le même soir.

– Vous êtes sûr de ça ?

– Oui. À 1 heure du matin. J'ai de quoi dormir, à l'arrière.

– Et la voiture, vous a-t-elle paru plus silencieuse ?

– Non, plus bruyante, au contraire.

– Montrez-nous son box.

– Ça ne faisait pas partie de notre marché, protesta Paulie.

– Et une petite lampée d'acide de batterie, ça te dirait ? lança soudain Holliday d'un ton menaçant. Ça non plus, ça ne faisait pas partie du deal.

– Allez vous faire foutre !

– Tu préférerais peut-être ça ? » intervint Brennan en sortant de sa veste le petit Beretta Storm.

Horrifié de découvrir un prêtre armé d'un pistolet, Paulie arrondit des yeux stupéfaits et resta muet comme une carpe.

« Alors, ce box, tu nous le montres ? » insista Holliday.

Paulie se leva, sortit lentement de son bureau et les guida d'un pas lourd vers le dernier des box de l'allée. Il repoussa le rideau de toile, pour découvrir une stalle totalement vide et d'une propreté absolue. L'endroit paraissait avoir été nettoyé au Kärcher, jusqu'au dernier centimètre. Posé sur l'établi se trouvait ce qui semblait être les déflecteurs acoustiques flambant neufs d'un silencieux d'échappement. Apercevant un petit morceau de papier coincé entre deux planches, Holliday s'en saisit. C'était le reçu d'un objet inconnu, provenant d'un endroit qui s'appelait ACTIVITÉ AUDI, situé chemin Margentel.

« Où est-ce que ça se trouve ? demanda Peggy.

– À trois pâtés de maisons d'ici.

– Et qui le tient ?

– Un enculé, qui vient de Marseille. Il tient un petit commerce... comment on appelle ça ? Un "atelier de cannibalisation" ? Vous passez commande d'une caisse, et il se charge de la voler pour vous. Il s'appelle Marcel.

– Appelle-le. Dis-lui que tu as trois clients qui veulent le voir.

– Il va m'arracher les yeux s'il se rend compte que je lui ai tendu un piège. »

Brennan sortit alors de la poche de sa veste d'abbé un couteau à cran d'arrêt, qu'il ouvrit pour le plaquer gentiment contre le cou de Paulie.

« Et moi, je te tranche la gorge si tu ne fais pas ce qu'on te dit. »

Paulie s'exécuta. Il discuta un instant avec son interlocuteur puis raccrocha.

« Il vous attend. »

De son couteau, Brennan coupa le fil du téléphone posé sur le bureau.

« Tu cherches à le prévenir, et je reviens pour te trancher la gorge... et le reste », le menaça le prêtre.

Paulie acquiesça sans un mot.

Il leur fallut moins de cinq minutes pour franchir à pied les trois pâtés de maisons. Le quartier était plein de petits entrepôts anonymes, pour la plupart sans fenêtres, et dont les portes coulissantes étaient fermées par de lourds cadenas.

Sur l'une d'elles on avait collé de grosses lettres en faux bronze, qui annonçaient ACTIVITÉ AUDI. À côté, derrière un grand rideau de fer relevé, résonnait le bruit de machines à souder, de marteaux et de fraiseuses.

Holliday frappa du poing sur la petite porte qui semblait avoir reçu plusieurs dizaines de couches de peinture. Sans réponse, il toqua une deuxième fois, plus fort. Enfin, le battant s'entrouvrit sur un échalas d'une cinquantaine d'années, vêtu d'un bleu de travail protégé par un tablier de cuir. Il tenait une clé Allen à la main.

« C'est à quel sujet ? » demanda-t-il d'un ton aigre.

Holliday remarqua une cicatrice, fine et pâle sur sa peau mal rasée, qui lui barrait le visage de l'orbite au menton. Un rasoir, sans doute, ou la lame acérée d'un couteau...

« On vient voir Marcel. C'est Paulie qui nous envoie.

– Ce porc ? Pourquoi vous voulez voir Marcel ?

– On a des questions à lui poser sur une voiture qu'il a "préparée".

– Vos amis, c'est qui ? interrogea-t-il en avisant Peggy et Brennan.

– Des collègues.

– Vous êtes un vrai curé ? hasarda-t-il, les yeux fixés sur le col blanc de Brennan.

– Oui.

– De quelle voiture on parle ?

– Une Audi A8 noire. Qui appartient à un Américain.

– Ouais, je la connais.

– Vous êtes Marcel ?

– Oui, fit-il en sortant sur le trottoir avant de fermer la porte derrière lui.

– Qu'est-ce que vous avez fait pour lui ? demanda Holliday.

– Ça me rapporte combien, ce que vous voulez savoir ?

– Cinq cents euros.

– Mille.

– Six cents.
– Sept cent cinquante, renchérit Marcel.
– D'accord.
– En cash. »
Holliday sortit son portefeuille et compta les billets avant de lâcher :
« Je vous écoute.
– Il voulait savoir si je pouvais dériver un collecteur d'échappement pour le faire passer à travers un seul tuyau.
– Traduction ? ironisa Holliday.
– L'Audi A8 a un double pot d'échappement. Il voulait que je transforme l'un des deux en un pot factice, si vous préférez.
– Et dans quel but ?
– Il m'a demandé aussi d'enlever les déflecteurs acoustiques. Il voulait installer une cachette.
– De quelle longueur ? »
Marcel écarta les mains en disant :
« Un bon mètre, environ.
– Et la largeur ?
– Vingt-cinq à trente centimètres. Assez pour une douzaine de kilos d'héroïne, en tout cas.
– Il vous a dit qu'il dealait de l'héroïne ?
– Pour ça, il était assez clair, sourit Marcel. Il connaissait le nom des pièces à changer, en tout cas.
– Et vous lui avez fait ça quand ?
– Il y a quatre jours. Il est venu prendre la voiture hier. En me filant un petit supplément pour le boulot fait en urgence. »
Holliday n'avait plus de questions. Il remercia Marcel pour les infos.
« Tant que vous avez de la thune, vous êtes les bienvenus. »
Un sourire malin sur le visage, il rouvrit la porte et retourna dans son atelier.

Peggy, Holliday et Brennan repartirent à pied récupérer leur voiture puis cherchèrent dans Thonon-les-Bains un endroit où déjeuner.

« Il ferait du trafic d'héroïne ? s'étonna Brennan une fois assis à table.

– Non, répondit Holliday.

– Alors, l'échappement factice servirait à autre chose ?

– C'est ce que j'imagine.

– Une vraie devinette, commenta Peggy en attrapant un peu de son riz gluant avec ses baguettes. Qu'est-ce qui fait un mètre de long et trente centimètres de diamètre ?

– Une arme, peut-être ? » suggéra Brennan.

Quelque chose titillait la mémoire de Holliday. Quelque chose qui avait trait à la première incursion de l'Amérique dans cet impossible pays qu'était l'Afghanistan.

« Vous connaissez Rome, c'est votre ville, dit-il soudain au prêtre. Dans quel aéroport atterrirait Air Force One ?

– L'aéroport militaire de Pratica di Mare, au sud-ouest de la ville. C'est un peu loin, mais l'endroit peut être totalement sécurisé. C'est de là que décolle l'avion du Saint-Père.

– C'est donc là aussi que tous les chefs d'État arriveraient ?

– Presque certainement, oui.

– Quelle route prendraient-ils pour se rendre en ville ?

– Le pape emprunte la Via Cristoforo Colombo. Une autoroute dont on peut contrôler l'accès et qui n'est bordée de bâtiments qu'à l'entrée de la ville. Ce qui fait de lui une cible impossible pour un tueur. La limousine de Kennedy roulait à quelque chose comme vingt à l'heure quand Oswald l'a abattu. La voiture du Saint-Père roule en général à cent vingt kilomètres à l'heure. Aucun tueur au monde ne réussirait un tir pareil.

– Si, avec l'arme adaptée, murmura Holliday en piquant pensivement ses feuilles de salade.

– Qu'est-ce que tu entends par là ? demanda la jeune femme.

– Il sait que la sécurité autour du Vatican va être extrême. Il sait qu'il y aura des tireurs d'élite postés un peu partout, des chiens ainsi que des dizaines – peut-être des centaines – d'agents surentraînés des services secrets des plus grands pays du monde. Tenter de tuer le Président dans un tel environnement serait du suicide. Je ne vois pas notre homme mourir en martyr pour la cause de Rex Deus. Il va s'acquitter efficacement de son boulot, et il va s'en tirer tranquillement... sauf si on l'en empêche.

– Vous parliez d'une arme adaptée... rappela Brennan.

– Oui, j'ai vu un jour un homme du nom d'Emil, habillé de loques, détruire un hélicoptère russe Mil Mi-24 à plus de trois kilomètres de distance. »

Se tournant vers Peggy, Holliday ajouta :

« C'est la réponse à ta devinette, Peg. Qu'est-ce qui fait un mètre de long et trente centimètres de diamètre ? Un lance-missiles portable Stinger. Le seul "gadget" capable d'ouvrir la voiture présidentielle comme une boîte de sardines. »

14

En sortant de Thonon-les-Bains, ils prirent vers l'ouest en direction de Genève. Des arbres et des villages longeaient une autoroute très chargée qui circulait à l'intérieur des terres en s'éloignant plus ou moins du lac.

« Si tu as raison à propos du Stinger, il faut en parler aux flics, déclara Peggy. On n'a plus le choix.

– Quels flics ? Le FBI ? Les Italiens ? La Sécurité du territoire ?

– Et ceux qui nous collent au train ? » intervint Brennan, les yeux rivés sur le rétroviseur.

Une voiture bleu foncé, ornée de sa barre de gyrophares, se rapprocha d'eux et déclencha soudain sa sirène.

« Que se passe-t-il encore ? » marmonna Holliday avant de venir s'arrêter sur la première aire de stationnement qu'il trouva.

Sur le parking d'un petit restaurant chinois, en fait. Il coupa le moteur et regarda les deux gendarmes sortir de leur véhicule pour s'approcher d'eux en encadrant leur voiture de location.

« Tu roulais trop vite ? lui demanda Peggy d'une voix aussi inquiète qu'étonnée.

– Sur cette route, certainement pas. »

Une camionnette Mercedes Sprinter jaune sombre, ornée de lettres chinoises, émergea de l'allée près du restaurant et s'immobilisa.

L'un des gendarmes fit signe à Holliday d'abaisser sa vitre, tandis que l'autre, qui venait de s'arrêter à la hauteur de Peggy, inspectait du regard l'intérieur de la voiture. Holliday s'exécuta poliment.

Pourquoi, se dit-il, *tous les flics de la planète trouvent-ils si cool de porter des lunettes de soleil miroir ?*

« Vos papiers, s'il vous plaît, lui demanda le premier d'un ton poli.

– Tout de suite, fit Holliday en se penchant vers la boîte à gants.

– Hé ! » s'écria Peggy à l'instant où résonnait un bruit de verre brisé suivi d'un craquement électrique.

J'ai déjà connu ça... songea Holliday juste avant de sombrer dans l'inconscience.

Puis, ce fut le black-out total.

Peggy Blackstock avait une assez bonne idée de l'endroit où ils se trouvaient même si, une fois dans la camionnette, leurs ravisseurs leur avaient passé un sac de toile sur la tête. Ni elle ni Brennan ne s'étaient pris une décharge de Taser par les faux gendarmes, mais la menace restait réelle s'ils s'avisaient de ne pas coopérer.

La fourgonnette aux lettres chinoises peintes sur la carrosserie roulait depuis une heure environ lorsque la jeune femme avait perçu le bruit d'avions volant à basse altitude au-dessus d'eux, ce qui signifiait à coup sûr qu'ils étaient proches de l'aéroport de Genève. Après cela, ils avaient vraisemblablement gravi une montagne, la route sinueuse les précipitant de côté à chaque virage. Ils devaient être en Haute-Savoie. À la façon dont le véhicule ralentissait puis reprenait de la vitesse, Peggy se disait qu'ils traversaient des villages alpins. Le Baptieu, Les Contamines-Montjoie, La Chapelle, peut-être...

Une autre heure s'écoula puis une vague odeur de pin commença à pénétrer l'habitacle. La route paraissait plus étroite encore, mais sans la moindre circulation, cette fois. La pente devait être raide, car il semblait à Peggy que le moteur peinait et que le chauffeur rétrogradait souvent jusqu'en première. On les emmenait vers les sommets. Mais qui ? De faux gendarmes ou de vrais, que l'on avait soudoyés ? Et puis, avoir accès à de telles propriétés privées dans les Alpes signifiait que l'on avait beaucoup d'argent.

Elle en avait beaucoup vu, d'Al-Qaïda aux talibans, en passant par l'Armée de résistance du Seigneur, en Ouganda, leurs quartiers généraux le plus souvent dissimulés dans des grottes, perchés à flanc de montagne ou perdus en pleine jungle. Mais, jamais encore, elle n'avait fait de reportage sur des terroristes suisses. Peut-être Doc avait-il raison ; peut-être le Djihad al-Salibiyya n'était-il qu'une invention de Rex Deus ou de la CIA.

En face d'elle, la jeune femme entendait Brennan marmonner. Non, il était impossible que l'Église soit impliquée là-dedans. Pourtant, elle avait déjà commis ce genre d'erreur, auparavant. Brennan pouvait très bien tremper dans toute cette affaire. Le petit Irlandais était tout à fait capable de monter n'importe quel complot avec ceux de sa hiérarchie. À sa connaissance, il avait été impliqué dans pas moins d'une douzaine de meurtres ; difficile de se fier à lui. Les seules personnes en qui elle avait toute confiance étaient Doc et Raffi.

Elle ressentit comme un coup de poing à l'estomac en songeant à son mari archéologue. Il s'était montré si attentionné avec elle après sa fausse couche, au point de s'annoncer prêt à laisser tomber son expédition en Afrique pour rester auprès d'elle. À cette pensée, la douleur se fit plus intense encore, mais dans son cœur, cette fois. Lui qui désirait tellement un enfant, elle n'avait pas été capable de lui en donner un.

« On a tout le temps devant nous », lui avait-il dit pour l'apaiser.

Mais elle savait que ce n'était pas vrai. Quelques années de plus, et une éventuelle grossesse risquerait d'être dangereuse. Cependant, elle préférait mourir plutôt que d'endurer l'enfer de la stérilité comme certaines de ses amies. Bien sûr, ils pourraient toujours adopter un enfant. Peggy ne put réprimer un petit rire à cette idée ; Raffi avait assez d'amour pour une douzaine d'enfants, effectivement. Peut-être deviendraient-ils la version israélienne du couple Brangelina[1].

« La situation vous fait rire ? lui demanda Brennan tandis que la fourgonnette poursuivait avec peine sa grimpette.

– Ce n'est pas à ça que je pensais, répondit-elle tranquillement. Je pensais à l'avenir.

– À la façon dont vont les choses, je ne crois pas que l'avenir qui s'offre à nous soit très plaisant, ma chère, rétorqua-t-il d'un ton amer. Nous voilà assis, les mains liées, dans le fond d'un camion, et votre oncle a disparu. On ferait mieux de songer au présent, car j'ai bien peur qu'on ne se retrouve désormais tout seuls, vous et moi. »

Soudain, la camionnette fit un petit bond en avant puis stoppa. Ils avaient atteint leur destination, semblait-il. Les portières s'ouvrirent brusquement, et Peggy fut poussée sans ménagement à l'extérieur. Elle sentit du gravier sous ses pieds, puis le sol se fit plus doux. De l'herbe, peut-être. L'air était pur et frais, et malgré le sac qui lui recouvrait la tête, elle devinait l'odeur de la neige. Ils se trouvaient décidément bien haut en montagne.

1. Désigne le couple formé par Brad Pitt et Angelina Jolie *(N.d.T.)*.

Elle grimpa en trébuchant une volée de marches de bois, Brennan lui emboîtant le pas. Bientôt, l'odeur des pins lui envahit les narines. Ils devaient se trouver dans un chalet. Une main s'abattit sur son épaule et la poussa en avant. Deux voix entamèrent une discussion en italien, puis une troisième se joignit à elles. Enfin, l'une d'elles – manifestement celle d'un responsable, à en juger par le ton – réclama le silence.

Peggy se sentit poussée en avant et, quelques secondes plus tard, Brennan la suivit. On lui ôta sa cagoule, et elle aperçut brièvement le visage de celui qui parlait, avant que la porte devant eux ne se referme bruyamment. Une clé tourna dans la serrure.

Il n'y avait absolument aucun meuble dans la pièce.

« Bon sang de bois ! s'étrangla Brennan. Jésus, Marie, Joseph, qu'est-ce qui nous arrive ? »

Il avait toujours son sac sur la tête, et Peggy en conclut que c'était à elle de le lui enlever. Ce qu'elle effectua, non sans peine du fait de ses mains toujours attachées.

« J'ignorais que les prêtres avaient le droit de jurer ou de prononcer le nom de notre Seigneur en vain, lâcha-t-elle avec un petit sourire.

– La vanité n'a rien à voir avec Jésus, Marie ou Joseph ; et, dire “Bon sang de bois”, ça n'est pas jurer. D'autre part, il n'y a franchement pas de quoi rire. Vous ne parlez pas italien, j'ai l'impression ?

– *Ciao, bella...* ça s'arrête à ça. Pourquoi ?

– Nos ravisseurs s'entretenaient en italien juste avant de nous jeter ici.

– Oui, j'ai entendu, dit Peggy.

– La question du jour était de savoir s'ils devaient nous trancher la gorge maintenant ou plus tard. Heureusement, ils ont opté pour plus tard. On sera retenus en otage jusqu'à ce que votre oncle leur raconte ce qu'ils veulent savoir.

– C'est-à-dire ?

– L'endroit où se trouve un certain calepin, répondit Brennan en plongeant son regard dans le sien. Avez-vous une idée de quel calepin ils parlent ?

– Pas la moindre », mentit la jeune femme.

Elle avait bien vu Helder Rodrigues, le moine mourant, glisser le calepin taché de sang dans la main de Doc, sur la petite île de Corvo, aux Açores[1] – un carnet où étaient consignés les secrets de l'immense fortune des Templiers, perdue des siècles auparavant.

« Vous en êtes absolument certaine ? insista Brennan.

– Absolument », répéta-t-elle, mal à l'aise devant l'expression soudain sauvage du vieux prêtre.

Elle se dirigea vers l'étroite fenêtre à petits carreaux et regarda au-dehors la nuit qui commençait à tomber.

« Par-dessus le marché, on n'a pas non plus la moindre idée de l'endroit où on est », marmonna-t-il.

Il essaya la poignée de la porte. Verrouillée, bien sûr. Ils se trouvaient dans une pièce de la taille d'une salle de bains.

« Je sais où on est. Dans les Alpes françaises, face à l'est. À environ quinze kilomètres au sud de Chamonix et à neuf cents mètres au-dessus de la station des Contamines.

– Et comment en arrivez-vous à une conclusion aussi détaillée ? demanda Brennan d'un air sceptique. Vous êtes amie avec ce MacGyver, on dirait ?

– Ça, c'est la face ouest du mont Blanc, déclara-t-elle en indiquant le sommet triangulaire qui s'élevait devant eux. Je l'ai escaladée lors d'un reportage photo pour le *National Geographic Traveler*. Nettement plus facile à monter qu'à descendre, vous pouvez me croire. Surtout si vous vous trouvez en plein blizzard, comme ce qui nous est arrivé.

---

1. Voir, du même auteur, *L'Épée* et *La Croix*, le cherche midi éditeur, Paris, 2014.

– Fascinant, j'en suis certain, soupira-t-il. Mais on est toujours ligotés comme de la volaille prête pour le four ; et ces gens vont nous tuer dès qu'ils auront obtenu ce qu'ils veulent de votre oncle. Et ils l'obtiendront, croyez-moi.

– À votre place, je ne m'empresserais pas de considérer Doc comme éliminé de la course, repartit Peggy. Il pourrait vous surprendre. »

15

Il rêva de sang et de guerre et de la mort de sa femme, Amy, partie depuis si longtemps, maintenant. Puis, étrangement, il rêva de base-ball et d'odeur de sève de pin.

Et, enfin, il se réveilla. Une sourde douleur lui vrillait le bas du dos, là où il avait reçu une décharge de Taser. Et une autre lui taraudait l'épaule gauche, là où l'autre faux gendarme l'avait visé à travers la vitre brisée de Peggy.

Ce n'était pas une interpellation de police ordinaire, se dit-il, alors que ses esprits lui revenaient peu à peu. Holliday ouvrit son œil valide. Malgré l'obscurité, il voyait encore assez bien pour comprendre qu'il était dans ce qui pouvait servir de chambre de bonne. Au bout de l'étroit lit sur lequel il était allongé, il apercevait, posé sur une commode, un petit poste de télévision équipé de son antenne intérieure. À côté, une simple chaise, devant une lucarne fermée par un rideau aux fleurs bleues. Et pas le moindre tableau sur les murs.

Lentement, Holliday se leva et s'approcha de la lucarne, en écarta le rideau. Il faisait sombre dehors, mais la neige épaisse produisait assez de luminosité pour qu'il puisse distinguer le mur de pins à une dizaine de mètres devant la maison. Il se trouvait en pleine forêt. La lucarne faisait environ trente centimètres de côté, sous un pan de toit qui débordait largement au-dessus de la façade. Même s'il brisait la vitre, il ne parviendrait jamais à se glisser dans cette ouverture étroite ; et puis, il y avait bien neuf mètres à sauter pour atteindre le sol.

Holliday se retourna et s'avança vers la porte. Fermée, comme il pouvait s'y attendre. Il s'assit sur le lit, regarda autour de lui. Rien qui aurait pu lui servir d'arme. Les gendarmes n'en étaient pas, ou, du moins, ils s'étaient fait acheter. Restait maintenant à savoir qui les avait enlevés, et pourquoi.

La CIA, peut-être, mais il était plus vraisemblable encore que ce soient Kate Sinclair et ses amis fanatiques religieux. Fanatiques, sans doute, mais, comme beaucoup d'entre eux, Sinclair était douée d'une lucidité quasi animale qui pouvait se révéler mortelle. Son Djihad al-Salibiyya avait embrasé l'imagination de la douzaine d'hommes et de femmes qui faisaient la pluie et le beau temps dans les médias et, grâce à cela, elle arrivait à déclencher la peur chez la plupart des Américains.

Kate Sinclair agitait la menace islamiste, et le faisait avec beaucoup d'efficacité. C'était le même schéma de culpabilité, associé à la religion, que Hitler avait utilisé contre les Juifs. Mais il ne semblait pas que l'histoire culturelle des États-Unis aille chercher aussi loin dans le passé. Peu de grands pontes de l'info mettaient en avant ce petit morceau d'histoire. Holliday avait beau être aussi patriote que n'importe qui et porter sur lui les cicatrices qui le prouvaient, il lui semblait parfois que son pays restait aveugle devant sa propre folie xénophobe, si bien enracinée. Qui pouvait savoir ? La CIA avait été infiltrée par les soviets ; pourquoi pas par les gens de Kate Sinclair ? Peut-être existait-il même au sein de la CIA une cabale des membres de Rex Deus, qui manipuleraient les renseignements américains à leur avantage. Après avoir vu Matoon dans la propriété de Sinclair, il était prêt à croire n'importe quoi.

Holliday jeta un nouveau regard sur la pièce. On finirait par venir le voir, et il devait se tenir prêt. Il n'aurait sans doute qu'une seconde ou deux pour réagir, et il ne devait surtout pas laisser passer cette chance. Celle-ci vint d'ailleurs plus tôt qu'il ne l'aurait cru. Quelqu'un à l'étage inférieur l'avait clairement entendu marcher dans la chambre et savait qu'il était sorti de l'état d'hébétude dans lequel l'avait plongé le Taser.

Soudain résonna le bruit d'une clé que l'on tournait dans la serrure, et, un instant plus tard, la porte s'ouvrait.

« *Du bist geweck ?* »

« Tu es réveillé ? » venait de demander un Suisse allemand, d'au moins cent vingt kilos, un mètre quatre-vingt-quinze, bâti comme un rugbyman, avec d'énormes pieds enfoncés dans des lourds Pataugas. Il tenait dans une main un joli petit HK P30 9 millimètres, et, dans l'autre, la clé de la porte. Il souriait, ses lèvres entrouvertes dévoilant une dent en or au coin de la bouche. Il avait les yeux marron et des cils d'une longueur qui en aurait fait baver plus d'une.

Holliday n'hésita pas une seconde.

Il bondit en avant tout en sortant de sa manche la tige de l'antenne qu'il y avait glissée, et l'enfonça avec violence dans l'œil gauche du géant. Celui-ci étouffa un cri tandis que le globe oculaire jaillissait de son orbite et que la pointe de l'antenne poursuivait son chemin pour lui traverser le cerveau avant d'aller buter sur l'arrière de son crâne. Il n'y eut presque pas de sang. L'homme était mort debout, et Holliday dut agir vite. Grognant sous l'effort, il attrapa le corps sous les aisselles à l'instant où celui-ci allait s'effondrer, et l'allongea sans bruit sur le sol.

Il s'empara ensuite de l'arme de sa victime, en vérifia le chargeur. Le magasin était plein. Puis il fouilla ses poches. Un portefeuille, des clés de voiture, un chargeur supplémentaire pour le HK et un silencieux SWR. Il garda le chargeur et les clés, et vissa le silencieux sur le canon du HK.

Holliday ôta ensuite ses chaussures et les fourra sous le devant de sa chemise. Aussi discrètement que possible, il engagea une cartouche dans le canon du pistolet puis ouvrit la porte. Il se retrouva dans un petit corridor sombre. Sur sa gauche apparaissait l'encadrement étroit d'une porte, donnant soit sur un placard, soit sur une salle de bains, et un escalier qui descendait au rez-de-chaussée.

Il s'avança jusqu'au palier et tendit l'oreille, entendit une télé brailler – des infos, de toute évidence – et des bruits de cuisine. Le pschitt soudain d'une canette de soda que l'on ouvrait et puis des bruits de pas, le grincement de ressorts et, enfin, un rot sonore. La chaîne de la télé changea. Ce n'étaient plus les infos, mais une émission en français, puis une autre en allemand. Quelqu'un manipulait la télécommande.

Holliday descendit l'escalier pieds nus, le dos collé au mur, tenant le HK à deux mains à hauteur de la poitrine. Huit balles dans le magasin. S'il lui en fallait davantage, il serait mal. Il atteignit le bas des marches et tomba sur un autre petit couloir. Une arche sur sa gauche ouvrait sur une cuisine vivement éclairée. Sur sa droite, il devinait les ombres dansantes de l'écran de télévision fixé au mur d'en face. Il fit un pas vers le salon, et le plancher craqua sous son pied.

« *Heinrich ? Du wirst gut geweckt ?*

– *Ja* », articula Holliday, incapable de trouver une réponse plus originale.

Un autre pas de côté l'amena à l'entrée du salon. Face à lui se trouvait un canapé de cuir. L'homme qui y était assis tourna la tête à demi. À la vue de Holliday et de son pistolet pointé sur lui, il écarquilla les yeux, se leva d'un bond et tenta de dégainer son arme.

Pas assez vite. Holliday visa son épaule et tira. Le pistolet assourdi fit le bruit d'un ballon de papier que l'on crevait. L'homme poussa un cri.

Holliday tira une nouvelle fois et lui détruisit le coude droit. La balle ressortit de son bras dans une giclure de sang et de chair, pour aller se ficher directement dans l'écran de plasma, qui se brouilla avant de se dissoudre comme une bougie en train de fondre. Une canette de Fanta tomba de la main de l'homme, qui s'effondra en gémissant dans le canapé derrière lui.

Personne d'autre n'apparut. Laissant le blessé là où il était, Holliday alla jeter un coup d'œil dans la cuisine puis dans la salle à manger. Personne, là non plus. Il retourna vers sa victime, affalée sur le sofa.

« *Sprechen Sie Englisch ?*» lui demanda l'Américain.

L'homme hocha la tête, les dents serrées.

« Un peu... » souffla-t-il.

De la même taille que le pauvre Heinrich, là-haut, il avait le visage tout vérolé par les traces d'une acné d'adolescent.

« Il y avait une jeune femme et un prêtre. *Ein Pfarrer.*

– *Ja.*

– Où sont-ils ? »

L'autre lui ricana au nez.

« Va te faire foutre, fils de pute. »

Holliday lui tira une balle dans le genou gauche.

« Où sont-ils ? » répéta Holliday.

Sa victime était livide, à présent. Et restait parfaitement silencieuse. L'arme que l'homme portait sous l'épaule était un MP5, un pistolet-mitrailleur qui pouvait réduire Holliday en bouillie. Mais son bras blessé l'empêchait de l'atteindre.

Holliday lui tira dans la cheville droite.

« *Der Pfarrer und der Fräulein... Wo sind Sie ?*

– *Die anderen Haus*», cracha l'homme d'une voix rauque.

L’autre maison.

«Quelle autre maison?

– Sur la route.

– Qu’est-ce que tu racontes?

– De l’autre côté de la route! *Die Berg Strasse.*»

La route de montagne.

«*Nach oben, oder unten?*

– *Oben!*» grogna l’homme.

En haut de la route de montagne. Une autre maison.

«Combien de sentinelles?»

Le blessé ne répondit pas. Le front inondé de sueur, il fixa sur Holliday un regard vitreux qui se voulait néanmoins déterminé. Ce à quoi son interlocuteur ne crut pas une seconde. Des gars comme lui, il en avait vu des dizaines. Et celui-ci commençait à trembler tandis que la douleur prenait peu à peu le dessus. Quelques secondes encore, et il perdait connaissance.

« *Wieviel Wachposten?*» répéta Holliday.

Il colla la pointe de son silencieux sur son œil gauche et poussa légèrement.

«*Drei! Drei Wachposten!*»

Trois sentinelles.

Faisant glisser le MP5 de sous l’épaule de l’homme, Holliday s’en empara et recula d’un pas. Le blessé tombait doucement dans l’inconscience, mais il était difficile de dire combien de temps il tiendrait encore. Ses yeux roulèrent vers le haut et sa tête s’inclina de côté. Il était très mal en point et, de toute évidence, il ne s’en remettrait pas de sitôt.

«Désolé», lui dit Holliday.

Lui posant doucement le canon du HK au niveau de l’oreille, il appuya sur la détente. L’homme sursauta légèrement puis s’immobilisa.

Holliday glissa son arme sous la ceinture de son pantalon et enfila ses chaussures. Puis il saisit le MP5, non sans se demander s'il valait la peine d'en récupérer l'étui sur le corps de sa victime.

C'est alors qu'il perçut un léger bruit derrière lui. Dehors ? Des pas sur les marches du perron ? Ôtant d'un coup de pouce la sécurité du MP5, il fit face à la porte qui s'ouvrait.

Un homme en blouson de ski bleu marine referma le battant derrière lui puis se retourna et jeta un regard curieux avant de demander :

« Vous n'êtes pas Heinrich. »

Sa main droite était cachée dans son dos.

« Vous avez raison, je ne suis pas Heinrich », répondit Holliday.

Il appuya sur la détente du pistolet-mitrailleur, en visant la poitrine du nouveau venu. Il y eut comme un bruit de tissu épais que l'on déchirait, puis l'homme s'effondra. Holliday s'avança vers lui, les doigts sur la détente, par prudence, même si la gorge et la poitrine de sa victime étaient criblées d'orifices sanguinolents. Il testa le corps de la pointe de son pied puis entreprit de le fouiller.

Il trouva un Para Slim Hawg .45 glissé dans un étui passé autour de sa taille, et un portefeuille ainsi qu'un passeport diplomatique et sa puce électronique dans les poches arrière de son pantalon. Son propriétaire était le major John Boyd Hale, attaché militaire à l'ambassade de Rome.

Holliday avait assez d'expérience dans ce domaine pour savoir que son vrai nom pouvait être tout autre ; qu'il pouvait également ne pas être major, ni attaché militaire. D'après ce que le colonel voyait aujourd'hui, il était plus vraisemblable qu'il appartenait à la CIA, et que son job consistait à interroger Holliday. D'un autre côté, en considérant la présence de Matoon au vignoble Sinclair, cet homme pouvait tout à fait être membre de la DIA, l'Agence du renseignement de la défense, ou encore faire partie de la grotesque organisation de Kate Sinclair, le Djihad al-Salibiyya.

Incroyable. Depuis qu'on avait mis l'assassinat du pape sur le dos de prétendus djihadistes, personne ne jugeait bon de faire le lien avec les Templiers. Ou, si ce lien avait été évoqué, on l'avait vite ignoré. Pour les médias, l'intérêt des gens s'arrêtait au mot « djihad ». Point. Au bout du compte, quelques intellectuels viendraient avancer leur théorie, mais il serait déjà trop tard. Le Président serait mort.

Ou peut-être pas. Si Holliday pouvait se sortir de ce guêpier avec ses compagnons, il restait sans doute une chance. Il enjamba le corps du major Boyd Hale et ouvrit la porte. Prudemment, il s'avança sur le perron. Il faisait nuit noire, à présent, mais il parvenait quand même à deviner, sur sa gauche, la masse sombre de la montagne sur la neige, ainsi que le pâle ruban de la route qui lui faisait face. Et, garées devant le chalet, apparaissaient une vieille Volkswagen Phaeton et une Mercedes encore plus ancienne.

Il ignora néanmoins les deux véhicules, qui ne feraient qu'annoncer son arrivée à ceux qui devaient garder Peggy et Brennan, dans la fameuse « autre maison ».

Holliday s'élança sur la petite route qui grimpait.

Depuis une bonne heure et demie, maintenant, Brennan demeurait affalé contre le mur face à la porte, chantant et rechantant la même chanson d'une douce voix de ténor. Ce qui commençait à taper sur les nerfs de Peggy.

« Chut, lui souffla-t-elle, l'oreille collée à la porte. Ils se remettent à parler. Ils crient, même. »

Brennan s'interrompit et se releva, non sans peine à cause de ses mains liées. Il s'avança à son tour vers la porte, s'y appuya et écouta.

« Qu'est-ce qu'ils disent ? lui demanda Peggy.

– Ils parlent d'un certain Heinrich ; ils ont essayé de l'appeler, mais ça ne répond pas. Ils pensent qu'il se passe quelque chose.

– Je vous l'avais dit, sourit-elle.

– Vous croyez que c'est votre oncle ?

– Je vous parie que le Heinrich en question n'est pas dans sa meilleure forme à l'heure qu'il est », observa-t-elle en guise de réponse.

Elle s'écarta du battant et se laissa glisser le long du mur pour s'asseoir par terre.

« Vous semblez bien sûre de vous, lui dit Brennan.

– Ce n'est pas la première fois que je me retrouve dans ce genre de situation avec Doc. Je sais de quoi je parle.

– Soldat un jour, soldat toujours, c'est ça ?

– On peut dire ça. Il n'est pas du genre à passer la main. »

Elle écouta les hommes discuter de l'autre côté de la porte puis ajouta :

« Je vous conseille de raser le sol au maximum. Dans pas longtemps, les balles vont voler autour de nous. »

Le prêtre ne se le fit pas dire deux fois, et s'allongea par terre.

Quelques secondes plus tard, ils entendirent un bruit de verre qui se brisait puis un choc puissant et sourd. Deux voix se mirent à crier en italien. De nouveau, du verre se brisa, et ce fut le silence. Peggy distingua des murmures derrière la porte.

« Venez par ici », souffla-t-elle à Brennan.

Le prêtre la rejoignit en rampant.

« Qu'est-ce qu'ils disent, là ? demanda Peggy.

– On dirait que l'un d'eux s'est fait tirer dessus et qu'il est mort. Les deux autres sont en train de discuter de ce qu'ils vont faire.

– Et ça dit quoi ? »

Il écouta un instant puis traduisit :

« “Vittorio, va à la fenêtre et regarde où il est. – Va te faire voir, Mario”... enfin, c’était moins poli que ça. “Vas-y toi-même.” »

Brennan s’interrompit et écouta de nouveau. La conversation se faisait plus fiévreuse. Ils semblaient paniquer.

« Et, maintenant ? interrogea Peggy.

– Vittorio parle de nous tuer et d’essayer de s’enfuir, ensuite. Mario lui répond qu’il est idiot. »

Il y eut une pause, puis Brennan enchaîna :

« Mario veut nous utiliser comme boucliers humains.

– Pas franchement réjouissant, je dois reconnaître.

– On ne pourra pas les en empêcher.

– C’est ce qu’on va voir, reprit-elle. Donnez-moi vos chaussures.

– Je vous demande pardon ?

– Vos chaussures, bon sang ! Vite ! »

Brennan défit ses lacets et ôta ses chaussures, de grosses richelieux qui auraient parfaitement pu convenir à un policier. Peggy en saisit une, la jeta contre la petite fenêtre. Le verre se brisa instantanément et la chaussure disparut dans la nuit. La jeune femme se mit alors à hurler à pleins poumons.

« Doc, ils sont deux ! On est dans une pièce à l’arrière ! »

Aussitôt, les voix s’élevèrent, derrière la porte.

« *Mario ! Chiusi loro lassù !* »

« Fais-les taire, là-haut ! »

« *Figlio di puttana !* »

Un bruit de pas se fit entendre.

« Il arrive ! » commenta Peggy.

Ce dont elle n’avait jamais douté, en fait. À l’instant où la porte s’ouvrit, elle se rua en avant tel un taureau furieux pour foncer tête baissée vers l’entrejambe de Vittorio, qu’elle heurta avec violence. Déstabilisé, celui-ci bascula en arrière, bousculant au passage Mario, qui se tenait au milieu d'une petite cuisine salle à manger.

Tous deux roulèrent ensemble sur le sol, et l'arme de Mario alla voler à l'autre bout de la pièce. Peggy, quant à elle, ne quittait pas des yeux un Vittorio qui braillait en tenant sa cheville tordue et qui faisait un angle étrange avec son corps.

Sans hésiter, elle fit ce que Doc lui avait appris : elle lui planta un index dans chaque oreille tout en lui plongeant les pouces dans les orbites. Puis elle appuya de toutes ses forces, si bien que ses ongles s'enfoncèrent comme des lames dans ses globes oculaires. Vittorio se mit à pousser des hurlements de douleur.

Du coin de l'œil, Peggy vit alors Mario saisir son pistolet et la prendre pour cible. Mais, au même instant, la porte d'entrée s'ouvrit, obligeant l'Italien à se retourner vivement vers la nouvelle menace. Tenant son arme à deux mains, il pressa la détente, mais trop tard. En un roulé-boulé magistral, Holliday venait de pénétrer dans la pièce et lâchait une quinzaine de balles dans sa direction. Mario avait tiré à hauteur de poitrine ; les salves de Holliday venaient du ras du sol, coupant presque en deux son adversaire agenouillé.

Le coup de tête de Peggy, qui avait finalement mis à terre les deux Italiens, ses ongles cruellement plantés dans les yeux de Vittorio puis l'exécution de Mario par Holliday, tout cela n'avait pas pris plus de trente secondes. La pièce baignait dans une âpre odeur de poudre, et vibrait des bêlements rauques de celui qui venait de se faire aveugler.

Peggy se redressa en titubant.

« Je suis là, ma douce ! » clama Holliday, tout sourire, sur le pas de la porte.

La jeune femme s'avança vers lui d'un pas mal assuré.

« Je n'ai jamais entendu une réplique aussi ringarde », murmura-t-elle avec un sourire las.

Elle se jeta dans ses bras et éclata en sanglots.

Brennan émergea à son tour de la petite pièce puis demanda avec une grimace :

« Et maintenant, l'un de vous deux aura-t-il la bonté d'aller récupérer ma chaussure ? »

16

Assis dans la salle de communication, au sous-sol du Pentagone, le lieutenant John Charles Fremont passait en revue les ordres du jour transmis par les chefs d'état-major. Le bunker que lui-même et une douzaine d'autres hommes et femmes occupaient s'appelait le CCOC, Centre d'opération de contrôle des crises. Et, en cette nuit de travail, de minuit à 8 heures, il était l'officier en charge de la surveillance des communications. En langage « pentagonien », il était l'OCSC du CCOC des CEM. Dans l'intimité, il se faisait appeler Batman. Assis à ses côtés se trouvait le sergent Knox Bellingham, l'opérateur confirmé, affecté aux manettes, surnommé, lui, Robin.

« Vous avez remarqué tout le trafic pour ce truc nommé *Feu de prairie* ? demanda le lieutenant Fremont.

– Oui, mon lieutenant, répondit Bellingham. Une flopée de véhicules qui se dirigeraient vers Colorado Springs, Houston, et Sunnyvale.

– Vous ne voyez rien d'anormal, sergent ?

– Si, mon lieutenant, répondit-il, les yeux rivés sur l'écran. Ils sont tous numérotés de O-1 à O-6. Et ils sont tous de la Socom. »

Fremont se cala contre le dossier de sa chaise sans quitter l'écran des yeux. Tous ces gens en service étaient des officiers, de lieutenant à lieutenant-colonel, qui faisaient partie de la Socom, la Direction des opérations spéciales. L'unité de

Colorado Springs s'appelait la Norad, Commandement de la défense aérospatiale de l'Amérique du Nord, et le Centre d'opérations spatiales de Houston était la Nasa, Sunnyvale étant le Centre d'essais des satellites de l'armée de l'air. Réunir ces trois sections permettait d'obtenir le contrôle total de toutes les communications militaires par satellite.

« Quel est le codage de transmission des ordres ? demanda Fremont.

– USTranscom », répondit Bellingham en examinant le fichier sur l'écran.

Cela s'expliquait, d'une certaine manière. USTranscom désignait le Commandement des transports des États-Unis.

« Et le sous-codage ?

– DCS/AMC. »

Ce qui se comprenait aussi. Le DCS, Service de courrier de la défense, et l'AMC, Commandement militaire aéroporté, avaient pour charge le transport du matériel sensible d'un endroit à un autre.

« Et de quelle ligne de budget dépend cette unité ? »

Chaque unité décidait elle-même de la gestion du budget qui lui était alloué. C'était ici que commençait leur responsabilité.

« Stratcomcon.

– Jamais entendu parler », remarqua Fremont en fronçant les sourcils.

Dans le langage du Pentagone, Stratcomcon voulait sans doute dire « Contrôle stratégique des communications ». Et *Feu de prairie* était vraisemblablement une des opérations en cours. Compte tenu du nombre d'officiers impliqués dans celle-ci, cela allait coûter bonbon aux contribuables.

Fremont laissa ce détail en point d'interrogation dans le journal de l'ordinateur puis décida de ne plus y penser pour l'instant. Le week-end arrivait, et il allait faire de la randonnée avec sa petite amie dans le parc national de Cunningham Falls. Encore une nuit à mariner dans ce bunker, et il se retrouverait au grand air.

Il en mourait d'impatience.

« Alors, qu'est-ce qu'on fait, maintenant ? » demanda Brennan, assis à l'arrière de la grande et luxueuse VW.

Ils se dirigeaient vers le nord, quittant les Contamines, à une heure et demie de l'aéroport de Genève.

« J'appelle Pat Philpot, à Washington, et vous, vous appelez vos copains du Vatican et toutes les huiles antiterroristes que vous connaissez à Rome, répondit Holliday, au volant. On va raconter à la police tout ce qu'on sait sur Tritt et ces prétendus djihadistes. Les funérailles, c'est pour après-demain.

– Ils nous ont barboté nos téléphones, lui rappela Peggy.

– Le mien aussi, reprit son oncle. Mais ils ont des téléphones satellites, à l'aéroport. On appellera de là-bas.

– Vous avez un carnet d'adresses ? » interrogea Brennan d'un ton sceptique.

Peggy se retourna sur son siège. Le prêtre avait retrouvé sa voix sauvage de Gollum.

« J'ai quelques numéros en tête, répondit Holliday. Je connais par cœur celui de Pat.

– Le temps qu'on arrive à l'aéroport, il sera minuit passé aux États-Unis », déclara Peggy, les yeux sur sa montre.

Il était presque 5 heures du matin, en Suisse.

« Eh bien, je ferai sortir ce gros cul de son lit », répliqua le colonel.

Lorsque son téléphone satellite sonna, le général Angus Scott Matoon se trouvait au-dessus de l'Atlantique, à bord de l'un des transporteurs de l'armée, platement appelé C-37, et qui n'était autre qu'un Gulfstream G650 des plus silencieux et pourvu de confortables fauteuils de cuir. Pour une raison mystérieuse, le Pentagone possédait cent vingt de ces avions à quarante-sept millions de dollars pièce.

Il décrocha le récepteur de son socle :

« Oui ?

– Neville, mon général. »

Son officier adjoint n'était autre qu'un lèche-bottes insipide imposé par Kate Sinclair. Davantage un espion qu'un assistant. Comme Matoon avait pu le découvrir longtemps auparavant, Sinclair avait des petites taupes comme Neville un peu partout, même à la Maison-Blanche, sans que personne sache à coup sûr qui cela pouvait être. Elle croyait fermement en l'adage qui disait qu'un bon espionnage était la base d'une bonne attaque.

« Qu'est-ce qu'il y a ? » demanda le général.

La glace fondait dans son verre de bourbon. L'intérieur de l'avion était sombre, si ce n'était la flaque de lumière au-dessus de son fauteuil pivotant et la lueur bleue de l'écran d'ordinateur qui lui faisait face, de l'autre côté du couloir.

« On a un problème, mon général. »

Dans un jet, le téléphone satellite utilisé par un membre de l'état-major était sans doute aussi sécurisé que possible. Mais il y avait toujours l'éventualité que la NSA capte et enregistre tous les appels gouvernementaux et militaires. C'était peut-être aller chercher loin, mais pas impossible. Et Matoon n'avait pas atteint ce poste en faisant preuve de négligence. La discrétion, surtout avec le ministère de l'Intérieur, était la règle.

« Quel genre de problème ?

– Un "feu de prairie", mon général.

– Sérieux ?

– Eh bien, il se propage lentement. »

Ce qui voulait dire que quelqu'un au Pentagone avait déclenché l'opération *Feu de prairie* ou son grand frère Stratcomcon. Quel que soit le nom de cette opération, la plus petite fuite sur le sujet serait catastrophique.

« Est-ce que ça peut s'aggraver ? demanda Matoon.

– C'est possible.

– Peut-on limiter les dégâts ?

– Bien sûr, mon général. Mais pas sans dommages collatéraux. Dois-je éteindre complètement le feu ? »

Ce qui signifiait qu'il y avait un civil impliqué.

« Ça semble difficile ou hasardeux d'éteindre ce feu ?

– Pas du tout, mon général.

– Alors, allez-y ! » ordonna Matoon.

Il raccrocha, reprit son verre, avala une gorgée de bourbon et croqua un morceau de glace. Un autre agneau sacrificiel pour la cause de Kate Sinclair.

« Et merde ! » lâcha le général tandis que le jet continuait sa route dans la nuit.

17

Tôt, le matin du sixième jour qui suivit l'assassinat du pape, les avions de nombreux dignitaires venus de tous pays atterrirent les uns après les autres à l'aéroport militaire de Pratica di Mare. Dès l'aube, ils étaient déjà plus d'une vingtaine, garés en rang d'oignons sur le tarmac, de l'Airbus français A330 au Yakovlev moldave Yak-40. À 7 heures précises, ce fut le tour d'Air Force One, avec à son bord le président américain, le secrétaire d'État et une demi-douzaine d'invités, de se poser sur la piste avant d'aller rejoindre les autres appareils devant le bâtiment officiel.

Deux gros transporteurs C5 étaient arrivés la veille au soir, avec dans leurs entrailles deux limousines présidentielles et quatre Cadillac Escalade, toutes noires, blindées, et pesant deux fois le poids de leurs consœurs civiles. À part les Américains, seuls les Russes et les Chinois avaient aussi débarqué avec leurs propres moyens de transport. Tous les autres comptaient sur les véhicules de leurs ambassades respectives.

Il n'y avait plus aucun mouvement sur la piste, et le seul bruit provenait des générateurs. Ils étaient là par devoir et l'heure n'était pas aux mondanités. Le cortège de voitures allait bientôt s'ébranler en ordre protocolaire et, moins d'une heure après la fin de la cérémonie, presque tout le monde serait de retour à l'aéroport militaire. Au milieu de l'après-midi, tous les avions auraient redécollé pour rejoindre leurs pays respectifs.

Peggy, armée de son tout nouveau Nikon et de son téléobjectif, se tenait avec Holliday et Brennan sur le dôme du PalaLottomatica, le complexe sportif construit dans l'îlot de verdure situé entre les deux bras de la Via Cristoforo Colombo. D'après eux, le sommet du bâtiment représentait l'endroit le plus probable d'où l'assassin était susceptible de frapper, mais, lorsque la Vigilanza et la police romaine étaient venues vérifier, elles n'avaient trouvé aucune trace du passage de l'homme, présent ou passé.

Au cas où Brennan et ses amis auraient vu juste, la police, en coopération avec les autorités du Vatican, avait établi son propre poste d'observation sur le toit. Après avoir été cruellement extirpé de son sommeil, Pat Philpot avait défriché le terrain avec ses hommes puis exprimé aux services secrets son inquiétude quant à une menace tangible, sans toutefois mentionner le nom de Tritt ni de ses anciennes attaches avec la « Compagnie ».

Pendant que Peggy prenait quelques photos du poste de guet avec son Nikon, Holliday faisait le tour du sommet du toit en dôme, et Brennan écoutait son scanneur branché sur la radio de la police. À 10 h 10, il annonça :

« Le cortège américain vient de quitter l'enceinte de l'aéroport. Ils seront ici dans moins de quinze minutes.

– Nous perdons notre temps, dit Peggy. On devrait faire quelque chose au lieu de rester debout à attendre que le ciel nous tombe sur la tête.

– On a encore la voiture, répliqua Holliday. L'équipe de Philpot est sur le terrain, à guetter l'arrivée d'une Audi A8 immatriculée en Suisse. Il ne doit pas y en avoir trente-six à Rome.

– On n'a toujours pas réussi à relier tout ça à cette vieille sorcière de Sinclair», objecta-t-elle en balançant de côté son puissant zoom.

Jusqu'à présent, elle n'avait rien remarqué d'anormal.

«D'abord on bloque son projet; ensuite, on met fin à son organisation.

– Je ne suis encore pas certain de savoir ce qu'elle fait, intervint Brennan, toujours occupé avec son scanneur. Tout ça me paraît tellement fou.

– Son objectif est de tuer le Président, un peu trop libéral à son goût, ce qui installera dans le Bureau ovale notre si réactionnaire vice-président. Un "Tea Party" pur et dur, celui-là. Quand l'ambassadeur indien est venu organiser une visite d'État, le vice-président lui a demandé s'il était cherokee ou apache. À peine monté sur le trône, il fait du jeune sénateur Sinclair son vice-président. Et, deux mandats plus tard, il soutient sa candidature pour la présidentielle. C'est avec une balle que notre chère Kate Sinclair obtient ce qu'elle veut, pas une élection. Oui, c'est totalement fou, mais si on met ensemble assez de dingues qui se croient toujours en pleine guerre de Sécession, ça passe de la folie à la conspiration politique.»

Quelques mots d'italien grésillèrent soudain dans le scanneur.

«Qu'est-ce que c'est? demanda Holliday.

– Le Chef-d'œuvre est à treize kilomètres.

– Le Chef-d'œuvre?

– C'est le nom de code du Président. La première dame, c'est Da Vinci.

– D'où viennent ces noms?

– Ils ont dû aimer le roman. Le secrétaire d'État est appelé Symbole.

– Combien de temps pour franchir treize kilomètres?

– Cinq ou six minutes. Le cortège peut se montrer assez solennel, même en ces circonstances. »

Les cortèges présidentiels étaient le plus souvent composés d'une trentaine d'autos, dont deux Cadillac blindées identiques, systématiquement suivies par les Escalade des services secrets. Venaient ensuite un véhicule de communication puis les voitures de presse et celles des hôtes invités. Puisque les Cadillac jumelles paraissaient parfaitement semblables, il était impossible de savoir dans laquelle se tenait le Président. Ces voitures ainsi que celles de services secrets constituaient l'unité de sécurité, et pouvaient, en cas d'urgence, se séparer en quelques secondes du reste du cortège.

La radio grésilla de nouveau pour annoncer :

« Vigilanza vingt-neuf. »

L'un des postes de surveillance de Brennan.

« Vigilanza vingt-neuf, à vous.

– *Confermato automobile nera, Audi A8, Targa Svizerri SZ 193.*

– Il a la voiture en visuel ! s'exclama l'Irlandais.

– Où ?

– *Dove ?*

– *Viale Europa. Davanti la gioielliera Brusco.*

– Dans la Viale Europa, devant la bijouterie Brusco.

– Je l'ai, lança Peggy, l'œil collé au viseur de son Nikon. À un pâté de maisons... deux pâtés... une fois passé le pont. Aucun mouvement sur le toit, jusqu'à maintenant.

– Passez-moi votre arme », ordonna Holliday.

Brennan hésita quelques secondes, puis il la lui tendit.

« Je n'ai jamais vu cet automatique », déclara le prêtre.

En d'autres termes, si Holliday se faisait prendre, il était seul responsable.

« Je garde la radio », ajouta Brennan.

Il sortit le petit émetteur-récepteur de sa poche et se le passa autour de l'oreille comme un appareil Bluetooth. Peggy, de son côté, avait enlevé le télé de son Nikon pour y fixer un objectif standard.

«Je vais avec toi», laissa-t-elle tomber.

Devant son ton déterminé, Holliday ne chercha même pas à discuter.

«Alors on y va.»

Ensemble, ils retraversèrent le toit, descendirent un petit escalier qui les mena à l'ascenseur de service et, au bout de quelques secondes, débouchèrent au rez-de-chaussée, à la hauteur de l'immense stade vide.

«Chef-d'œuvre maintenant à huit kilomètres. Quatre minutes», annonça Brennan dans l'oreille de Holliday.

Ils rejoignirent leur petite Fiat de location et y grimpèrent sans attendre. Holliday mit le moteur en route puis démarra dans un crissement de pneus, traversa en vitesse le parking, dont ils émergèrent en ralentissant à peine pour se jeter dans la circulation. Ils franchirent le pont qui enjambait le lac artificiel, puis descendirent à vive allure la rampe qui les mena sur la Viale America avant de s'enfiler dans le passage souterrain. Ils en ressortirent quelques instants plus tard et se dirigèrent vers l'ouest.

«Chef-d'œuvre à quatre kilomètres. Quatre-vingt-dix secondes, peut-être moins.

– Merde», lâcha Holliday.

Droit devant eux se dressait le dôme de l'immense basilique Saint-Pierre.

«Là!» cria Peggy, qui venait d'apercevoir la bijouterie Brusco.

Ils passèrent au feu orange, traversèrent le carrefour. Holliday remercia le ciel d'avoir eu la bonne idée de louer une ridicule petite voiture qui se faufilait partout. Il trouva même un emplacement libre où se garer, juste de l'autre côté de la bijouterie qui faisait le coin. Il sauta de la voiture sans prendre le soin de la fermer et, Peggy sur ses talons, traversa l'avenue, non sans déclencher un concert de klaxons et de cris. Puis tous deux se faufilèrent entre les voitures.

Ils atteignirent le trottoir d'en face. À gauche d'une paire de poubelles recouvertes de graffitis se trouvaient deux portes, l'une donnant accès à la joaillerie Brusco, l'autre ouvrant sur une minuscule entrée sans rien d'autre à l'intérieur qu'une porte d'ascenseur. Verrouillée.

Et juste devant la bijouterie stationnait une longue et brillante Audi A8 noire.

Holliday ne réfléchit pas davantage. Sortant l'automatique de Brennan, il en utilisa la crosse pour briser la vitre au-dessus de la serrure. Rien ne se passa. Il frappa de nouveau, plus fort, conscient d'entendre non loin de lui les cris de quelqu'un qui appelait la police. Cette fois, la moitié inférieure de la vitre se désintégra en milliers de bris de verre. Toujours à l'aide de sa crosse, Holliday en dégagea la plus grande partie, glissa le bras à l'intérieur et actionna la poignée. La portière s'ouvrit. La femme continuait d'appeler la police en poussant des cris de plus en plus stridents. Dans quelques secondes, plus personne n'ignorerait le manège de Holliday.

« Quelqu'un est sur le toit ! lança la voix de Brennan dans l'oreillette. Un homme brun, qui trimballe un sac de sport noir. Cortège présidentiel en vue. On dirait un long serpent noir. Pour l'amour du ciel, Holliday, faites vite ! »

De retour dans la petite entrée, le colonel plaqua une paume sur l'unique bouton d'appel et, par bonheur, la porte de l'ascenseur s'ouvrit aussitôt. Toujours suivi de Peggy, il plongea dans l'ouverture et, l'instant d'après, la cabine entama sa lente montée vers les étages supérieurs. Elle s'arrêtait automatiquement à chaque palier ; le temps qu'ils arrivent à la hauteur du toit, Holliday avait les nerfs en vrille.

Il arma le petit automatique de Brennan.

« Tu restes là, Peg. Je ne plaisante pas. J'ai une sarbacane tandis que ce salopard a un missile téléguidé. Un petit détail à ne pas oublier.

– Oui, oncle Peter, Doc, monsieur, lâcha-t-elle en souriant avant de reprendre son Nikon en main.

– Raffi me pendrait en plein désert du Néguev s'il t'arrivait quelque chose, ajouta-t-il.

– Ça, je n'en doute pas, reprit-elle en riant. Il est tellement romantique ! »

L'ascenseur à peine rouvert au niveau du dernier étage, Holliday se précipita à l'extérieur, son arme pointée en avant. Le couloir était vide. Trois portes sur la gauche, trois sur la droite, et un panneau lumineux à chaque extrémité, indiquant USCIRE. Holliday se rua vers l'une des deux sorties.

Peggy toujours derrière lui, il s'arrêta une seconde devant l'escalier puis continua vers le haut. Sous ses pas, les marches de métal résonnaient malgré lui. Son oreillette grésillait de temps à autre, mais aucune parole perceptible n'en sortait. Il était dans une sorte de zone morte. Ils atteignirent un petit vestibule en haut de l'escalier, fermé par une porte métallique barrée d'une longue poignée horizontale.

« Reste derrière », ordonna-t-il à sa nièce avant d'ouvrir.

Il sortit sous une lumière quasi aveuglante, pour découvrir un toit de graviers baigné de soleil. Alors qu'il le traversait à pas comptés, son oreillette reprit vie.

« ...pas un Stinger. C'est un... Seigneur, il vient de tirer ! »

Une boule de feu chevauchait l'épaule d'un homme debout à l'autre extrémité du toit. Elle s'élargit soudain dans un rugissement sec, et la silhouette s'évanouit derrière un nuage de fumée blanc jaune.

Holliday visa le centre de l'écran de fumée et fit feu, encore et encore. Le temps qu'il devine un léger mouvement près de lui, une violente douleur le frappa à la poitrine, et tout devint noir.

Quelque part, Peggy hurla son nom, puis elle disparut.

Deuxième partie
OPUS

18

« Votre inconscience vous tuera, colonel Holliday, vous savez ça ? » déclara Pat Philpot, dont l'épaisse silhouette débordait de son fauteuil, face au lit d'hôpital de Doc.

Il avait à la main un gobelet Starbucks grand modèle tandis qu'à côté de lui une boîte de beignets à demi vide trônait sur la table de chevet. L'imposant analyste de la CIA essuya le sucre glace qui traînait sur son menton.

Doc avait du mal à se rappeler le temps où tous deux se faisaient larguer en parachute au-dessus des zones de combat. Il avait de toute façon du mal à se rappeler la moindre chose, tant cette lancinante douleur à la poitrine le faisait souffrir. C'était comme si on lui avait arraché le cœur et les poumons en oubliant de les lui remettre en bonne place.

Cette banale chambre d'hôpital ne lui était pas d'une grande aide, d'ailleurs. À part le simple crucifix accroché au-dessus de son lit, elle ressemblait à toutes celles qu'il avait pu habiter. C'était un hôpital catholique, ce qui signifiait qu'il se trouvait sans doute encore en Italie. Mais pourquoi donc Pat Philpot était-il assis à ses côtés ? Où étaient Peggy et Brennan ?

Philpot avait dû lire dans son esprit, car il embraya :

« On ne sait pas où sont votre nièce et son ami le prêtre. Pour l'instant. »

Il avala une gorgée de café, jeta un coup d'œil à la boîte de beignets puis se ravisa.

« Si on n'avait pas été presque certains que Mme Blackstock avait pris en photo un espion occupé à tirer un missile russe Igla sur la limousine présidentielle, on vous aurait, à l'heure qu'il est, et pour simplifier les choses, logé une balle dans la cervelle avant de vous enterrer dans un champ d'oliviers.

– Vous êtes en train de me dire qu'une oliveraie serait l'équivalent des grandes prairies du New Jersey ?

– Cessez de faire le malin, Holliday. Vous êtes déjà dans de sales draps ; n'aggravez pas les choses.

– Alors, dites-moi ce qui s'est passé ? Pourquoi suis-je ici ?

– Billy Tritt a envoyé un missile Igla sur la Cadillac présidentielle et a tout fait péter. Non content de ça, il vous a aussi tiré dessus avec un Glock .40. Heureusement, vous aviez eu la bonne idée de revêtir l'équivalent rital d'un gilet pare-balles...

– Il a tué le Président ?

– Non, le vice-président et le secrétaire d'État. Le Président aurait dû se trouver dans la voiture A, mais une alerte a fait flipper les services secrets, qui l'ont fait changer de véhicule à la toute dernière minute.

– Comment Tritt savait-il ?

– Parce qu'il y avait un grand X tracé sur le toit de la Cadillac de tête.

– Que personne n'avait vu ?

– Personne. Le X était revêtu d'une couche transparente sensible aux UV. Personne d'autre que Tritt ne pouvait le voir.

– Donc un boulot fait en interne, suggéra Holliday.

– Ce que je vous dis là est confidentiel, comme toujours, Doc. Vous en parlez à quiconque et vous vous retrouvez couché sous les oliviers.

– OK, je resterai muet comme une carpe.

– Dieu merci, c'était un Igla et non un Stinger. Ça brouille un peu les pistes. En revanche, certains de mes collègues pas vraiment amicaux ont en leur possession un Beretta non déclaré, couvert de vos empreintes. Ils détiennent aussi des preuves qui vous relient à plusieurs homicides ayant eu lieu à Rock Creek Park, il y a une semaine environ. Ils peuvent donc, sans même lever le petit doigt, vous lier à une conspiration destinée à assassiner le Président. Vous saisissez ?

– Si j'ai bien compris, il y a réellement une section dévoyée au sein de l'Agence ?

– Vous avez parfaitement compris ce dont il s'agit et dont je ne vous ai jamais parlé, rappelez-vous. »

Pat se fourra la moitié d'un beignet dans la bouche puis s'essuya le menton.

« En fait, ajouta-t-il tout en se léchant méthodiquement les doigts, je ne vous ai tellement rien dit que je ne suis même pas ici. Je suis assis derrière mon bureau, à MacLean, en train de me tripoter les orteils tout en me demandant qui va gagner le Super Bowl.

– Les Giants, c'est évident.

– N'importe quoi, riposta Philpot. Ce seront les Steelers, encore une fois.

– Alors, qu'est-ce que vous cherchez à me dire, Pat, quand vous n'êtes pas ici avec moi ?

– Que vous avez intérêt à retrouver votre jolie Peggy et à déguerpir d'ici au plus vite. Il y a des gens qui veulent votre peau et feront tout pour l'avoir.

– Tout cela concerne bien le prétendu Djihad al-Salibiyya ?

– Cela ne concerne rien du tout. Je ne suis pas là, rappelez-vous. Un beignet ? »

Randy Lockwood, chef de la police de Winter Falls depuis trente ans, descendait tranquillement South Main Street, sanglé dans le blouson orné du logo des Winter Falls Wolves. Une tempête faisait rage depuis le Canada, qui épaississait encore la glace recouvrant le lac de Big Cache. Plusieurs chars à voile balayaient la surface gelée, s'entraînant pour les courses du mois prochain tandis que, déjà, une dizaine de bateaux de pêche semblaient attendre le dégel pour repartir lancer leurs filets. Tout cela n'était autre que la tentative, sans doute un peu limitée, de faire de cette station d'été un paradis hivernal.

Il atteignit le restaurant Gorman, qui marquait virtuellement la séparation entre South Main Street et North Main Street. De sa main gantée, il ouvrit la porte métallique et pénétra dans la salle surchauffée. Sa place habituelle, tout au fond, près des portes battantes de la cuisine, était vide. Posés sur la table de Formica, se trouvaient un verre d'eau ainsi qu'un numéro du *Trumpet*, l'unique journal de Winter Falls. À 11 heures du matin, la salle à manger bourdonnait des bavardages de sa clientèle d'habitués. Derrière le comptoir, Sandy Gorman cuisinait des tranches de lard précuit, des galettes de pomme de terre, des œufs frits et des saucisses grillées, sans oublier les quelques burgers que ne manquaient pas de réclamer certains initiés.

Randy, Sandy et Reggie avaient tous fait partie de l'équipe de football du lycée de Winter Falls avant d'aller se battre au Vietnam, deux ans plus tard, en 1966. Sandy, qui en était revenu amputé à mi-jambe, boitillait sur une prothèse. Reggie Waterman mêlait ses œufs brouillés à l'aide d'une fourchette fixée au crochet qui lui servait de main droite. Randy, lui, était rentré indemne, avec une *Silver Star*[1] et une mèche de cheveux blancs au-dessus de l'oreille, là où une balle viêt-cong lui avait déchiré le crâne. Les années passant, on avait fini par le surnommer Streak – la « zébrure ».

---

1. Littéralement : « étoile d'argent ». La *Silver Star* est une médaille attribuée à une personne servant dans l'armée des États-Unis pour acte de bravoure en opération contre l'ennemi *(N.d.T.)*.

Winter Falls, dans l'État du New Hampshire, était une ville de vacances, située au bord du lac Big Cache, à environ quatre-vingt-quinze kilomètres à l'ouest de Portland, dans le Maine. En hiver, sa population dépassait à peine les six mille personnes ; en été, elle doublait, et le nombre de tickets de parking qui grossissait de façon exponentielle rapportait assez d'argent pour payer les salaires des seize hommes et des deux femmes que comptait la police de Winter Falls. Il n'y avait pas eu de meurtre, de viol ni d'acte de violence depuis l'étrange suicide des jumeaux Hartwell, douze ans plus tôt, et la disparition d'une personne au milieu des années quatre-vingt-dix – une fugue, selon Streak Lockwood, qui ne voulait pas en démordre.

Pete McGoogan était une espèce de salopard qui vivait dans les bois, aux alentours de Front Bay, avec une femme pas très futée et une ravissante fille de seize ans qui aurait pu être star de cinéma. Son père se montrait ultra-possessif quand il était auprès d'elle et, si Streak avait été dans les souliers de Cindy McGoogan, il n'aurait pas hésité à quitter cette brute pour venir habiter en ville.

Quoi qu'il en soit, il se trouvait que Winter Falls avait été élu par le magazine *Time*, et pour la quatrième année consécutive, première des dix villes les plus sûres d'Amérique. Il y avait une centaine de numéros de ce journal dans les magasins Zeker's Smokes et Sundries, mais Cyrus Dorchester, journaliste au *Trumpet*, prétendait que personne en ville n'avait entendu ni lu quoi que ce soit annonçant que Falls avait une nouvelle fois gagné.

Le lac se trouvait juste au-delà de l'arrière-cour de chez Gorman, et un coup de vent soudain ébranla de bas en haut le pauvre bâtiment de bois, l'air glacé pénétrant par les nombreuses fissures de la façade. Sans le gril, les fours et les friteuses qui marchaient du matin au soir, l'endroit serait aussi froid que l'intérieur d'un congélateur.

Lockwood se laissa tomber sur la banquette, le dos au mur, sous un calendrier de 1974 montrant l'éternel sourire d'un joueur des Boston Bruins.

Reggie Waterman émergea de derrière le comptoir pour venir se glisser face à lui, une assiette coincée dans son crochet d'acier, et un mug de café dans sa main valide. Il posa le tout devant son vieil ami et se cala contre le dossier de vinyle craquelé.

« Deux œufs pochés sur un semblant de toast, une pauvre tranche de bacon, des frites qui ne sont même pas maison et une véritable pisse d'âne pour déca... tu laisses cette femme détruire tes plus belles années, Streak. Alcool, bouffe et baise.

– Fini, tout ça, Reg. Duc Do Street, c'était le bon temps. On est vieux, maintenant.

– Ouais, grogna Reggie en agitant sa griffe d'acier. Je ne suis plus la moitié de ce que j'étais.

– Et Maggie Irish, c'est mon docteur, pas ma femme, corrigea Randy. Quant à l'alcool, la bouffe et la baise, c'est pire pour ton cholestérol que n'importe quelle femme. »

Un silence gêné s'installa. Si Reggie et Sandy avaient perdu une partie de leur corps au Vietnam, la femme de Randy, l'ancienne pom-pom girl Dory Cramer, s'était débarrassée du bébé qu'ils avaient conçu juste avant qu'il n'embarque pour l'Asie, et elle était partie tenter sa chance à Hollywood. Personne ne l'avait jamais revue. Âgée d'un an de moins qu'eux trois, elle avait donc aujourd'hui soixante ans – et jouait sans doute les grands-mères dans les pubs de Depends... si tant est qu'elle fasse quoi que ce soit. Car il était plus vraisemblable qu'elle ait fini par se clochardiser avant de mourir d'une overdose, quelques dizaines d'années plus tôt. Éternellement jeune ; et pour toujours voleuse de l'enfant dont il n'avait jamais pu être le père. Randy ne cessait de s'étonner d'être capable de haïr aussi farouchement quelqu'un qui avait disparu depuis si longtemps de la surface de la terre, et d'aimer aussi profondément un être qui n'avait jamais existé. Comment pouvait-on détester un fantôme et adorer une ombre ?

« Alors, ces fêtes de Noël, Streak, comment c'était ? lui demanda Reggie.

– Le pied, répondit Lockwood avant d'avaler un morceau d'œuf au bacon.

– Bûche de Noël et marrons grillés ?

– Dans le genre, oui. »

En fait, cela s'était plutôt réduit à une boîte de bœuf en conserve mangée à la va-vite au-dessus de l'évier avant de visionner pour la trentième fois *Maman, j'ai raté l'avion* et *La vie est belle*. À une époque, il avait bien aimé l'idée de regarder de bons vieux films classiques, mais, aujourd'hui, cela lui faisait trop penser aux Noëls qu'il préférait oublier. Et tout ce qu'on passait sur le câble lors des fêtes de fin d'année le déprimait carrément. Quant à CNN, la chaîne ne parlait que du pape dont on venait d'exploser la cervelle ou de l'attentat contre le Président. Sur Fox News, on ne voyait que son éditorialiste vedette, un Glenn Beck en pleurs à côté de cet abruti de Sinclair, le jeune sénateur du New Hampshire, en train de radoter tout ce qu'il savait sur « ce terrorisme latent qui, tel un fléau, menaçait de s'abattre sur l'Amérique entière si on n'agissait pas au plus vite ». Oui, Noël, ça avait été le pied.

« Alors, tu vas te présenter pour la mairie ? » demanda Reggie.

En voyant sa griffe d'acier se lever, une serveuse se précipita pour lui apporter un mug de café. Il en avala une longue gorgée puis lâcha un soupir d'aise.

« Pourquoi ? répliqua Lockwood en souriant. Parce que le *Time* dit que, pour moi, ce serait du tout cuit ? Non, sans façons.

– Et puis je serais obligé de te donner du “Monsieur”, fit Reggie en souriant. Enfin, je préférerais t’y voir toi plutôt que cette Blanchette. »

« Snotty » – la « morveuse » – Dotty Blanchette, la soixantaine bien entamée, était célibataire et dure à cuire. Partie comme simple secrétaire puis conseillère municipale, elle avait lutté bec et ongles pour gravir tous les échelons avant de se retrouver finalement à la tête de la mairie. Dans une ville républicaine, c’était une farouche démocrate.

« Les maires, ça va et ça vient, déclara Randy. Même Dotty Blanchette. »

Il cassa en deux sa tranche de lard grillé et en fourra la moitié dans sa bouche.

« Et puis, continua-t-il, il ne se passe jamais rien, ici. Tout ce que j’ai à faire, c’est de rester assis à mon bureau, porter secours à des chats coincés dans des arbres et manger des beignets du soir au matin. Le maire, lui, il a un vrai boulot. »

Une bouffée d’air glacé pénétra subitement dans la salle tandis que la porte d’entrée s’ouvrait puis se refermait. Streak Lockwood leva les yeux pour découvrir un étranger. Un homme grand et mince, vêtu d’un long manteau de cuir, les cheveux noirs tombant sur les épaules, les yeux à demi cachés derrière des verres teintés. La seule chose qui détonnait vraiment chez lui, c’était son teint bronzé qui, bien que totalement « hors saison », n’avait rien d’artificiel.

Lockwood prit mentalement une photo de l’homme puis retourna à ses œufs pochés et à sa conversation avec Reggie.

Billy Tritt se trouva un tabouret au comptoir et s’assit.

19

« Il a raison, votre pote de la CIA », dit Brennan.

Une semaine s'était écoulée depuis le meurtre du vice-président et du secrétaire d'État, et Holliday résidait en secret avec Peggy dans le grand appartement de Brennan, au Palazzo del Quirinale.

Les graves blessures infligées à ses muscles et à ses côtes par le Glock de Tritt avaient guéri pour ne laisser qu'un hématome large comme la main en travers de sa poitrine.

« Historiquement, on peut chercher asile dans les murs du Vatican, mais je ne figure ni parmi les amis du nouveau Saint-Père, ni parmi ceux du cardinal Spada, qui, je le crains, ne restera pas longtemps secrétaire d'État du Vatican pour les relations avec les États. Vous allez devoir partir, et sans tarder. Si on apprend que j'ai recueilli chez moi des fugitifs recherchés, c'est l'excommunication qui m'attend. On retombera en pleine chasse aux sorcières. Ils feront tout pour retrouver la trace de ce Djihad al-Salibiyya qui les obsède.

– Qu'est-ce qui se passera pour vous lorsque le nouveau secrétaire du Vatican sera nommé ? demanda Peggy.

– Au mieux, on me donnera une paroisse morne et sans intérêt à Sligo, là où il pleut en permanence et où les chats meurent de tuberculose. Si on découvre que vous et moi sommes impliqués dans cette histoire, je deviendrai la cible d'un de leurs *assassini*, qui fera en sorte que je tombe dans l'escalier ou que je m'appuie un peu trop sur la balustrade de mon balcon pendant que j'arrose mes pétunias.

– Combien de temps avons-nous ?

– Trois ou quatre jours, une semaine tout au plus. Je ne recevrai un avertissement que quelques heures avant.

– Alors, qu'est-ce que vous suggérez ? Ces gens qui nous surveillent sont déjà peut-être un peu partout.

– Voilà longtemps que le Vatican fait entrer et sortir en cachette du matériel de ses murs. Il y a, au port de Leghorn, un porte-conteneurs qui part pour la Nouvelle-Orléans dans trois jours. Vous serez à bord. Il s'agit du *Smeraldo Nero*, l'“émeraude noire”.

– Ça fait assez pirate, répondit Holliday en souriant.

– Merci, mon père, lui dit Peggy avant de lui déposer un baiser sur la joue. »

Il rougit puis retrouva vite son sérieux pour lui rappeler :

« N'oubliez pas ce que disait mon contact à Washington. Je ne pense pas que nous en ayons terminé avec *Croisade*. Je pense au contraire que vous êtes en plein dedans. Alors, soyez prudents, mes amis. »

Il n'y avait eu aucune arrestation ni même la moindre piste sur l'assassinat du pape ou l'attentat contre le président américain. Les deux événements avaient mis tous les chasseurs de terroristes sur les dents, spécialement ceux de la Sécurité nationale. Le Président n'avait pas encore choisi son commandant en second, mais le fils de Kate Sinclair, le jeune sénateur du New Hampshire, arpentait déjà le pays en appelant à se bouger contre le terrorisme domestique qui s'apprêtait à engloutir la nation tout entière si l'on ne faisait rien dans les jours à venir.

Quelques instants plus tard, Brennan sortait préparer leur voyage, laissant Peggy et Holliday seuls dans l'appartement. Par la fenêtre, ce dernier se mit à observer les bureaux de

Radio Vatican, avec ses toits surmontés d'antennes et de dômes de toutes tailles, et l'énorme tour qui s'élevait à côté. Selon lui, c'était moins une station de radio qu'une installation de renseignements géante. Quant à Timothy Brennan, il était également bien plus qu'un simple prêtre de paroisse.

«Je me demande... dit Holliday d'une voix songeuse.

– Quoi, Doc ? fit Peggy, qui, allongée sur le canapé, lisait l'*International Tribune.*

– Je notais des dissertations trimestrielles et tu regardais CNN. On est sortis dîner sur M Street puis on est rentrés à la maison...

– Oui... ça prouve que tu n'es pas atteint par la maladie d'Alzheimer... mais encore ?

– Qui a-t-on trouvé, en train de nous attendre sur le pas de la porte ?

– Brennan.

– Il n'a jamais fait partie de nos amis, que je sache ; alors, pourquoi nous avoir choisis, nous ? Que diable a-t-on à voir avec tout ça ?

– Où veux-tu en venir ?

– Il nous a baratinés avec tout ça comme on baratine un bébé avec des niaiseries. Son prétendu informateur qui aurait tout raconté à un tout aussi prétendu agent de la CIA ; le meurtre de ces deux gars : des liens subtils avec Rex Deus. Tout ça n'a servi qu'à piquer notre curiosité.

– Tu crois qu'on nous aurait piégés ? s'étonna Peggy en reposant son journal. Mais dans quel but ?

– Écoute, il fait tout pour que je me mette à appeler d'anciens collègues ; il me mène tout droit à William Tritt, avant de me laisser penser que l'idée venait de moi.

– Tu crois vraiment qu'il est aussi subtil ?

– Il est quand même à la tête des services secrets du Vatican, lui rappela Holliday. On ne peut pas être plus subtil que ça. La plupart des gens ne connaissent pas l'existence de Sodalitium Pianum. Bon sang ! Il nous mène par le bout du nez depuis le tout début, Peggy ! Si je n'avais pas mentionné Philpot, il aurait fini par dénicher tout seul son nom quelque part. Philpot nous tend ce piège, à Rock Creek Park, et nous voilà lancés sur la piste de terroristes qui n'existent peut-être même pas. Je savais que quelque chose clochait, mais je pensais que Pat m'utilisait comme chien de chasse pour lui amener Tritt ; pour mettre l'assassin américain hors d'état de nuire avant que quiconque ne s'en aperçoive.

– Et maintenant ?

– Je pense que Philpot disait la vérité à propos de la section voyou de l'Agence. Mais, aujourd'hui, j'irai jusqu'à dire qu'il en fait partie.

– Et Brennan ?

– Lui aussi. Il en fait tout autant partie. »

Holliday marqua une pause puis enchaîna :

« Et puis, il y a l'assassinat.

– Lequel ?

– Celui du vice-président et du secrétaire d'État. Le X peint sur le toit de la limousine.

– Et alors ?

– Tritt n'est pas du genre à commettre une telle erreur. Peut-être que le vice-président était depuis le début la seule cible. Le Président va bientôt annoncer le nom de celui qui le remplace.

– Sinclair, lâcha Peggy.

– Sinclair, exactement, répéta Holliday.

– Alors, qu'est-ce qu'on fait ?

– Premièrement, on n'embarque pas à bord de ce *Smeraldo Nero*. Deuxièmement, on emballe vite fait nos affaires, on emporte la carte mémoire avec tes photos de Tritt sur le toit, et on se tire d'ici au plus vite.

– Pour aller où ?

– On retourne à Genève. On commence par le commencement. »

Il était près de minuit lorsque le taxi s'arrêta devant le 16 Via Tunis, à Rome, pour laisser descendre son passager, un homme de grande taille, vêtu d'un élégant manteau et portant un attaché-case. À droite de la porte grillagée d'un immeuble de quatre étages apparaissait un petit clavier avec une douzaine de boutons d'interphone. Mike Harris, directeur adjoint des opérations de la CIA, appuya sur celui du numéro six. Il jeta un coup d'œil sur sa gauche ; le restaurant voisin était déjà fermé et il n'y avait personne en vue dans la rue.

« *Si ? Chi è ?*

– Croisade », répondit Harris d'une voix claire.

S'ensuivit un long silence. Enfin le vibreur résonna et la serrure de la porte fit entendre un déclic. Harris ouvrit la grille de fer forgé, puis le battant et pénétra dans un vestibule obscur. Face à lui se trouvait un escalier crasseux et sombre vers lequel il se dirigea sans hésiter pour grimper les quatre étages jusqu'au dernier. Le sol y était carrelé de noir et de blanc, et une seule porte apparaissait au fond du couloir, très illuminé et dont les murs semblaient avoir été tout juste repeints. Ici, donc, plus rien de triste ni de crasseux.

Discrètement placée au-dessus de la porte se trouvait une caméra, version miniature de celles que l'on utilisait à Las Vegas. Harris frappa plusieurs coups fermes contre un battant qui, sous ses allures de bois, s'avéra être métallique. Il sourit à ce constat, et attendit.

Quelques secondes plus tard, la porte s'ouvrit. Sur Brennan. Les deux hommes se serrèrent la main, et Brennan fit entrer le directeur de la CIA dans l'appartement.

« Cela faisait longtemps, monsieur Harris.

– En effet, mon père. Il est là ?

– Bien sûr. »

Refermant la porte derrière eux, il conduisit Harris vers un spacieux salon dont les trois grandes fenêtres donnant sur la rue étaient soigneusement fermées. Une fois encore, les volets semblaient être en bois, mais l'homme de la CIA aurait juré que, comme la porte d'entrée, c'était du métal.

La pièce baignait dans une atmosphère tiède et rassurante, avec ses lampes de cuivre ici et là, ses étagères emplies de livres et ses tapis persans. S'ajoutaient au mobilier deux petits canapés, deux fauteuils, une cheminée et un vieux bureau de bois où trônaient dossiers et papiers de toute sorte. Antonio Niccolo, cardinal Spada et secrétaire du Vatican pour les relations avec les États, était assis derrière le bureau, vêtu d'un simple costume noir orné d'un col à patte rouge qui marquait son rang. Il avait à la main un cigare – cubain, d'après Harris – non encore allumé et, devant lui, trônait un lourd verre de cristal empli d'un liquide ambré. La photo sur le mur derrière lui le représentait en compagnie du pape qui venait d'être assassiné. Harris se laissa tomber dans l'un des petits canapés.

« Vous avez fait un bon voyage ? lui demanda Spada.

– Oui, avec la compagnie Citation. Plus de mille kilomètres à l'heure, et sans marmot pour vous brailler aux oreilles ni personne pour vous éternuer dessus.

– Les avantages du pouvoir, observa le cardinal en souriant.

– Pas pour longtemps, si le gouvernement actuel s'entête dans ses idées, marmonna Harris. Ce salaud voudrait que je m'associe avec la Sécurité intérieure et le Bureau. Franchement, qu'est-ce que peut faire le Bureau d'un avion qui vole à plus de mille à l'heure ? Ils seraient incapables de trouver les toilettes de la classe affaires.

– Oui, c'est bien triste, commenta Spada.

– Les Présidents sont tous les mêmes. Ils bouleversent tout, s'agitent dans tous les sens, s'imaginent qu'ils redressent le pays. Ils ne semblent pas comprendre que c'est nous qui dirigeons réellement les choses, que ça a toujours été comme ça, et que ça ne changera jamais.

– Sans doute pas, si vous faites quelque chose, reprit sèchement le cardinal.

– Bien sûr, grommela Harris. À propos, comment se débrouille votre nouveau chef ?

– Il progresse, sourit Spada.

– Comme le cardinal Urbana, il tenait absolument à obtenir ce job, même si cela devait le mener à Washington. Imaginez un peu ! Un pape américain, et noir, de surcroît. Foley a presque réussi, la dernière fois. Ce qui rendait tout le monde nerveux. J'ai demandé quelques faveurs à certains, je suis allé en chercher d'autres dans leurs retranchements et je me suis arrangé pour que ce soit un Italien qui l'emporte. Trop d'étrangers, ces derniers temps – Polonais, Allemands, et puis quoi encore ? Urbano sait que c'est moi qui l'ai porté au pouvoir ; il sait aussi que je peux l'y maintenir. Il ne choisira pas de nouveau secrétaire d'État tant que je ne lui en suggérerai pas un moi-même.

– Vous voulez faire vous-même le travail ? reprit Harris en riant. Vous êtes assez jeune pour le garder un moment, c'est vrai. »

Tout d'un coup, Brennan comprit que l'homme de la CIA avait dû beaucoup boire durant son vol.

« Grand Dieu, non ! Le Vatican ressemble bien trop à votre pays, monsieur Harris. Il est contrôlé et dirigé par des bureaucrates tels que vous et moi, et non par les grosses têtes. Être le pape demande bien plus de latin que je n'en connais. Sans parler du fait que j'aime bien trop mes petits restaurants pour les abandonner. Le pape n'a pratiquement pas de vie privée.

– Et Holliday et cette Blackstock ? demanda Harris en se tournant vers Brennan.

– Étant donné qu'à 9 heures ce soir ils se sont échappés du musée pour sauter dans un taxi, qu'ils ont loué une voiture à Fiumicino et sont repartis pour Genève, j'imagine qu'ils se sont lancés à la recherche de ce cher M. Tritt.

– Vous avez les photos qu'a prises Mme Blackstock ? »

Brennan plongea la main dans sa poche et en sortit une clé USB.

« Oui, voilà, sourit-il. Téléchargées depuis la carte mémoire de son appareil pendant qu'ils dormaient. Nous avons tout. Ce sont d'assez bonnes preuves de l'implication de Holliday dans la tentative d'assassinat du Président. »

Harris tendit la main vers la clé USB, mais Brennan ne la lâcha pas.

« Pas encore, monsieur Harris. Nous attendons quelques contreparties, en échange.

– Comment vous êtes-vous débarrassés d'eux ? demanda-t-il. La mère du sénateur voudra savoir.

– Holliday n'est pas bête. Il est comme une vieille truite qui réfléchit avant de mordre à l'hameçon. Il doit se convaincre lui-même que c'est lui qui a décidé d'y mordre. Après avoir longuement pesé le pour et le contre. Mais on le voyait bien qui rassemblait une à une les pièces du puzzle. C'était trop commode, et tout revenait jusqu'à moi, à la fin. Trop de coïncidences à avaler pour un homme comme lui. »

Le vieux prêtre sourit et tenta vaguement de balayer les cendres tombées sur le revers de sa veste, avant de poursuivre :

« La pièce de résistance lui disait que le cardinal Spada était promis au billot, et que j'allais être renvoyé dans le trou perdu où j'ai grandi. C'était une chose de m'avoir à ses côtés quand j'ai pu lui faciliter la vie, mais il fallait qu'il sache, ensuite, que je ne lui serais plus utile à partir de maintenant.

– Excellent, commenta Harris.

– Et les empreintes relevées dans la maison de Tritt, aux Bahamas ? demanda Brennan.

– En lieu sûr, répondit-il.

– Et Tritt lui-même ? interrogea Spada.

– Il est sur place.

– Il a tout ce qu'il lui faut ? On lui a donné toutes les informations nécessaires ?

– Oui. Rien ne le liera à nous. J'avoue que c'est tout à fait ingénieux.

– Et Matoon ?

– Ça fonctionne parfaitement.

– Votre djihadiste ? demanda Spada.

– Sur le pied de guerre, lui aussi. Nous sommes prêts. L'opération *Croisade* peut démarrer. »

20

Le Maine Mall était un immense centre commercial situé dans le sud de la ville de Portland, où l'on pouvait trouver les enseignes les plus illustres telles que JC Penney, Sears, Best Buy, Macy's ou Sport Authority ainsi que cent quarante autres magasins, dont un très grand espace réservé à la restauration. C'était la galerie commerçante la plus spacieuse du Maine, et le trafic de drogue y sévissait, plus particulièrement dans la zone du McDonald's, au fond de l'une des allées du centre.

Aujourd'hui, le groupe chinois aux visages impassibles s'était réuni chez Arby, tandis que les Vietnamiens avaient préféré se délecter de Big Mac. Ils étaient quatre de chaque côté, mais les chefs respectifs se distinguaient nettement des autres. Un Vietnamien, un petit homme âgé d'à peine vingt ans, ne mangeait rien, pas plus que son alter ego du restaurant d'à côté. Le bruit ambiant était aussi assourdissant que les chutes du Niagara. La plupart des gens évitaient de s'asseoir à proximité de ces jeunes Asiatiques qui arboraient crânement leurs blousons de cuir, leurs cheveux luisant de gel et leurs lunettes à verres réfléchissants. Leur intimité était ainsi largement préservée.

Obéissant à un signal invisible, le chef chinois quitta sa table et, accompagné d'un garde du corps, se rendit au restaurant voisin pour venir se glisser sur la banquette, à côté du Vietnamien. Lui aussi avait un gorille pour le protéger. Ils se parlèrent un instant, sans doute en anglais, bien que William Tritt n'en fût pas certain. Assis en face, au Ben & Jerry's, il les observa jusqu'à ce que les deux hommes se lèvent en même temps et se serrent la main. Une poignée de main qui trahissait tout, en fait. Ce geste n'avait rien d'asiatique, et n'intervenait jamais entre eux, sauf quand il était destiné à un Blanc. Ce geste avait donc un but précis. En les observant aussi attentivement que le faisait William Tritt, on aurait pu voir qu'ils venaient d'échanger des clés de voiture. Le troc parfait, et tout agent des stups arrêtant l'un ou l'autre des deux groupes n'aurait trouvé sur eux absolument aucune preuve d'un trafic quelconque. Les clés étaient anonymes, sans bipeur électronique, et fouiller chaque véhicule garé sur l'immense parking du centre commercial se révélait impossible.

Dans ce genre de situation, les Vietnamiens restaient pratiquement invisibles aux yeux de la clientèle. Aussi, lorsque le petit groupe se sépara, Tritt suivit les quatre Chinois, sans doute partis récupérer l'argent. Lui-même ne s'intéressait pas à la drogue ; il leur emboîta pourtant le pas vers la sortie nord-ouest.

Le parking n'était rien d'autre qu'un labyrinthe d'allées à demi dégagées de la neige qui les avait recouvertes ces derniers jours. Celle-ci s'était remise à tomber, soufflée en rafales par le vent venu de l'océan. Les rares personnes qui se trouvaient là couraient, le dos courbé, pour rejoindre ou quitter leur véhicule. La voiture des Asiatiques était une Chevy Impala vieille d'une bonne dizaine d'années. Le chef du petit groupe chinois glissa la clé dans la serrure du coffre et l'ouvrit. Dans un même élan, les quatre hommes se penchèrent en avant pour en inspecter le contenu.

Partisan des solutions les plus simples, Tritt empoigna le calibre .50 Desert Eagle qui se trouvait dans le sac de toile noire tout neuf qu'il portait à la main gauche, et y vissa le silencieux qu'il venait de sortir de la poche de son blouson de ski, acquis, lui aussi, de fraîche date. Après avoir enfilé des gants de latex, il suivit les quatre Chinois qui s'apprêtaient à retourner dans la galerie, et abattit chacun des jeunes hommes d'une balle dans les reins.

Quatre claquements secs, et les hommes s'écroulèrent au sol sans le moindre bruit. Le sang qui s'échappait de leur blessure fut assez vite absorbé par leurs épais blousons de cuir, et aucune tache rouge ne se forma autour d'eux. Personne n'avait rien remarqué, les tas de neige étouffant la plupart des sons sur le parking. Tritt fourra le Desert Eagle et son silencieux dans le sac de sport et referma soigneusement celui-ci.

Il jeta un rapide coup d'œil alentour et s'avança vers le coffre de l'Impala. Il en sortit deux grandes valises Samsonite puis y glissa à la place les corps sans vie des quatre Chinois.

Ôtant de nouveau le pistolet du sac, il en vida le chargeur dans les cadavres, histoire de s'assurer qu'ils étaient bien morts. Il referma le coffre, sortit la clé de la serrure et la glissa dans sa poche. Puis il passa le sac sur son épaule, saisit une valise dans chaque main et retourna vers sa voiture de location.

Avec ce temps, il s'écoulerait quelques bonnes heures avant que les corps ne commencent à émettre une odeur, mais l'argent qui n'arrivait pas et l'absence des quatre hommes finiraient par alerter du monde. Le meurtre des Chinois et la disparition du cash seraient à coup sûr mis sur le dos des Vietnamiens. Peut-être cet épisode tournerait-il en une guerre de gangs et Tritt jouerait-il un rôle clé dans l'abaissement du taux de criminalité de Portland.

Sa voiture était un pick-up Ford noir F150, équipé d'énormes pneus neige, un véhicule assez courant dans le Maine à cette époque de l'année. Ceux qui lui avaient fourni le Desert Eagle lui avaient aussi remis un jeu complet de documents d'identité au nom d'Art Barfield : plusieurs permis de chasse, un permis de conduire au même nom et une lettre d'introduction à un groupe paramilitaire aussi obscur que radical, nommé Maine's Right Arm – le Bras droit du Maine.

Ce groupe, le MRA, se composait d'à peine une vingtaine de participants. Son chef était Wilmot DeJean, et son siège se trouvait à l'entrée d'Arkham, un hameau situé dans le nord-ouest du Maine, le plus grand des quatre villages, dont l'ensemble de la population s'élevait à deux mille âmes réparties sur une centaine de kilomètres carrés. Selon les informations fournies à Tritt, Wilmot DeJean était un ancien professeur de lycée, mis à la retraite anticipée pour raisons psychiatriques.

Il souffrait apparemment d'une folie des grandeurs quelque peu extrême. Le symbole de son groupe n'était autre qu'un aigle enserrant un swastika qu'il portait tatoué sur le biceps. Il avait également eu droit à une enquête en règle des services secrets pour avoir écrit une lettre de menaces au Président en activité ; un événement qui aurait précipité sa mise à la retraite. Infiltré par la Sécurité intérieure, le groupe avait finalement été taxé de « menace mineure ». Les dossiers sur DeJean et le MRA restaient cependant ouverts, tant pour la Sécurité intérieure que pour les services secrets.

« On pourra toujours laisser tomber tout ça », suggéra Peggy alors qu'ils approchaient de Genève.

L'aube commençait à poindre et la neige tombait faiblement. Peggy et Holliday étaient épuisés après cette longue route, et ce dernier sentait ses nerfs prêts à lâcher.

« Tu retournes à l'université, et moi en Israël, lui dit la jeune femme. On tire un trait sur tout ce qui s'est passé. »

Elle marqua une pause avant d'ajouter :

« Tu avais raison. Après tout, rien de tout ça ne nous regarde.

– Il est trop tard pour laisser tomber, rétorqua Holliday, assis au volant. Quoi qu'ils aient en tête, c'est nous les pigeons, dans cette histoire.

– Et qu'est-ce qu'ils ont en tête ?

– Je n'en ai pas la moindre idée. Je ne sais même pas qui "ils" sont, en fait. Le Vatican ? la CIA ? Rex Deus et cette chienne de Sinclair ?

– Peut-être les trois, hasarda Peggy. Le pape se fait assassiner parce qu'il représente une menace pour Brennan et son organisation ; cet organisme voyou de la CIA tente de déstabiliser le pouvoir en se débarrassant d'un gouvernement qui cherche à le marginaliser ; et Kate Sinclair fait tout pour installer son fils à la Maison-Blanche, ou à proximité.

– Ça me paraît un peu compliqué, tu ne trouves pas ?

– Une conspiration, c'est toujours compliqué », répondit-elle en lui arrachant un petit rire.

Il quitta l'autoroute pour prendre la première sortie vers Genève.

« Les conspirations n'existent pas, en fait, dit Holliday. Ce ne sont que des délires propagés sur Internet.

– Dis ça à Jules César, ou encore à ce gars qui avait l'œil bandé comme toi... le nazi incarné par Tom Cruise. Avec ses copains, il a bien essayé de tuer Hitler.

– Von Stauffenberg, précisa Holliday.

– Une conspiration n'existe que lorsqu'elle est découverte. Si elle réussit, tout le monde ignore qu'il y en a eu une.

– Qui sait ? lâcha-t-il en haussant les épaules. Tu as peut-être raison.

– Et peut-être que Tritt a laissé derrière lui des indices qui nous aideront. »

Brennan avait fourni à Tritt un numéro de téléphone à Genève, ainsi que les plaques minéralogiques de son véhicule, sept jours avant l'attentat contre le Président, pour découvrir que la voiture était enregistrée sous le nom d'Emil Langarotti. Celui-ci résidait 1, rue Henri-Frederich-Amiel, appartement 5B. Holliday et Peggy prirent une suite au Mandarin oriental, dormirent jusqu'à midi puis partirent vers le pied-à-terre de Tritt.

À cette adresse s'élevait un immeuble de quatre étages, non loin de la rue des Délices, à un kilomètre environ de leur hôtel. C'était un quartier tranquille, au détour d'une voie publique grouillante d'activité, et qui semblait presque entièrement occupé par des bâtiments aux mêmes couleurs pastel que celui de Tritt.

L'entrée était formée d'un grand portail en arche à la vitre protégée par une grille de fer forgé. Un rapide regard indiquait qu'il devait y avoir six appartements par étage, et sans doute celui de Tritt se trouvait-il au dernier. Ils ouvrirent la lourde porte, pénétrèrent dans le vestibule. À droite leur apparut la loge du concierge, manifestement déserte en ce moment. Au fond, ils découvrirent un petit escalier et, sur leur gauche, un ascenseur qu'ils choisirent de prendre. Aussi étroite qu'un cercueil, la cabine grinça et gémit lorsqu'elle s'ébranla pour grimper au dernier étage. Arrivés à destination, ils poussèrent la porte qui donnait sur une intersection en X de quatre petits corridors à peine éclairés par des appliques vieillottes. Le sol était recouvert d'une banale moquette verte, usée jusqu'à la corde.

L'appartement de Tritt se trouvait au fond du couloir de gauche, fermé par une porte de bois peinte en marron, et une serrure à pêne dormant.

« Comment est-on censés entrer là-dedans ? demanda Peggy d'une voix légèrement agacée. Tu n'aurais pas apporté ton crochet à serrure magique, par hasard ?

– Il se trouve que oui », répondit Holliday en souriant.

Il glissa la main sous sa veste et en sortit l'arrache-pneu emprunté à leur voiture de location.

Le pêne dormant était neuf, mais l'encadrement de la porte aussi vieux que l'immeuble lui-même. Il inséra la partie biseautée de l'outil dans le chambranle, juste au-dessus de la serrure et tira. Un craquement sec s'échappa du bois qui se brisa sous l'effet de levier. Le battant s'ouvrit.

« Tu pourrais faire breveter ça, lui dit Peggy, et l'appeler la Clé magique, par exemple. »

Holliday sourit et poussa la porte.

L'appartement était en fait un petit deux pièces. Deux fenêtres donnaient sur la rue des Délices, mais les volets en étaient fermés, ne laissant filtrer à l'intérieur que quelques faibles rais de lumière. La pièce principale, de style Ikea, présentait un aspect totalement impersonnel et ne divulguait pas le moindre renseignement sur l'occupant des lieux. Peggy la traversa en faisant légèrement craquer le vieux parquet sous ses pieds et ouvrit les jalousies sur les volets. Soudain plus clair, le salon dévoila un canapé, deux fauteuils, une table basse en verre et acier, sur laquelle trônaient un lourd cendrier et une télécommande. Pour éclairer l'endroit, un lampadaire, et une autre lampe plus petite, posée sur une table collée à l'un des accoudoirs du sofa. Entre les deux fenêtres apparaissait un bureau moderne en érable plaqué, avec son emplacement pour un ordinateur portable. Un grand écran plasma était fixé au-dessus de l'ancienne cheminée et, sur la gauche, un luxueux ensemble haute-fidélité Bang & Olufsen surmontait deux étagères emplies de CD et de DVD.

« Rien ici », observa Holliday avant de s'engager dans le couloir menant à la chambre à coucher.

Restée dans le salon, Peggy s'accroupit pour découvrir les goûts de Tritt en matière de cinéma et de musique. Quelques instants plus tard, Holliday la rejoignit, la mine défaite.

« Cet homme est un fantôme. L'endroit est encore plus stérile que Lyford Cay.

– Strauss, Wagner, Mozart, Verdi, Beethoven, Vivaldi... Susan Boyle, aussi, lâcha la jeune femme à genoux devant la série de CD et de DVD.

– Pardon ?

– Il n'y a pratiquement que du classique, à part Susan Boyle.

– Susan Boyle ? Qui est-ce ?

– Tu plaisantes, Doc ? » fit-elle en se relevant.

Elle ouvrit la boîte de plastique et posa le CD de la chanteuse sur la platine.

« Jamais entendu parler... marmonna Holliday.

– Tu ne sors pas assez, mon cher oncle », dit-elle d'un ton moqueur.

Traversant à nouveau la pièce, Peggy saisit la télécommande et appuya sur le bouton « Marche/arrêt ». Rien ne se passa durant une seconde puis l'énorme télé prit vie. Apparut alors l'image pixellisée d'un homme debout dans ce qui semblait être un campement à l'abandon, un AK-47 sur les bras. Les couleurs étaient si criardes que Holliday songea instantanément aux vieux films en Super 8. Un titre en surimpression quelque peu rustique se dessina sur la silhouette de l'homme et son fusil d'assaut soviétique.

« Toi et le Bras droit du Maine. »

Sous le titre apparaissait le dessin grossier d'un aigle enserrant un swastika rouge sang.

« Qu'est-ce que c'est que ça ? s'exclama Peggy.

– Je ne te dirai qu'une chose : c'est sûr qu'on n'est plus au Kansas, Toto », lui répondit Holliday en se référant au *Magicien d'Oz*.

21

Le camp du Bras droit du Maine, un terrain de quatre-vingts hectares situé sur les rives du lac Watson, avait été acheté par les Scouts d'Amérique, en 1922. Ce camp avait cessé ses activités au cours des années soixante pour diverses raisons, l'une d'elles – et non la moindre – étant qu'en 1965 aucun garçon de douze ou treize ans portant un uniforme de scout n'avait jamais mis les pieds dans cet endroit.

Au début des années soixante-dix, un homme du nom de Reinhold Hodge avait tenté de diviser le pourtour entier du lac pour y installer des cottages. Les scouts avaient choisi leur coin à l'extrémité d'Eagle Road, le seul endroit à ne pas être marécageux et infesté de moustiques, ni constitué de soubassements rocheux sans possibilité de construire des installations sanitaires décentes. Hodge avait d'abord proposé deux mille cinq cents dollars pour chaque lot, avant de faire faillite et de réduire le prix à cinq cents dollars, puis de quitter la ville lorsque les parcelles avaient atteint la somme ridicule de trois cents dollars, sans qu'une seule d'entre elles soit vendue.

Pour finir, Wilmot DeJean avait racheté en 1989 le lac entier, y compris l'ancien camp de scouts, le tout pour dix mille dollars, avec l'intention de donner à la propriété le nom radieux de « Camp scout de la lumière de Dieu ». Mais, étant donné la pauvre santé mentale de l'acquéreur de ces terrains, qui lui avait valu un départ anticipé à la retraite en 1991, ce camp n'avait finalement jamais vu le jour.

Au milieu des années quatre-vingt-dix, DeJean finit néanmoins par trouver son créneau. Les Russkofs et les cocos avaient quitté la scène et les hippies travaillaient aujourd'hui à Wall Street ou dirigeaient des magasins de produits diététiques et des sociétés d'informatique. Alors, il réinventa les sempiternels ennemis qui manquaient tant à l'Amérique.

Dans son nouvel ordre du monde, les maladies dont souffrait la société étaient toutes causées par ces bons vieux boucs émissaires : les Noirs, les Juifs et les homos. Pour couronner le tout, il rejetait tous les ouvriers agricoles mexicains ayant passé la frontière en douce pour venir voler leur travail aux Blancs, et aussi tous ceux qui parlaient une langue étrangère. Sans surprise, cela avait fonctionné à merveille.

Il n'y avait pas une seule famille noire à Arkham, ni aucune famille hispanique. Si, d'aventure, quelques gays avaient osé s'installer dans le coin, personne ne leur adressait la parole, et la synagogue la plus proche se trouvait à près de cinq cents kilomètres de là. La petite revue de DeJean, *The Eagle's Voice*, avait obtenu la souscription secrète d'une centaine de personnes et l'homme, qui était loin d'être idiot, s'était très vite mis à Internet. Son site web lui avait attiré encore davantage de fidèles.

Un an après les attentats du 11 Septembre, les abonnements à la revue nommée *Eagle of Truth* avaient grimpé à plus de dix mille, procurant à DeJean et ses soixante-six printemps un confortable niveau de vie, et assez de fonds pour commencer à faire revivre cet ancien camp scout.

En 2003, il organisait régulièrement des rencontres dans le camp qui attiraient des gens de tout le Maine. En 2006, il donnait trois sessions d'été par an, avec, cette fois, des curieux venus du pays entier.

En 2008, DeJean avait recruté vingt-trois «patriotes» travaillant pour lui à plein-temps, tous âgés de moins de trente ans. Certains d'entre eux étaient d'anciens militaires ayant combattu en Irak ou en Afghanistan. Quatre autres avaient connu la prison, et tous partageaient ardemment la même haine que DeJean à l'égard de toutes les minorités, quelles qu'elles soient.

Depuis quelque temps, on parlait peu aux infos des groupes de milices qui sévissaient dans le pays, la destruction du World Trade Center ayant plus ou moins éclipsé les explosions d'Oklahoma City. Ruby Ridge n'était plus qu'un souvenir lointain, et le groupe Branch des Davidians de Waco une tache embarrassante pour la réputation du FBI et de l'ATF, l'organisme fédéral chargé de la mise en application de la loi sur les armes. L'Amérique avait un nouvel ennemi aujourd'hui, et Al-Qaïda et les talibans volaient la vedette à DeJean. Dans la mesure où les journalistes s'intéressaient à d'autres événements, sa communauté attirait de moins en moins de monde et enregistrait une diminution des souscriptions et une baisse des rentrées d'argent.

Les avertissements stridents du sénateur Sinclair sur les ennemis infiltrés et les menaces potentielles de terrorisme sur le sol américain avaient quelque peu aidé sa cause, surtout avec tous ces jeunes musulmans qui mettaient à profit leurs vacances de printemps pour se rendre au Pakistan et servir Ben Laden. Mais ce ne fut pas suffisant. L'apparition soudaine de Billy Tritt avec ses deux valises dans l'Eagle Nest – le Nid d'aigle –, comme on l'appelait aujourd'hui, fut une véritable bénédiction.

Ce fut aussi une douche froide. Alors que Tritt s'approchait du camp sur la poussiéreuse et bien nommée route de l'Aigle, il vit que DeJean n'avait jamais pris le soin de supprimer l'ancienne arche de bois qui surplombait l'entrée, se contentant de remplacer la fleur de lys des scouts par la représentation en rouge, blanc et jaune de son aigle hurlant accompagné de son swastika.

Il ne disposait, pour tout service de sécurité, que d'un gardien obèse et boutonneux d'une trentaine d'années, en train de somnoler sur son siège, une cigarette pendue au coin de la bouche. Vêtu d'un jean et d'une doudoune ornée du même aigle, l'homme portait sur les genoux ce qui ressemblait à une Kalachnikov AK-47. Cependant, lorsque Tritt stoppa sa voiture devant ce pauvre type à l'air abruti, il constata qu'il s'agissait d'un calibre .22 allemand. Entre les grosses paluches du boutonneux, l'arme avait tout d'un jouet... ce qu'elle était sans nul doute.

« Descendez du camion ! » ordonna-t-il à Tritt en se levant et en balayant l'air de son fusil.

Il avait aux pieds des baskets usés jusqu'à la corde. *Un uniforme...* songea Tritt, qui ne manqua pas de remarquer que le levier de sécurité bloquait la culasse de son fusil. Il faudrait à ce benêt une bonne seconde pour l'ôter d'un coup de pouce avant de charger son arme.

« Écartez ça », répliqua Tritt en sortant son Desert Eagle de sous son anorak.

Le boutonneux contempla le pistolet qui miroitait au soleil et tâtonna à la recherche du levier sécurité sur son AK. De sa place au volant, Tritt lui tira sur le pied, lui arrachant au passage l'une de ses baskets. Le jeune homme poussa un cri vite couvert par le vacarme de la détonation qui alla se perdre dans les collines environnantes. Puis il tomba à terre, des larmes plein les yeux. Le sang qui s'échappait de son pied se figea aussitôt dans la neige.

« Vous m'avez abîmé le pied ! gémit-il en gesticulant sur le sol boueux.

– Non, je te l'ai détruit, corrigea Tritt. Et je continue avec l'autre si tu ne me dis pas dans les dix secondes où se trouve DeJean.

– Au centre des communications», grogna-t-il.

Son sang continuait à s'écouler sur le sol gelé, et il pâlissait à vue d'œil. Ce qui, selon Tritt, annonçait l'état de choc.

«Où est-ce ?

– Au pavillon. Près des tennis.»

Malgré le froid, la sueur commençait à lui inonder le visage.

«Tu ne vas pas tarder à tomber dans les pommes. Tu risques de vomir, aussi; alors, assure-toi de te tenir sur le côté. Ne t'en fais pas, je t'enverrai quelqu'un dès que j'aurai trouvé DeJean.

– Fumier... vous m'avez tiré dessus...» murmura le jeune homme, ignorant la morve qui lui coulait maintenant des narines.

Ses yeux se révulsèrent soudain, et il s'évanouit, roulé en position fœtale. Il continuait à saigner abondamment. C'était l'hôpital qu'il lui fallait, à présent, sinon il perdrait son pied. *Les risques du métier*, se dit Tritt. Il grimpa dans son 4 × 4 et remonta lentement le chemin vers le centre.

Au sommet de la colline apparut sur sa gauche un bâtiment de rondins délabré et, au milieu d'une clairière, ce qui ressemblait à un tipi en contreplaqué, tout aussi dégradé. Légèrement de travers, il était orné de symboles indiens quasiment effacés par le temps et les éléments. Le champ était couvert de neige, mais Tritt distinguait encore les plateformes de bois où, autrefois, étaient érigées les tentes. Il passa devant un parking recouvert de graviers. Une demi-douzaine de véhicules – des pick-up d'un autre âge, pour la plupart – y étaient garés.

Stationné un peu plus loin, comme pour ne pas être pollué par la présence des autres, se trouvait un Humvee des surplus de l'armée au rouge agressif, et dont la plaque minéralogique arborait un fier PATRIOTE. Facile d'imaginer à qui il appartenait.

Au-delà du parking, sur un promontoire dominant le lac, s'élevait un autre bâtiment de rondins grossiers, au toit recouvert de neige. Deux drapeaux flottaient devant l'entrée : l'aigle de DeJean ainsi que le pin et l'élan, les symboles du Maine.

Tritt gara son 4 × 4 devant la bâtisse puis glissa son Desert Eagle dans l'étui vertical dissimulé sous son anorak. Il grimpa les marches branlantes du large perron de bois et cogna à la porte. Quelques secondes plus tard, celle-ci s'ouvrit sur un homme en civil, portant un brassard orné du fameux aigle hurleur. Les mains crasseuses, les ongles noircis de graisse et le pantalon souillé de taches diverses, il portait de lourdes bottes de chantier. *Un mécanicien, sans doute*, songea Tritt, *ou quelqu'un qui travaille devant des machines.*

Derrière lui, cinq ou six hommes de tous âges étaient assis autour d'un semblant de table de conférence, constituée de deux plaques de bois posées sur des tréteaux, et recouverte d'une toile cirée verte. Aussitôt, Tritt songea à von Stauffenberg et ses officiers complotant pour assassiner Hitler. Hitler, qui, lui aussi, se trouvait dans la pièce, sous la forme d'un grand portrait suspendu au-dessus de la cheminée. Cependant, à la différence d'hier, la salle, aujourd'hui, était emplie de fumée dont les nuages venaient s'accrocher aux poutres du plafond.

« Vous êtes qui ? lui demanda l'homme à la porte. Qu'est-ce que vous venez faire ici ? C'est une propriété privée. Et pourquoi Skinny vous a pas arrêté à l'entrée ?

– Skinny, ce gros boutonneux avec la doudoune ornée de votre aigle ?

– Ouais.

– Il est toujours à l'entrée, étalé par terre, avec la moitié du pied explosée.

– Merde !

– Comme vous dites... »

Une autre voix s'éleva. Celle d'un homme de petite taille debout à l'extrémité de la table. Il portait une tenue de camouflage aux couleurs du désert et une casquette verte à la Fidel Castro, ornée de deux étoiles. À sa gauche, sur le mur, était accrochée une grande bannière arborant l'aigle hurleur ainsi que la devise du MRA : LE BRAS DROIT EST LE BRAS DE DIEU.

« Vous avez abattu l'un de mes gars ? » demanda-t-il.

Tritt nota aussitôt qu'il portait une arme de ceinture. Un vieux colt automatique, à ce qu'il semblait.

« C'est exact, répondit-il. Et, si vous n'allez pas le secourir très vite, il se videra de son sang. Emmenez-le à l'hôpital et dites-leur qu'il s'est lui-même tiré une balle dans le pied. Il a l'air assez demeuré pour ça.

– Daniel ? »

L'homme qui se tenait face à Tritt adressa un signe à celui qui portait une casquette étoilée puis se rua dehors.

« Vous devez être DeJean. »

L'autre hocha la tête.

« Oui, je suis le colonel DeJean. »

Il s'écarta de la table, une main sur la crosse de son automatique glissé dans un étui qui paraissait avoir connu des jours meilleurs. Encore les surplus de l'armée. Tritt vit aussi qu'il portait de luxueuses bottes western, dont les talons le grandissaient d'au moins cinq centimètres.

« De quelle armée ? » ironisa-t-il.

La main de DeJean se crispa sur son arme, puis il lâcha :

« La mienne.

– Vous voulez dire tous ces types ? Cette espèce de demeuré à l'entrée ? Vous plaisantez ?

– Il y en a d'autres», rétorqua DeJean.

Agitant les quelques mèches blanches qui dépassaient de sa casquette, il précisa :

« Ce que vous voyez, c'est juste une séance d'entraînement pour les nouvelles recrues.

– D'entraînement à quoi ? demanda Tritt. Une représentation de cirque ?

– Au début, les gens se moquaient de Hitler. Quant aux Anglais, ils prenaient George Washington pour un traître et Benedict Arnold[1] pour un grand héros de guerre.

– Vous vous comparez à Hitler et à George Washington ? demanda Tritt en souriant. Le premier était un fou dangereux, et l'autre un militaire depuis l'âge de vingt ans.

– J'aimerais savoir avec qui je discute, articula soudain DeJean en se redressant avec raideur.

– Je m'appelle Barfield.

– Et qu'est-ce que vous voulez exactement, monsieur Barfield ? Le Nid d'aigle est un peu loin pour une petite conversation tranquille.

– Je suis là pour faire une donation à votre cause.

– On n'accepte pas les chèques, désolé, railla DeJean.

– Envoyez un de vos gars rejoindre mon 4 × 4. Il y a deux valises sur le siège passager. Faites-les apporter ici.

– Pritchard, Samson, allez chercher les valises ! » lança-t-il.

Deux des hommes qui se tenaient autour de la table se levèrent et se dirigèrent vers la porte. Trois minutes plus tard, ils revenaient chargés chacun d'une valise.

« Posez-les sur la table », ordonna Tritt.

---

1. Général de l'armée continentale durant la guerre de l'indépendance des États-Unis, il est surtout connu pour avoir trahi son pays en voulant livrer aux Anglais le fort américain de West Point *(N.d.T.)*.

De sa poche, il sortit un jeu de petites clés qu'il lança à DeJean. Celui-ci tenta de les attraper au vol, mais rata son coup, et elles tombèrent à ses pieds. L'un de ses « stagiaires » se pencha pour les ramasser et les lui tendit. Les deux hommes posèrent les valises sur la table, et DeJean les renvoya d'un geste de la main.

Après un long regard à Tritt, il glissa les clés dans les deux serrures et souleva les couvercles. Chaque valise contenait des centaines de coupures de dollars usagées. DeJean s'efforça de ne pas montrer sa surprise, mais Tritt vit sa main trembler légèrement lorsqu'il saisit l'une des liasses.

« Euh... c'est très généreux à vous, monsieur, euh... Barfield. Je peux vous demander d'où vient cet argent ?

– Ce n'est pas tout à fait une donation, colonel DeJean. C'est un rachat. Le Bras droit du Maine m'appartient désormais, pour en faire ce que je veux. Vos hommes sont maintenant sous mes ordres ; ils n'obéiront qu'à moi, et à moi seul. Compris ?

– Vous êtes fou. Vous avez affaire à un mouvement politique populaire. On se bat pour une cause !

– Des conneries, tout ça. »

DeJean considéra l'énorme masse d'argent qu'il avait sous les yeux.

« Il y a un peu plus de deux millions de dollars, précisa Tritt. En coupures impossibles à tracer.

– Pourquoi est-ce que vous faites tout ça ?

– Le 11-Septembre a sonné l'alarme pour tous les Américains », déclara Tritt en récitant tranquillement le laïus qu'il avait appris par cœur.

Une formule destinée à apaiser la conscience de DeJean et à excuser son avidité.

« Mais tout ça remonte à plus de dix ans, poursuivit Tritt. Et, depuis, notre grande nation s'est de nouveau endormie sur ses lauriers. Il est temps de secouer l'Amérique pour l'extirper de cette dangereuse apathie. Les hommes du MRA sont en mesure de réaliser cela.

– Comment ?

– En faisant exactement ce que je leur dirai », répondit Tritt.

Il regarda DeJean contempler à nouveau les liasses de billets qui s'offraient à lui. Il voyait presque les rouages tourner et cliqueter dans sa tête. Ces deux valises représentaient la réalisation de tous les projets chimériques qu'il formait depuis le début de sa vie d'adulte. Lui et le Bras droit du Maine ne constituaient-ils pas les fondements mêmes d'un avenir radieux ?

D'une voix solennelle et militaire, DeJean articula alors :

« Monsieur Barfield, le Bras droit du Maine est désormais sous votre commandement. Dieu bénisse votre démarche. Et Dieu bénisse l'Amérique. »

22

Mike Harris, sous-directeur des opérations à la CIA, était assis dans le bunker de la station de contrôle de la Sécurité intérieure. Dépourvu de fenêtres, l'endroit se réduisait à un blockhaus à demi enfoui dans le sol, situé à la limite de la base militaire de Grand Forks, dans le Dakota du Nord. Un mur de verre séparait la salle de contrôle de celle de pilotage, en contrebas.

Trois drones étaient en activité, aujourd'hui. Le premier survolait les frontières entre la Colombie-Britannique, l'État de Washington, l'Idaho et le Montana, à la recherche de passeurs de marijuana. Le deuxième croisait dans le ciel des Grands Lacs, de Duluth, sur le lac Supérieur, à Rochester, sur l'Ontario. Et le dernier évoluait en cercle à treize mille mètres au-dessus de la ville de Winter Falls, dans le New Hampshire. À cette hauteur, ces avions téléguidés restaient invisibles à l'œil nu et même aux jumelles. Trop petits pour être décelés par un radar, ils étaient également turbopropulsés pour éviter de se faire attaquer par des missiles thermoguidés, et constitués de fibre de carbone plutôt que d'aluminium afin d'accentuer leur furtivité.

Un cigare à la bouche, les yeux rivés sur les écrans de la console relayant les mouvements des drones, le général Angus Scott Matoon se tenait avec Harris dans la salle de contrôle à l'étage supérieur. Son adjudant, le major Neville, lui avait remis son rapport un peu plus tôt le matin, et il se sentait assez satisfait. Le feu de prairie avait été éteint grâce à un accident impliquant un promeneur dans un parc des Catoctin Mountains. Un incident qui avait fait à peine quelques lignes dans les journaux locaux et, à part une vague annonce sur la chaîne 4, la télé n'en avait pratiquement pas parlé.

« Il vous arrive de faire des prises avec ces appareils ? demanda Harris. J'ai vu qu'on s'en servait comme engins d'attaque au Pakistan et en Afghanistan, mais, là, c'est quand même autre chose.

– Ici, à l'ouest du pays, ces avions servent surtout à repérer les contrebandiers. Les terroristes, eux, ne se sentent pas à l'aise dans ce genre d'environnement ; camper dans les bois, ce n'est pas la tasse de thé des enturbannés. »

Harris soupira. Matoon était bien stéréotypé. Mais ce général bourru et costaud restait l'homme de Sinclair, aussi n'avait-il guère le choix.

« On a bien localisé deux ou trois individus se baladant aux abords des lacs, mais ce ne sont pratiquement que des trafiquants de cigarettes. Les coiffés du keffieh ne connaissent pas trop l'eau. Si vous voulez mon avis, ce n'est qu'une bande de paresseux. Ils s'envolent vers le Canada, un pays assez stupide pour y laisser entrer n'importe qui, d'où ils essaient ensuite de passer aux États-Unis. C'est comme ça que les Arabes du 11-Septembre se sont infiltrés chez nous. Ils devraient savoir que, si un gars un peu bronzé du nom de Yusef ou Ahmed entre ici, c'est pour faire une connerie. Les plus idiots d'entre eux prennent le bus pour que ça leur coûte moins cher. Il y a près de cinq mille kilomètres de frontière libre qu'ils pourraient traverser à pied, tout à fait tranquillement, en trimballant une bombe A avec eux ; mais ils choisissent toujours la manière la plus compliquée. »

Les terroristes du 11-Septembre n'étaient pas entrés par le Canada, malgré ce que disait la légende, mais par Los Angeles et Miami, avec des papiers américains. Mais, ça, c'était une autre histoire.

À l'aide d'une manette sur la gauche de l'écran, Harris pouvait zoomer, panoramiquer, pencher à droite ou à gauche comme avec n'importe quelle caméra, de façon totalement indépendante de l'opérateur au sol. Matoon le regarda jouer, un sourire sur son visage rondouillard.

« Mon petit-fils joue à *Avatar* avec une manette du même genre, déclara le général. Il fait bouger les gens, il les fait voler, il peut tirer avec des armes. Moi, ça me dépasse. Il a huit ans et je suis sûr qu'il pourrait diriger ces engins mieux que nos gars, en bas.

– Combien d'habitants dans cette ville ? » demanda Harris, sans quitter des yeux le moniteur.

Tel Peter Pan, il voletait maintenant au-dessus des toits. À en donner le vertige. Il voyait les crânes des passants qui marchaient sur le trottoir dans leurs vêtements d'hiver. Une voiture de police descendait lentement la grand-rue.

« À peu près deux mille, à cette époque de l'année.

– Quels seraient, d'après vous, les dommages collatéraux ?

– Impossible à dire, répondit Matoon en soufflant un rond de fumée. Assez importants, j'imagine. L'idée, c'est d'effrayer tous les merdeux du pays, et pas seulement de leur dire que le ciel est en train de leur tomber sur la tête.

– Combien de flics à Winter Falls ?

– Huit pour chaque équipe de travail. Qui changent toutes les douze heures ; ce qui fait, avec leurs supérieurs, dix-huit hommes en activité. Nous savons où vivent tous les agents qui ne sont pas de garde. Il s'occupera d'eux en premier.

– Et le shérif du comté ?

– Pas de problème, il est à dix-huit kilomètres de là. La ville est desservie par deux routes. Choisissez la météo qui convient, et c'est le blocage assuré.

– Et ensuite, on est sûr que tout s'écroule ?

– On dirait que vous hésitez ?

– Non, pas vraiment, reprit l'homme de la CIA.

– Bien sûr que si. N'importe qui y réfléchirait à deux fois, dans notre situation. L'instant est grave. On fait ça, on sauve le pays entier. »

Le général lâcha un grognement sec avant d'enchaîner :

« Notre Président est un pétochard. L'Amérique est en train de sombrer. On ne peut pas laisser faire ça. Il faut un homme solide à la Maison-Blanche.

– Ça s'apparente à un coup d'État, remarqua Harris. Qui fera beaucoup de victimes.

– Combien de personnes sont mortes le 11 Septembre ? demanda Matoon.

– Deux mille huit cents.

– Ce sera la même chose ici.

– Vous savez que ça n'a rien à voir, rétorqua Harris.

– Pourquoi ? À cause de la manière dont vous allez vous y prendre ? Ne jouez pas les innocents. Il y a toujours des victimes civiles dans une guerre. C'est une donnée de base, peu importe comment ces dommages sont infligés. »

Sur l'écran, Harris voyait des gens pêcher sur le lac gelé, des enfants en train de fabriquer un bonhomme de neige, des étudiants d'Abbey School jouant au hockey. Il avait lu les rapports, étudié les dossiers, connaissait la ville comme sa poche même s'il n'y avait jamais mis les pieds.

« Vous réalisez que, si on l'arrête et qu'on "découvre" son complot à la dernière minute, nous serons des héros ?

– Bien sûr, répondit Matoon en lui adressant un large sourire. Le Président remettra une médaille à votre boss, mais ça ne fera aucune ligne dans les quotidiens, si on s'en sort. »

Le général tapota l'épaule de Harris puis ajouta :

« Comme l'a dit un autre Président : "Faut aller jusqu'au bout", monsieur Harris. Si on fait ça, c'est pour la grandeur de l'Amérique. »

« Tu es sûr que ça va marcher ? » demanda Peggy.

À peine atterris à Montréal-Trudeau, après leur vol en provenance de Zurich, ils avaient loué une Ford Explorer que Holliday conduisait d'une main experte sur une autoroute à huit voies balayée par la neige. Depuis plus d'une heure, ils longeaient le Saint-Laurent, à quatre cents mètres sur leur gauche. À ce qu'ils voyaient, cela aurait pu tout aussi bien être l'Antarctique. Il n'était que 2 heures de l'après-midi, mais ils roulaient tous feux allumés, antibrouillards compris.

« C'est notre seule chance, lui répondit Holliday. La Sécurité intérieure dispose de nos passeports, de nos empreintes et de nos photos dans ses fichiers. On essaie de s'introduire en force et on se fait serrer en quelques secondes. Tous les postes-frontières auront nos noms dans leurs ordinateurs. C'est pour ça que j'ai loué l'Explorer dans cette petite société. Sans affiliation nationale, ils ne sont soumis à aucun contrôle.

– On n'aurait pas pu simplement attendre à Montréal qu'il fasse un peu meilleur ?

– C'est précisément le genre de temps qu'aime Harry pour ce genre de chose », répondit Holliday, l'œil sur le compteur.

Avec ses sept ans d'âge, le véhicule avait presque deux cent mille kilomètres. Les essuie-glaces ne fonctionnaient que par intermittence, et la seule chaleur qui leur parvenait était celle du dégivrage du pare-brise. Dans la petite ville qui jouxtait l'aéroport, Holliday et Peggy s'étaient chacun acheté une doudoune et des bottes de ski, mais, malgré cela, la jeune femme frissonnait de froid.

« On y est presque », annonça Holliday.

À travers la vitre où s'accumulait une neige à demi fondue et mal balayée par les essuie-glaces fatigués, Holliday devina un panneau indiquant MacEwan Boundry Road. Il prit la file de droite et s'engagea sur la bretelle de sortie. La circulation n'était pas très dense sur l'autoroute, mais, même avec quatre roues motrices, un faux mouvement pouvait se révéler désastreux. Il ralentit en haut de la montée, traversa un petit croisement en trèfle puis passa au-dessus de l'autoroute qu'ils venaient de quitter.

Holliday conduisait maintenant sur une route en bitume... devenue totalement blanche.

« C'est le blizzard ou je ne m'y connais pas, articula Peggy d'une voix nerveuse.

– C'est le Canada en hiver. Il faut s'y faire.

– C'est plus flippant qu'autre chose, avoua-t-elle. Pourquoi décider de retrouver cet ami dans un Subway situé au milieu de nulle part ? Et puis, qui est cet Harry, au juste ?

– Un Indien mohawk.

– Et, alors ?

– On a été rangers ensemble. En quittant son job, il est retourné dans sa réserve où il a ouvert un petit commerce. Puis il s'est marié et a eu deux enfants... tout ça, quoi.

– Il est canadien ou américain ?

– Les deux. Comme la réserve enjambe la rivière, il revendique les deux nationalités. Il aime se battre, c'est la raison pour laquelle il avait rejoint les rangers.

– Ça n'explique pas pourquoi on doit le retrouver dans un Subway au milieu du blizzard. »

Avec un petit rire, Doc lui expliqua :

« Il adore leurs sandwiches. Il ne parlait que de ça quand on était sur le terrain. Les sandwiches aux boulettes, surtout. Dès qu'il a pu mettre assez d'argent de côté, il s'est acheté une franchise.

– Et... ça a quelque chose à voir avec notre situation actuelle ?

– Il a monté un petit chantier naval pour les pêcheurs du coin. Il vendait des moteurs de hors-bord, aussi.

– Et alors ?

– Il vend des motoneiges, en hiver.

– Pourquoi ai-je le vague sentiment de devoir m'attendre au pire ? » souffla Peggy en tournant les yeux vers la fenêtre.

Le panneau jaune et noir du Subway leur apparut soudain à travers les tourbillons de neige. Holliday quitta la route pour aller se garer sur un parking récemment dégagé. À l'extrémité se trouvait une Land Rover Defender équipée d'une fixation pour remorque.

« Jolie monture, lâcha Peggy. Je ne pensais pas que vendre des plats du jour et louer des motoneiges rapportait autant.

– Harry a d'autres sources de revenus », précisa Holliday.

Il descendit de l'Explorer et se dirigea vers l'entrée brillamment éclairée du Subway. Peggy le suivit à contrecœur.

À l'intérieur, où régnait une ambiance chaude et accueillante, deux hommes se tenaient derrière le comptoir : un adolescent aux joues rondes, au sourire sarcastique, coiffé d'une toque en papier, la cigarette coincée au coin des lèvres ; et un homme âgé d'une cinquantaine d'années, au visage sec et aux longs cheveux noirs tirés en catogan. Il avait un corps de lutteur et, comme le garçon à ses côtés, portait un stupide chapeau de papier. Assis sur un haut tabouret, il lisait le *Cornwall Standard Freeholder.* À l'arrivée de Holliday, il bondit de son siège.

« N'a Qu'un Œil ! » s'exclama-t-il en souriant.

Il traversa la pièce, asséna une grande claque amicale sur le dos de son ami, puis les deux hommes se serrèrent chaleureusement la main.

« On dirait deux vieux gus qui se retrouvent pour une réunion maçonnique », maugréa le jeune.

L'homme à la queue-de-cheval se détourna de Holliday pour poser un regard appréciateur sur la femme qui l'accompagnait.

« Vous devez être Peggy », dit-il en souriant.

Il avait deux canines en or, ce qui lui donnait l'air d'un vampire plein aux as.

« Je me présente : Harry Moonblanket. Et le gros tas, là, ajouta-t-il en indiquant du pouce l'adolescent joufflu derrière le comptoir, c'est mon neveu américain, Kai-entaronk-wen.

– Il veut dire que mon nom, c'est Billy-Deux-Rivières, précisa le jeune homme en tournant vers son oncle son sourire sarcastique. Va te faire voir, Chef Incontinent !

– Une bouche de piège à rat, reprit fièrement Harry. C'est bien le fils de son père.

– Un hippie, marmonna Billy.

– Tu es prêt, N'a Qu'un Œil ? demanda l'Indien à Holliday.

– Je croyais qu'on devait attendre la tombée la nuit. Sans lune et tout le tintouin.

– C'est mieux, oui. »

Il ôta sa toque de papier, attrapa sur un crochet une parka à capuche doublée de fourrure et la passa hâtivement.

« La nuit, ils utilisent des hélicos armés de projecteurs. Mais, par un temps pareil, ils sont sourds, muets et aveugles. »

Il leva le nez vers le plafond et ajouta :

« Même les grands yeux dans le ciel ne voient rien. »

Il se tourna alors vers Billy pour lui donner ses instructions.

« Si on a des clients, tu leur fais les sandwiches à moitié prix, avec une promo sur ceux aux boulettes : deux pour le prix d'un.

– Celui qui se déplace par un temps pareil juste pour avoir un sandwich, c'est un taré, rétorqua Billy.

– Occupe-toi de la boutique, mon gars, c'est tout.

– *Onen*, tonton. Bonne chance.

– *Onen*, et *Nià-wen*, fiston. »

Prenant Peggy par le coude, Moonblanket lui dit :

« On prend la Rover. Vous montez avec moi, ma belle. Rien de mieux qu'une jolie fille à vos côtés pour vous porter chance.

– Où va-t-on ? demanda-t-elle.

– Là où les rues sont pavées d'or, ma chère. De l'or à vingt-quatre carats. »

23

Assis au comptoir du Gorman, le chef Randy Lockwood mordit dans son sandwich au jambon et à l'œuf. L'heure du déjeuner était largement passée, mais la paperasse ayant suivi la saisie de drogue du matin même au lycée lui avait pris pas mal de temps.

Un sachet d'herbe qui transitait occasionnellement par la frontière avec le Québec, c'était une chose – il ne s'était pas privé d'en fumer dans les années soixante –, mais la cocaïne, c'était une autre histoire.

S'il y avait eu cette soudaine descente dans les vestiaires, c'était le fait d'une dénonciation, et donc d'un étudiant caftant sur les activités d'un autre. Le temps que la police arrive, Tommy Horrigan, le propriétaire du casier en question, s'était volatilisé. Cerise sur le gâteau, l'élève venait tout juste de fêter ses dix-huit ans, ce qui le rendait passible d'un tribunal pour adultes dès qu'on lui aurait mis la main dessus.

Pour compliquer les choses, Mark Horrigan, le père de l'étudiant, était président du Wolf Run Golf et Country Club, et propriétaire de la résidence de retraite du même nom, au nord de la ville. Une grosse légume locale, donc. Se dresser contre Mark Horrigan n'allait pas être de tout repos pour Lockwood. De très petite taille, l'homme souffrait d'un complexe d'infériorité à peu près aussi gros que sa fortune. Il affichait depuis l'adolescence un caractère absolument odieux, et rien n'avait réellement changé depuis.

Lockwood jeta un coup d'œil par la fenêtre à demi voilée de buée. Tout ce qui circulait sur Main Street avait quatre roues motrices. C'était encore un de ces fichus blizzards nés là-haut dans le Québec arctique. Sans doute un autre dieu indien se vengeait-il de l'arrivée des Français dans les années 1500. Comment ces explorateurs venus d'Europe appelaient-ils cet endroit ? « La terre que Dieu donna à Caïn ». Sans blague.

« Pourquoi tout le monde en ville devrait-il connaître tout le monde ? » demanda Lockwood.

Il reposa son sandwich à demi entamé et prit sa tasse de café.

« C'est ça, les petites villes, lui répondit Reggie Waterman en essuyant sur son tablier le crochet qui lui servait de main. Tout le monde sait combien d'argent tu as sur ton compte ; tout le monde baise ou a baisé ta femme à un moment ou à un autre ; et tout le monde sait si tu prends du Viagra ou pas.

– Les petites villes, ça craint, reprit le chef Lockwood, de l'autre côté du comptoir.

– Tu l'as dit, reprit Waterman. À propos, Terry Jones raconte qu'un gars s'est pointé dans son magasin, hier, et qu'il lui a acheté trois cent cinquante kilos de fertilisant. Il ne l'avait jamais vu avant.

– Qui peut avoir besoin de trois cent cinquante kilos de fertilisant au beau milieu de l'hiver ? » demanda Lockwood, soudain intéressé.

La bombe d'Oklahoma City était chargée de diesel et d'une tonne de nitrate d'ammonium pour faire sauter le bâtiment Murrah. Pourtant, quinze ans plus tard, il n'existait toujours pas de loi fédérale régulant l'achat de pareils produits. Il arrivait bien à quelques États de demander à connaître l'identité de l'acheteur, mais c'était tout.

« Il a donné son identité ?

– Il a un permis de conduire du Maine. »

Ce qui ne voulait rien dire.

« Il a expliqué pourquoi il voulait tout ça ?

– Il a dit que c'était pour une serre dans le Nouveau-Brunswick. Ils se seraient retrouvés à court. »

Les Chutes étaient loin du Nouveau-Brunswick. À près de cent kilomètres. Il y avait certainement un endroit plus proche où acheter de l'engrais.

« Quel genre de serre ?

– Il n'a pas précisé », répondit Waterman.

Un groupe d'enfants d'Abbey School, patins suspendus à l'épaule, entra. Une bouffée d'air glacé les accompagna. Reggie sortit de derrière son comptoir, prit leurs commandes de frites et de hamburgers, puis retourna travailler devant son gril. Streak Lockwood croqua dans son sandwich. Sale temps ou pas, il irait faire un tour au magasin de Terry Jones dès qu'il aurait terminé son repas. Histoire d'en avoir le cœur net.

Lorsqu'ils pénétrèrent sous le hangar à bateaux, ce fut pour découvrir à la surface de l'eau gelée deux masses informes recouvertes d'une toile. Quelqu'un les attendait, une silhouette inconnue, plus haute que Moonblanket, portant ce qui ressemblait à un casque de cosmonaute et un costume fait de bandes de tissu blanc.

« Je ne vois pas d'or à vingt-quatre carats, déclara Peggy. Juste l'Abominable Homme des neiges.

– Voici Brandon Redboots, un ami à moi », expliqua Harry.

La silhouette vêtue de blanc esquissa un signe de tête silencieux.

Dehors, le blizzard, qui soufflait par rafales, secouait les parois et le toit du hangar délabré. Moonblanket s'approcha d'une armoire et en sortit trois tenues d'un blanc immaculé.

« Mettez ça, dit-il à Peggy et Holliday.

– Première fois de ma vie que je me déguise en ours polaire, maugréa la jeune femme avant de glisser une jambe puis l'autre dans la combinaison.

– Quand j'étais gosse, reprit l'Indien, je lisais un bouquin qui s'appelait *Le sac qui rend invisible.* C'est exactement ça.

– C'est chaud, souffla Peggy d'une voix étouffée par la tenue de camouflage.

– Pas pour longtemps... »

Moonblanket retourna vers l'armoire pour en sortir cette fois trois casques intégraux GMax, aussi blancs que le reste. Holliday et Peggy les enfilèrent pendant que leur compagnon se chargeait de découvrir les deux masses sombres et houssées... révélant du même coup deux motoneiges blanches.

« Des Arctic Cat Z1Turbo, annonça-t-il. Il n'y a pas plus rapide.

– C'est-à-dire ? demanda Peggy.

– Près de cent quatre-vingt à l'heure, sur de la glace bien lisse.

– Vous plaisantez ?

– On va un peu moins vite d'habitude, car on tire des nacelles derrière nous. On fait du cent, cent dix.

– Des nacelles ?

– Plus tard, les questions. Peggy, vous montez derrière moi. Doc, vous allez avec Brandon. »

Peggy mit le pied sur la surface gelée puis grimpa derrière Harry, qui venait de s'installer à l'avant de la moto. Brandon Redboots prit place sur l'autre engin, et Holliday le rejoignit. Lorsque les motos démarrèrent, la jeune femme fut surprise de découvrir le peu de bruit qu'elles faisaient.

« Deux silencieux sur les moteurs, expliqua Harry. Sur les boîtes de vitesses aussi.

– En combien de temps serons-nous là-bas ? demanda Holliday.

– Quand la météo est bonne, trois minutes, normalement. C'est à deux kilomètres cinq d'ici. Un bon cinq cents mètres jusqu'à l'île, toujours du côté canadien, puis un peu moins de deux kilomètres pour atteindre Raquette Point, côté américain. Le seul moment dangereux, ce sont les premières minutes – d'ici jusqu'à l'île. Ensuite, jusqu'à Raquette Point, ce sont les terres d'Akwesasne. Là, les fédéraux ne peuvent rien contre nous.

– Ils n'ont pas de police tribale ? » demanda Peggy, la voix déformée par le casque, mais toujours audible.

Harry Moonblanket indiqua l'homme silencieux assis devant Holliday.

« Vous avez en face de vous le chef Brandon Redboots, de la police tribale d'Akwesasne. »

Avec un grand rire, il mit le moteur en route et fit jaillir sa motoneige du hangar. Sans un mot, Redboots le suivit sous les flocons tourbillonnants.

Le vent rugissait autour d'eux tandis qu'ils fonçaient le long de la rivière gelée, le froid s'immisçant lentement au travers de la combinaison de Peggy, jusque sous son blouson de ski. Au bout de trente secondes, elle commença à claquer des dents sous son casque.

C'est alors que, du coin de sa visière, elle distingua sur sa droite un véhicule se déplaçant aussi vite qu'eux, à quelque cinquante mètres de là. Une autre motoneige, mais jaune vif, celle-ci, équipée d'un gyrophare bleu monté sur un petit mât, et qui glissait lentement dans leur direction. Devant Peggy, Harry Moonblanket laissa échapper un cri puissant puis une série de mots incompréhensibles... à coup sûr des jurons en mohawk. Tournant la tête à gauche, elle aperçut alors une autre moto jaune aux gyrophares bleus.

« Qui est-ce ? demanda-t-elle en criant contre le casque de Harry.

– La police montée ! La rivière, c'est le territoire des fédéraux ! Accrochez-vous ! »

L'Indien tourna la poignée des gaz et la machine fit un bond en avant, déséquilibrant Peggy, qui manqua de se faire arracher de son siège. Alors que les gyrophares ne cessaient de s'approcher, elle aperçut directement face à eux un monticule de neige formant comme une rampe sur la route.

Harry s'y engagea à pleine vitesse, Holliday et Redboots juste derrière eux. Lorsque des arbres apparurent au sommet, Peggy réalisa qu'ils se trouvaient de nouveau sur la terre ferme. Presque aussitôt, Moonblanket coupa les gaz et ralentit. Une centaine de mètres plus loin, il stoppa dans l'étroit couloir de neige et laissa Redboots le rejoindre.

« Pauvres vieilles Panthers... marmonna ce dernier en s'exprimant pour la première fois, le visage toujours dissimulé sous sa visière.

– De quoi parle-t-il ? demanda Peggy. Et pourquoi s'arrête-t-on ? »

Elle tourna un regard inquiet vers leurs poursuivants.

« Où est la police montée ?

– On est sur Cornwall Island, maintenant, annonça Moonblanket. C'est le territoire d'Akwesasne. Ils n'ont pas le droit de poser le pied ici sans notre autorisation, et ce n'est pas Brandon qui va la leur donner, vous pouvez lui faire confiance. »

En riant sous cape, celui-ci se mit à chanter d'une voix gutturale :

« *Teiohonwa:ka ne'ni akhonwe:ia Kon'tatieshon iohnekotatie Wakkawehatie wakkawehatie.*

– Qu'est-ce qu'il dit ?

– C'est une chanson que chantent ceux qui rament sur leur canoë. Et c'est ce qu'il chante toujours quand il bat les Chapeaux plats.

– Les Chapeaux plats ?

– Oui, les Vestes rouges... la police montée.

– Comment savaient-ils qu'on serait là ?

– Billy leur a téléphoné pour les avertir. C'est l'informateur officiel de la tribu.

– Votre neveu ?

– Oui. Les Akwesasne vivent du trafic de cigarettes. On a même nos propres cultures de tabac. C'est écrit dans le traité signé il y a deux cents ans. Parfois, on a de sérieux criminels venant de Montréal, des motards, pour la plupart, qui essaient de marcher sur nos plates-bandes. C'est Billy qui nous informe sur eux. Il se fait un peu de sous comme ça. Il va à l'université, maintenant : alors, il faut bien qu'il vive.

– Il l'a fait exprès ? s'étrangla Peggy.

– Évidemment. C'est moi qui le lui ai dit. On est sur des Z1 Turbo. Les Chapeaux plats utilisent des Panthers 440. Si on avait traîné une nacelle pleine de tabac, ils nous auraient sans doute rattrapés, mais pas avec un passager chacun. Là, la question ne se posait pas.

– Ça m'a fichu la peur de ma vie, avoua Holliday.

– À propos, reprit Peggy, on arrive bientôt ? Il faut vraiment que je fasse un tour aux toilettes. »

Assis au bord de l'un des canapés du Bureau ovale, Morrie Adler attendait que le Président retrouve son calme. Dehors, derrière les vitres blindées, les jardins enneigés offraient un véritable paysage de carte postale.

« Je n'en ferai rien ! » s'exclama le Président.

Il fumait en secret jusqu'à ce qu'un contrôle lui ait révélé en termes bien précis qu'il ferait bien d'arrêter... ce à quoi il s'était résolu. Mais les effets secondaires du sevrage de nicotine le rendaient plus qu'irritable. Ce qui laissait craindre à Morrie des déclarations de guerre intempestives. Selon lui, il ne faisait aucun doute que Roosevelt aurait mieux agi à Potsdam s'il s'était mieux senti ; et, qu'on l'admette ou non, durant les dernières années de Ronald Reagan, c'étaient les conseillers de la Maison-Blanche et non lui-même qui avaient gouverné le pays.

« Ils comblent un trou, dit Adler. Rien de plus.

– Ils ne comblent aucun trou ; ils lisent les sondages.

– Selon les sondages, Sinclair est le mieux placé pour le job. Vous avez déjà trop tardé à nommer un vice-président. Faites un choix ou agissez comme le demande le parti, mais faites-le vite.

– Vous voulez dire, faites ce que veut cette psychopathe de Kate Sinclair, railla le Président. À ce qu'on m'a dit, elle se prostitue dans tout Capitol Hill depuis deux semaines, en jouant les lèche-culs, en s'attirant les faveurs des uns et en faisant chanter les autres.

– C'est aussi ce que veut le pays, précisa Adler. Depuis que *qui vous savez* est entré dans ce bureau, la nation s'est retrouvée polarisée. Il n'y a plus de ligne blanche. C'est une corde raide sur laquelle vous ne pouvez plus avancer, monsieur le Président. Les gens veulent des armes et du beurre ; donnez-leur des armes et du beurre.

– J'y réfléchirai.

– Réfléchissez vite. Il n'y a plus de temps à perdre. »

24

Bedford Mills, en Virginie, était le stéréotype même de la ville western. La grand-rue s'appelait réellement Main Street, chaque église était surmontée de son clocher blanc, et le tribunal construit en brique rouge avait sa coupole blanche et sa cloche, destinée naguère à alerter les pompiers lors d'un incendie.

La population de Bedford Mills dépassait à peine les cinq mille âmes, et plus des deux tiers des adultes possédaient une arme à feu. La moitié d'entre eux pêchaient la truite dans les torrents limpides qui alimentaient le lac de White Mountain. Aucune famille hispanique ne vivait à Bedford Mills, et très peu d'habitants étaient de race afro-américaine. Et Ross et Katie Wong, bien que d'ascendance chinoise, étaient américains depuis quatre générations.

Le plus gros employeur de la ville, Savage Trucks, construisait des camions-citernes pour l'eau, le lait et les ordures. L'autre grande société, la distillerie Wolf Ridge, fabriquait toutes sortes d'alcools, le plus populaire étant le Stonewall, un bourbon de douze ans d'âge. L'endroit idéal, en somme, pour le meeting qu'organisait le sénateur Richard Pierce Sinclair sur la menace imminente d'un terrorisme en Amérique.

La mairie, où devait avoir lieu la rencontre, se trouvait elle-même dans South Tower Street, au-delà de l'ancienne piste Norfolk et Western, à quelques minutes à pied de l'Old

Liberty Depot, un entrepôt désaffecté transformé aujourd'hui en restaurant familial.

Après avoir un temps abrité les membres du Ku Klux Klan de Bedford Mills, cette mairie avait aussi servi de siège à l'état-major du général Stonewall Jackson durant la guerre de Sécession, avant de servir de loge aux francs-maçons de la ville. Après la dispersion de ceux-ci, le bâtiment était devenu un centre de loisirs pour les Chevaliers de Pythias.

Ces derniers ayant été cependant incapables de garder en état cette bâtisse de cent cinquante ans, elle fut sauvée par la Société historique de Bedford Mills, qui l'acheta pour un dollar symbolique et lui redonna ses couleurs avant de l'offrir à la ville. Le rez-de-chaussée abritait aujourd'hui la bibliothèque, tandis que le premier étage et l'auditorium servaient parfois à des représentations théâtrales, aux remises de prix ou de récompenses, et aux événements à l'image de celui qui avait lieu ce soir.

Situées derrière la scène, les loges, récemment refaites, contenaient chacune un petit sofa, une chaise pivotante, une table de maquillage et un miroir.

Kate Sinclair, installée dans la loge du milieu, attendait sur le canapé pendant que Chelsea, la coiffeuse et maquilleuse qu'elle avait engagée pour l'occasion, essayait de donner à son fils son air sénatorial le plus convaincant possible. Elle ajouta des reflets poivre et sel à ses tempes, quelques pattes d'oie autour de ses yeux puis l'aida à poser les lentilles de contact grises censées atténuer le bleu délavé de ses iris.

En touche finale, la mère de Sinclair tendit à son fils la paire de lunettes dernier cri à l'épaisse monture bordeaux, qu'il devait sortir de sa poche chaque fois qu'il lisait quelque chose... même si, à quarante-six ans, il possédait encore une vision parfaite. Lorsqu'elle fut satisfaite de son apparence, elle glissa cent dollars dans la main de la coiffeuse et la renvoya.

« Tout cela est-il vraiment nécessaire, mère ?

– Tu passes à la télévision, mon cher. Si Nixon avait été maquillé, ce soir-là à Chicago, tout aurait été différent pour lui.

– La télévision locale ?

– La radio et la télévision, le câble, les bloggueurs, le *New York Times*. La Fox, bien sûr, qui voudrait du sang. Le message commence à passer, mon chéri, comme je l'escomptais.

– Je n'en suis pas vraiment convaincu, mère, reprit le sénateur. Le pape se fait assassiner ; le vice-président meurt... Il y a tant de violence que je ne crois pas nécessaire d'alarmer davantage les Américains.

– Il ne s'agit pas de les alarmer, mon fils, mais de les prévenir, simplement. Nos frontières sont de vraies passoires ; l'économie est à l'agonie ; les pauvres, les sans-abri et les chômeurs sont au bout du rouleau. Il va y avoir une lame de fond de violence provenant de la base qui va se propager dans tout le pays comme un feu de forêt, à moins qu'on ne fasse quelque chose, et vite. »

Puisque Kate Sinclair écrivait elle-même les discours de son fils, il n'était guère surprenant qu'elle en prélève des citations à longueur de temps.

« C'est comme le fait de demander la loi martiale, argua le sénateur. Ou d'imposer une dictature.

– Nous ne demandons ni l'une ni l'autre. Nous voulons retrouver l'Amérique forte du passé. L'autodéfense. La possibilité de traquer nos ennemis et de les détruire avant qu'ils ne nous détruisent.

– Et si je présentais les choses ainsi, suggéra son fils en prenant son ton de sénateur : "Guantanamo a été un échec, car nous n'avons pas été capables d'annexer cette île durant la guerre hispano-américaine. Ne parlons pas de Kennedy qui a raté l'invasion de la baie des Cochons, en 1961. Quant aux Japonais, presque soixante-dix ans se sont écoulés depuis

Pearl Harbor. C'est de l'histoire ancienne, tout comme les camps d'internement." Si un journaliste ou n'importe qui pose des questions sur Manzanar, on réplique en évoquant Changi, à Singapour.

– Parfait, fit Kate Sinclair, la mine radieuse.

– Quand est-ce prévu ?

– Il vaut mieux que tu ne le saches pas exactement, mon chéri. Cela paraîtra plus naturel.

– Il sait ce qu'il a à faire ?

– C'est le meilleur, lui assura sa mère.

– Et quand il entrera en action... ?

– Joue ton rôle, répondit Kate Sinclair. *Sic semper tyrannis.* "Ainsi en est-il toujours des tyrans." Mais cette fois, il y aura une fin heureuse. »

L'auditorium pouvait accueillir cent quatre-vingts personnes assises, plus soixante debout sous le balcon. Celui-ci servait d'ailleurs d'entrepôt pour les anciens décors et costumes, car la salle n'était plus guère utilisée pour des représentations maintenant que le cinéma de Mountain View avait fermé pour devenir le Petit Théâtre de Bedford.

Ce soir, l'auditorium était occupé en grande partie par les habitants de la région, mais aussi par des journalistes de tous les réseaux nationaux. Depuis l'assassinat du pape et la mort du vice-président, le sénateur Richard Pierce Sinclair était passé du statut de jeune sénateur obscur au message vibrant, mais pas assez consistant pour passer aux infos, au statut d'expert que CNN interviewait chaque fois que l'on parlait de terrorisme. Il était régulièrement l'invité d'émissions telles que *Meet the Press* ou celles de Glenn Black, auteur d'un livre, *Terreur américaine*, sur le point d'être édité par l'éminente et très conservatrice maison d'édition Regnery Publishing.

Le meeting de ce soir était la huitième rencontre proposée par le sénateur Sinclair, et aussi la plus attendue par la presse nationale. Après son interview, la semaine précédente, dans l'émission *Larry King Live*, l'animateur avait cru comprendre qu'il faisait campagne pour la présidence. Pour toute réponse à son commentaire, Sinclair avait lâché :

« Pas cette année, Larry. Être sénateur n'est déjà pas si mal pour un Américain. »

Comme d'habitude, c'était Blackhawk Security, filiale de la principale société de Kate Sinclair, qui s'occupait de la sécurité. Une filiale qui n'était autre que la version moderne de Croisade Corporation, plus connue sous le nom de IPT International. Deux gardiens armés se tenaient à chacune des quatre sorties de l'auditorium, et un détecteur de métal avait été placé à l'entrée principale. Quatre gardes supplémentaires étaient en faction aux abords de la scène, et deux autres sur le parking du théâtre.

Ces hommes portaient un uniforme semblable à celui des agents des services secrets, avec badge à la poitrine et micro au poignet. Ce n'était pas sans raison ; Kate Sinclair savait parfaitement que la présentation avait une importance capitale, ces derniers temps, et l'allure « services secrets » de ses hommes n'était que le prolongement du maquillage utilisé par John Kennedy – et non par Richard Nixon – durant leur débat de 1960.

Le sénateur Sinclair fit son entrée sur scène à 20 h 15 précises, comme prévu. L'air à la fois tranquille et sûr de lui, il laissait entrevoir une touche d'humilité censée le mettre au niveau de tous. Ce soir, étant donné l'audience essentiellement rurale de la petite ville qui l'accueillait, il portait des chaussures montantes à lacets, un jean usé juste ce qu'il fallait, et un blouson de couleur marron sur une chemise blanche toute simple. Il s'était débarrassé de sa chevalière de

Yale, et avait remplacé sa Rolex Président par une Timex Indiglo.

Le teint faussement rougeaud que lui avait créé Chelsea, la maquilleuse, lui donnait l'apparence d'un homme passant beaucoup de temps à l'extérieur. Après une éducation à Exeter et à Yale, le sénateur avait perdu depuis longtemps son accent de Virginie. Toutefois, en bon politicien, il était capable d'affecter à tout moment le ton traînant et nasillard de sa jeunesse – sans compter l'aide du coach que sa mère engageait pour lui chaque été.

Comme à l'accoutumée, le sénateur Sinclair se lança dans un discours tout fait par des remarques déjà formulées des dizaines et des dizaines de fois sur la menace que représentait le terrorisme sur le territoire des États-Unis. Un discours pimenté de petites phrases destinées aux médias et, s'il ne dit jamais ouvertement que les musulmans nés sur le sol américain constituaient à eux seuls le ferment de ce terrorisme, il ne manqua pas de préciser qu'il n'en existait « pas moins de » cinq millions aux États-Unis, ce qui donnait lieu à un « environnement propice » aux opinions politiques extrêmes.

Le sentiment général était que la communauté musulmane augmentait spectaculairement et que, bientôt, elle surpasserait celle des chrétiens, si l'on ne faisait pas très vite quelque chose.

Même formulée de façon subliminale, l'insinuation était claire : l'Amérique devait rester une nation chrétienne. La monnaie le disait, la promesse d'allégeance le disait, la Constitution des États-Unis le disait, tout autant que la déclaration d'Indépendance. C'était un principe ancien et très américain : « Celui qui n'est pas mon ami est, par définition, mon ennemi. »

À 20 h 30 précises, tandis que l'auditorium bruissait de cris et d'applaudissements, chacune des caméras de la salle captait en plan rapproché le sénateur et son air vaguement embarrassé par tous ces bravos, ou, de plus loin, les spectateurs enthousiastes se levant les uns après les autres pour l'ovationner. Il s'avança devant un simple pupitre, prêt à prononcer son discours.

Selon l'heure de la vidéo CNN, qui fut par la suite maintes et maintes fois analysée, il était 20 heures, 31 secondes et 9 dixièmes lorsqu'un individu, assis à l'extrémité du deuxième rang, sortit de sous sa veste une arme à l'aspect étrange et hurla quelque chose en arabe juste avant de tirer. Sa voix résonna, puissante et claire, sous le haut plafond de l'auditorium :

« *Bismillâh ir-rahmân ir-rahîm! Allâhu akbar! Lâ ilâha illâ-llâh!* »

Il ne fallut pas plus de cinq minutes à CNN pour se faire traduire la phrase : « Pour la gloire d'Allah, très clément et miséricordieux ! Allah est grand ! Allah est le seul vrai dieu ! »

Selon le traducteur, le dialecte était égyptien ou syrien.

Totalement vulnérable derrière son pupitre, le sénateur Sinclair, frappé à l'épaule, virevolta sur lui-même avant de s'effondrer sur le sol. Le tireur, sans cesser de crier, se rua vers la sortie de secours, à droite de la scène. Pas moins de six hommes de la sécurité lui tirèrent dessus, le frappant à onze reprises à la tête, au cou et au torse. Il mourut avant d'atteindre le sol, dans un jaillissement de sang, d'éclats d'os et de cervelle.

Deux cent trente personnes se précipitèrent en même temps vers les escaliers et les sorties de secours. La première à atteindre le sénateur écroulé à terre fut sa mère, qui l'observait des coulisses.

Tombant à genoux, elle prit son fils unique dans ses bras. Le cameraman de CNN, l'un des rares à être restés sur place, filma parfaitement l'image. Comme le photographe free-lance du nom de Patrick Henry Jefferson, qui travaillait essentiellement pour le *Bedford Mills Bulletin*, et qui saisit la scène selon un angle légèrement différent, mais assez crucial pour capter la tache cramoisie sur la chemise au blanc immaculé, ainsi que le regard maternel et angoissé sur le beau visage aristocratique et fané de Kate Sinclair.

En trois minutes à peine, une vidéo fut téléchargée sur YouTube, et un Tweet émergea sur Twitter, émanant prétendument du groupe Djihad al-Salibiyya, revendiquant l'attentat sur le sénateur et annonçant au monde qu'après avoir frappé à l'étranger c'était en Amérique qu'ils poursuivaient maintenant la lutte pour la cause.

Dès le lendemain matin, le cliché de Jefferson apparaissait dans toutes les revues des États-Unis, du simple journal aux tabloïds, dont la une, juste au-dessus de la pliure du *New York Times*. Pour Kate Sinclair, cette publicité n'avait pas de prix.

Quarante-huit heures après l'événement, lisant un texte écrit à la hâte par Morrie Adler, le Président annonçait que Richard Pierce Sinclair venait d'être nommé vice-président des États-Unis. À la fin de la semaine, ce dernier faisait la couverture de *People* et du *Time*. Dix jours plus tard, Patrick Henry Jefferson se trouvait un agent à New York et ajoutait un peu plus d'un demi-million de dollars à son compte en banque.

25

« C'est une très, très mauvaise idée, déclara Peggy », assise avec Holliday à l'avant du pick-up emprunté deux jours plus tôt à Harry Moonblanket.

Le vieux F150 était garé devant un bungalow blanc sur West Federal Street, à Bedford Mills, l'habitation typique de la classe ouvrière de Virginie, quelque peu décrépite, située sur une petite étendue recouverte de neige. Un flamant rose figé par le froid ornait le jardin de devant tandis que la partie arrière laissait deviner le terrain bosselé d'un potager. Un auvent flanquait le côté droit de la maison et, sous une bâche de plastique vert, se dissimulait une Porsche Turbo S noire et flambant neuve.

« C'est la seule qui me soit venue à l'esprit, répliqua Holliday en grattant sa barbe naissante – une vague tentative de déguisement. »

Avec le patch de son œil, il faisait presque peur à voir.

« On ne peut pas retourner dans la maison de Georgetown, tu ne peux pas rejoindre Raffi, et je ne vois absolument personne auprès de qui on pourrait trouver de l'aide.

– Mais à quoi va nous servir ce type ? Je ne pige toujours pas.

– Moi non plus, avoua Doc. Il y a quelque chose qui ne colle pas, tout comme pour Philpot, Brennan et le reste. Ce Jefferson a assisté à la fusillade. Peut-être a-t-il vu quelque chose qui nous aura échappé. Ça vaut le coup, je pense.

– Et s'il change d'avis et nous dénonce ?

– Ça ne sera pas pire que maintenant. On sera toujours en fuite, avec nulle part où aller. »

L'arme utilisée pour abattre celui qui allait être nommé vice-président des États-Unis était un pistolet semi-automatique Walther P22 à canon court, acheté en toute légalité dans une armurerie de Bedford Mills. D'après ses papiers fournis lors de l'achat, l'homme s'appelait Theodore Douglas Trepanik, et résidait à Bocock, une banlieue de Lynchburg, en Virginie, peuplée de mobile homes. Une enquête plus approfondie avait montré que Trepanik travaillait comme technicien pour Falwell Aviation, au sein de l'aéroport régional de Lynchburg.

On découvrit aussi que ce même Trepanik était mort dix mois plus tôt, et que sa caravane de Bocock avait été vandalisée lors de son enterrement. Bien que sa femme, Annie Ruth Trepanik, ait pris soin d'annuler toutes les cartes de crédit de son époux, elle n'avait pas remarqué que son permis de conduire et son numéro de sécurité sociale avaient disparu de son portefeuille qui se trouvait sur sa table de chevet avec ses clés et ses lunettes de lecture, la nuit où une crise cardiaque l'avait terrassé.

À la suite de la fusillade, les enquêteurs du FBI et de la Sécurité intérieure découvrirent que le tueur avait pris une chambre au Bedford Mills Super 8 sous le nom de Trepanik. En fouillant la pièce, ils mirent la main sur un passeport koweïtien au nom de Shamed Khalil Zubaï, indiquant une entrée aux États-Unis quatre mois plus tôt ; et aussi sur un passeport néerlandais au nom d'Ismael Aknikh, qui mentionnait une entrée par New York, à l'aéroport JFK, seulement deux mois plus tôt.

Ils en déduisirent que le nom sur le passeport koweïtien était un pseudonyme, et qu'Ismael Aknikh était le vrai nom de l'homme. Selon les autorités néerlandaises, il avait trente-deux ans, était né au Maroc de parents immigrés. Ces derniers étant morts, il n'avait aucune autre famille connue à Amsterdam ou ailleurs aux Pays-Bas. En dehors de cela, le tueur restait aussi mystérieux que le groupe qui avait revendiqué l'attentat contre Sinclair et l'assassinat du pape : le Djihad al-Salibiyya.

Ismael Aknikh et le Djihad al-Salibiyya incarnaient à eux deux les prédictions les plus sinistres de Richard Sinclair : une organisation terroriste islamiste sévissant aux États-Unis ; une plaie suppurante dont, jusqu'au soir de la fusillade, personne n'avait soupçonné l'existence.

Lors d'une conférence de presse tenue à l'hôpital Walter-Reed de Washington le lendemain de l'attentat, Kate Sinclair déclara sans équivoque aucune que la tentative d'assassinat sur son fils était un appel à l'action. Ni les renseignements, ni les agences antiterroristes, ni les polices fédérales, dont la Sécurité intérieure, n'avaient réussi à identifier le Djihad al-Salibiyya ou la menace qu'il représentait. Selon elle, cette attaque était purement et simplement un avertissement lancé au peuple américain et à son gouvernement, le signe qu'un autre 11-Septembre se préparait. En conclusion, Kate Sinclair fit sa propre prédiction : la prochaine offensive du Djihad al-Salibiyya leur tomberait dessus tôt ou tard, et sans doute plus tôt qu'on ne le pensait.

« Et si Jefferson était sous surveillance ? demanda Peggy d'une voix anxieuse.

– Où ? lâcha Holliday avec un petit rire. La rue est déserte, les maisons sont séparées les unes des autres par une centaine de mètres et il n'y a personne dehors. Il fait bien trop froid. Il n'existe aucun endroit où se cacher, par ici. Et puis, pourquoi voudrait-on placer un photographe sous surveillance ?

– Jusqu'à présent, on a eu la CIA, les services secrets, la police italienne et la police montée de Montréal à nos trousses. Pourquoi pas, maintenant, celle de Bedford Mills ?

– Il n'y a qu'un moyen de le savoir», dit Holliday.

Remontant la fermeture de sa doudoune, il sortit de la voiture. Peggy le suivit, non sans marmonner sa contrariété.

Holliday atteignit les trois marches branlantes du bungalow, qu'il grimpa prudemment. Les rideaux fermés sur les fenêtres de devant avaient l'air de sortir tout droit de *Star Wars* – de petites représentations de C3PO et R2D2 s'y répétaient inlassablement. Il regarda du côté de la Porsche. Elle était si neuve que des fragments de l'autocollant du vendeur étaient encore collés sur la vitre du passager. Jefferson n'avait pas perdu de temps avec les dollars qu'il venait de gagner.

Holliday frappa à la porte.

De l'intérieur, il entendit le bruit d'une télévision qui braillait. Il écouta puis sursauta lorsque le battant s'ouvrit brusquement sur un homme en pyjama rouge et bleu, avec dans la main une pizza à moitié dévorée, à l'odeur écœurante et qui dégoulinait de sauce écarlate. Il avait la quarantaine bien sonnée, de fins cheveux bruns, un visage ovale marqué par une acné de jeunesse et d'épaisses lunettes cerclées de métal. Sa bouche était petite et son menton fuyant.

«C'est à quel sujet ? demanda-t-il.

– J'aimerais vous parler du meeting dont vous avez assuré la couverture il y a quelques soirs de cela.

– Allez vous faire voir, lâcha l'autre. Je regarde la télé.»

Comme il s'apprêtait à lui claquer la porte au nez, Holliday l'en empêcha en glissant le pied dans l'entrebâillement.

«C'est important, insista-t-il d'une voix qui se voulait calme et tranquille.

– Je vous ai dit de dégager !» reprit l'homme en poussant aussi fort qu'il pouvait contre le battant.

Holliday sortit alors de sa poche le Beretta Storm que Brennan lui avait prêté. Il glissa le canon dans l'espace entre le mur et la porte et braqua l'automatique sur le ventre de l'homme avant de lui ordonner :

« Rentrez chez vous. »

Stupéfait, l'autre leva les mains, non sans écraser au passage la pizza qui commença à lui dégouliner sur le bras. Il recula en titubant dans la maison. Holliday le suivit. Puis ce fut Peggy, qui referma la porte derrière elle.

« Ce... vous venez me voler ? demanda-t-il d'une voix tremblante.

– Non.

– Vous êtes qui ? Tout l'argent est à la banque...

– Je vous ai dit qu'on ne venait pas vous voler.

– Alors, qu'est-ce que vous voulez ? »

Holliday soupira. Retour au point de départ.

« On voudrait savoir ce qui s'est passé au meeting de la mairie.

– Je peux m'asseoir ?

– Bien sûr. »

Le salon de Jefferson était un véritable taudis, encombré de journaux, de restes de repas à emporter. L'homme enfourna son dernier morceau de pizza, se lécha les mains et l'avant-bras, s'essuya avec un torchon puis se laissa tomber dans un canapé avachi. La télévision, un grand écran plat encadré d'énormes haut-parleurs, continuait à brailler tout ce qu'elle savait.

« Éteignez ça ! » ordonna Holliday, qui choisit de rester debout.

Jefferson s'exécuta, et un silence bienvenu s'installa.

« Le meeting, rappela-t-il alors au photographe.

– Le sénateur a été abattu. Cet attentat l'a aidé à devenir vice-président, voilà. Il a eu de la chance. J'ai eu de la chance.

– Combien de photos avez-vous prises ?

– Beaucoup.

– Mais encore ?
– Deux cents, environ. C'est facile avec un numérique...
– Quel appareil ? demanda Peggy.
– Un Nikon D90.
– Vous preniez des photos ou des vidéos ? »

Le D90 était un appareil reflex capable de produire des films entiers. Il avait déjà été utilisé plus d'une fois pour tourner des spots publicitaires.

« Au début, je faisais des photos. J'installais le décor, vous voyez – la foule, quelques huiles locales venues se montrer. Et, pour le discours, je suis passé à la vidéo. C'est comme ça que j'ai pu si bien filmer la scène, celle du sénateur abattu et de sa mère. C'est seulement après que j'en ai tiré cette photo et que je l'ai vendue.

– Et le reste, où est-il ?
– Sur mon ordi.
– Montrez-moi ça. »

L'ordinateur était un Sony Vaio Z équipé d'un disque dur de deux téraoctets. Peggy attrapa d'une main dégoûtée les restes oubliés sur la table basse et les emporta à la cuisine. Elle revint un instant plus tard, l'air médusé.

« C'est un véritable champ de bataille, ici, souffla-t-elle à l'oreille de Doc. Il y a des choses qui *poussent* dans l'évier, et même un nid d'araignées dans le tiroir.

– Les fruits volent aussi, déclara Jefferson, qui n'avait rien perdu de ses remarques. C'est un vrai problème ; je ne sais pas d'où viennent tous ces insectes. Peut-être que je devrais faire venir les gars de la désinfection...

– Achetez du Baygon, maugréa Peggy.

– Vous voulez bien me montrer ces photos ? » lâcha Holliday d'un ton impatient.

Jefferson ouvrit un fichier et passa en revue les photos qu'il avait réunies. Les premières dizaines, prises quelque part sur le parking, montraient des individus en train d'arriver. Rien de particulièrement intéressant, jusqu'à ce que le journaliste vienne s'installer avec d'autres photographes dans ce qui avait servi autrefois de fosse d'orchestre. De là, il avait pris plusieurs clichés panoramiques du public avant de reporter son attention sur la scène, au moment où le sénateur Sinclair arrivait à la hauteur du podium.

« Revenez en arrière, dit Peggy, qui regardait par-dessus l'épaule de Jefferson. Cinq ou six photos en arrière.

– OK, fit-il en cliquant sur les images.

– Là ! reprit la jeune femme. Ça doit être lui. »

La photo montrait un homme d'à peine une trentaine d'années, au visage impassible, blanc et imberbe. Assis à l'extrême droite d'un rang du milieu, il portait un pantalon chino et un blouson de ski en nylon rouge. Il n'avait pas le regard sauvage du classique djihadiste, mais ressemblait plutôt à un vendeur ou un employé de banque.

« Exactement le genre d'allumé dont parlait le sénateur. Il avait bien raison.

– Faites défiler les autres photos », demanda Holliday.

Jefferson obéit et, vingt clichés plus tard, Doc l'arrêta de nouveau.

« C'est à ce moment-là qu'il se fait tirer dessus. »

Sur la photo, Sinclair, précipité en arrière par l'impact, venait d'accomplir une demi-pirouette dans le sens des aiguilles d'une montre. Le Nikon s'écarta brusquement de lui, fouillant parmi le public à la recherche du tireur, puis revint sur le sénateur tombé au sol, sa main gauche enserrant son épaule droite.

« Revenez en arrière. Lentement... »

Jefferson repassa les images, jusqu'au moment où Sinclair commençait à tournoyer avant de s'effondrer.

« Là, arrêtez. »

Le photographe marqua une pause.

« Il y a un hic, dit Holliday. Notre ami l'Arabe néerlandais est assis à la droite de la scène. Sinclair faisant face au public, il aurait dû être frappé à l'épaule gauche et non à droite. D'autre part, si le coup était parti de la droite, la puissance de l'impact l'aurait fait tourner dans le sens contraire des aiguilles d'une montre. Sans mentionner le fait que cet Aknikh était assis plus bas que le sénateur. La trajectoire de la balle aurait dû aller vers le haut et non vers le bas. Sinclair aurait dû être précipité en arrière sous le choc, et non directement par terre.

– Encore la même foutue théorie du complot que pour Kennedy, grogna Jefferson.

– Une théorie du complot qui reste toujours non élucidée, rétorqua Holliday.

– Alors, ce n'est pas Aknikh qui lui a tiré dessus ? demanda Peggy.

– Impossible. Sinclair s'est fait tirer dessus de la gauche et d'en haut.

– Du balcon, suggéra Jefferson.

– Quel balcon ?

– Il y a un balcon dans cet auditorium. Qui sert d'entrepôt, aujourd'hui.

– Alors, ce n'est pas lui, le tireur, conclut Peggy. Tout ça, c'était un coup monté.

– C'est ce qui semblerait, oui », renchérit Holliday.

Se tournant vers Jefferson, il demanda :

« Qui d'autre a vu ces photos ?

– Il y a un gars du FBI qui s'est pointé en disant qu'il avait un mandat pour les saisir comme pièces à conviction. Il m'a demandé si j'avais des copies, mais j'ai dit non.

– Vous avez menti ? s'indigna Peggy.

– C'est mes photos, non ?

– Des photos qui pourraient signer votre arrêt de mort, déclara Holliday. Si j'étais vous, je sauterais dans cette Porsche flambant neuve que vous avez là et je me tirerais d'ici en vitesse.

– Pourquoi ? Je n'ai rien fait de mal. J'ai mes droits.

– Si vous avez envie qu'on écrive ça sur votre tombe... Soyez réaliste : des gens très haut placés essaient de se protéger, et vous et vos photos, vous les embarrassez beaucoup. Ils n'hésiteront donc pas à... se débarrasser de vous, précisément.

– Suivez son conseil, lui suggéra Peggy. Faites vos valises et décampez. »

« Kate Sinclair avait écrit le scénario du début à la fin, déclara Holliday tandis qu'ils reprenaient la route. D'abord le pape, ce qui oblige le vice-président à se rendre à Rome, puis celui-ci se fait tuer, et son fils joue alors le blessé martyr.

– Et c'est *lui* maintenant qui est vice-président, enchaîna Peggy.

– Je connais Kate Sinclair, reprit-il d'un ton sinistre. Si elle s'est donné tant de mal, ce n'est pas pour se retrouver à jouer les seconds rôles. Le scénario n'est pas fini. Pas encore. »

Ils n'avaient pas franchi deux kilomètres qu'ils furent arrêtés par une voiture rouge et or de la police de Virginie. Holliday s'attendait au pire : il avait bien sur lui ses papiers d'identité, mais pas ceux du vieux pick-up qu'il conduisait. Lorsqu'ils entreraient son nom dans l'ordinateur, ce serait l'enfer.

Tandis que le policier s'approchait, sanglé dans la parka de son uniforme, Holliday abaissa sa vitre. L'agent se pencha et regarda dans le véhicule. Il avait le visage dur et émacié, et les yeux cachés derrière des lunettes noires aux verres réfléchissants.

« Bonjour », lâcha-t-il d'une voix monocorde.

Du coin de l'œil, Doc vit s'approcher l'autre agent, du côté de Peggy, cette fois-ci. Une femme. Qui frappa de l'index à la portière de la passagère. Celle-ci ne se fit pas prier pour descendre sa vitre à son tour.

« Quel est le problème ?

– Aucun problème, colonel Holliday. »

Sans lui laisser le temps de réagir, il braqua un Taser X3 sur sa poitrine et tira. Sur le siège passager, Peggy, elle, était déjà saisie de convulsions.

Vingt secondes plus tard, tous deux sombraient dans l'inconscience.

Troisième partie
INTERMEZZO

26

Il ignorait tout de l'endroit où il se trouvait. Ce n'était autour de lui que béton et obscurité. Béton, car ses mains en reconnaissaient la surface froide et lisse. Selon ses calculs, la pièce faisait vingt pas de long et douze de large. En levant les bras, il n'atteignait pas le plafond, ce qui voulait dire que les murs dépassaient les deux mètres quarante. Au centre de ce même plafond une soufflerie lui envoyait de l'air par cycles réguliers. Un air plutôt frais, mais supportable.

Ses mains n'avaient rencontré qu'une porte. Une paroi de métal, avec une bande collée à sa base pour bloquer tout rai de lumière, et dont les gonds étaient manifestement extérieurs. Il y avait aussi une cuvette de toilettes métallique et sans couvercle, et un évier encastré dans le mur du fond.

Il se trouvait en fait dans une grande cellule spécialement conçue pour y garder des prisonniers.

Il avait aussi reconnu autre chose. Une vague odeur de kérosène apportée par la soufflerie au-dessus de lui. Ce qui signifiait que sa prison faisait partie des bâtiments d'un aérodrome ou ne s'en trouvait pas très loin. On lui avait ôté ses vêtements, et il semblait porter un bleu de chauffe trop grand pour lui ainsi que des tongs en caoutchouc. Une tenue de prisonnier. Selon son estimation, il était enfermé depuis près de quarante-huit heures, peut-être davantage. Il ne se souvenait de rien après la puissante décharge de Taser qu'il avait reçue.

Sans en avoir la preuve, il savait avec certitude ce qui s'était passé ensuite. Le terme diplomatique employé, depuis les années Reagan, par le ministère des Affaires étrangères était « reddition inespérée ». De manière plus prosaïque, on pouvait parler d'« enlèvement ». Arrachez un sujet à son territoire et faites-en ce que vous voulez dans des endroits tels que celui-ci : un « trou noir ». Un autre euphémisme pour « chambre de torture ».

Il savait qu'il pouvait se trouver n'importe où. La CIA et les chefs d'état-major disposaient de trous noirs dans presque tous les pays d'Europe et dans une douzaine d'autres États sympathiques dans le monde.

Tout le système avait un relent de nazisme et, la première fois que Holliday s'y était frotté en Afghanistan, cela avait profondément choqué son sens de l'honneur militaire. Les guerres se faisaient au grand jour et non en se cachant derrière des rondins pourris et des pierres humides. La CIA, pour sa part, était censée réunir des renseignements, et non pas se comporter comme l'équivalent moderne de l'Inquisition espagnole.

Soudain, une installation fluorescente au plafond se mit à trembloter en bourdonnant quelques secondes avant de s'allumer. Ébloui, Holliday cligna des paupières et se couvrit les yeux. L'instant d'après, la porte métallique s'ouvrit et trois hommes apparurent, portant une tenue de camouflage qui n'avait rien d'américain. Les casquettes avaient une allure étrange également, avec leur visière matelassée et leurs oreilles relevées. Le style faisait clairement penser à l'Europe de l'Est. Il se trouvait quelque part derrière ce que l'on appelait à l'époque le Rideau de fer.

Les deux premiers hommes transportaient une petite table de métal, et le troisième deux chaises assorties. Ils les déposèrent au centre de la cellule, juste sous la lumière.

« *Holloa* », hasarda Holliday.

Rien. Ils n'étaient pas bulgares.

« *Csak keveset beszélek magyaru.* »

Pas de réponse. Pas hongrois non plus.

« *WyliÂ¿ mi dupe, matkojebca.* »

Encore moins polonais.

« *Dobra Den. Do prdele.* »

Une tête légèrement tournée, un petit regard de surprise de la part de l'un des hommes portant la table.

Bingo, pensa Holliday. *Ils sont tchèques.*

La dernière fois qu'il s'était rendu en République tchèque, c'était un an plus tôt, avec la jeune Sinclair, à l'occasion d'une vaine course-poursuite qui avait manqué de le tuer.

Les trois hommes quittèrent la pièce. En laissant la porte ouverte. Holliday ne bougea pas. Une silhouette mince comme un roseau apparut alors dans l'encadrement.

« Madame Sinclair », articula-t-il tandis qu'elle s'avançait lentement vers lui.

Le bout de sa cigarette luisait dans l'obscurité ambiante. Elle portait un tailleur Chanel de couleur sombre à fines rayures.

« C'est flatteur de se sentir reconnue, sourit-elle.

– Vous devez être très satisfaite. À moins d'un battement de cœur de la Maison-Blanche... Dommage qu'il n'ait pas été nommé à cause de ses mérites.

– Nous ne sommes pas ici pour parler de mon fils, colonel, mais pour parler de vous. Et de quelque chose qui appartient de droit à ma famille.

– Comment nous avez-vous retrouvés si vite ? demanda Holliday, en évitant d'évoquer le calepin de frère Rodrigues.

– Cela fait des semaines que je vous fais suivre. »

Elle marqua une pause, lâcha une longue bouffée de cigarette puis enchaîna :

« Maintenant, reprenons où nous en étions.

– C'est la deuxième fois que je me fais enlever par votre petit groupe, déclara Holliday dans l'espoir de gagner du temps.

– J'aurais du mal à appeler cela un "petit" groupe, soupira Kate Sinclair. Notre association Rex Deus constitue un ensemble nettement plus important que vous ne le pensez. Certains de nos membres sont très haut placés.

– Oui, des gens capables d'en faire disparaître d'autres. Capables de monter de toutes pièces des simulacres d'attentat.

– Vous parlez de mon fils ? fit-elle en secouant la tête. C'était assez facile, comparé à l'assassinat du pape.

– Si vous teniez vraiment à me faire passer pour un pigeon, pourquoi m'enlever maintenant ? J'aurais pu mourir criblé de balles, avec les médias ensuite invités à la fête.

– Chaque chose en son temps, colonel. Nous avons tous notre rôle à jouer dans notre petite production. »

Elle laissa tomber son mégot sur le sol avant de l'écraser du bout de son élégante chaussure.

« Le calepin, dit-elle. Le calepin des Templiers. *Mon* calepin.

– Il ne vous appartient pas. Et vous savez que je ne vous dirai rien sur lui.

– Bien sûr que si, reprit la vieille femme. Vous finirez par le faire. Nous avons de quoi vous faire changer d'avis. Votre nièce.

– Peggy... que lui avez-vous fait ?

– Ne vous inquiétez pas, colonel. Elle fait autant que vous partie du scénario. Vous allez vous revoir, je vous le promets.

– Votre assurance ne m'impressionne pas beaucoup, madame Sinclair. Vous, Matoon et le reste de vos amis tordus, vous êtes tous des traîtres.

– Des patriotes, corrigea-t-elle.

– Foutaises, grogna-t-il.

– Nous allons reprendre ce pays, colonel Holliday.

– Le reprendre à qui, exactement ?

– Aux hordes de salauds qui ont mis notre nation à genoux sans même que nous nous en rendions compte ou, pire, que nous nous en souciions. On ne parle que de pain et de jeux, voilà tout. Les gens regardent des émissions de téléréalité où de stupides femmes donnent naissance à huit ou dix bébés à la fois, où des parents font voyager leurs enfants en ballon uniquement pour la publicité, tout cela pendant que le pays sombre dans le chaos. Ils regardent des films de pédés sur des arbres vivants, qui marchent et qui parlent. La moitié des habitants sont mexicains, juifs ou arabes. Nos frontières laissent passer le sang d'un côté, et la drogue et les migrants illégaux de l'autre. Notre monnaie est dévaluée, et notre politique étrangère ne parle que d'apaisement. Plus personne n'emploie l'anglais, aujourd'hui ! »

À la lueur étrange qu'il décelait dans son regard, Holliday comprit qu'il n'avait aucune chance de tenir une conversation rationnelle avec cette femme. Que cela soit dû à l'avidité du pouvoir ou à une démence ancrée en elle, Kate Sinclair était irrévocablement folle. Aussi folle qu'un fondamentaliste musulman lançant une fatwa contre un dessin animé ; aussi paranoïaque que Richard Nixon à ses pires moments. Digne, donc, de l'asile d'aliénés.

« Vous êtes atteinte de démence, dit-il calmement. Et vous êtes complice de meurtre. Vous ne valez pas mieux que Charles Manson.

– J'incarne le destin, articula-t-elle d'un ton solennel. L'Histoire m'absoudra. »

La dernière remarque faite par Fidel Castro pour sa défense, lors de son premier procès... Un sentiment aussi exprimé par Hitler, Staline et Raspoutine. Charmante compagnie ! Tous des dictateurs, souffrant du complexe de Dieu, et profondément atteints.

« Alors, quel est votre plan ? demanda Holliday.

– J'ai l'intention de récupérer mon droit d'aînesse à travers vous. Pour cela, nous allons vous transférer sans attendre à la prison de Pankrác. »

Elle sourit puis alluma une autre cigarette.

« Vous connaissez ? demanda-t-elle.

– Une geôle du XIXe pas très loin de Prague. Les nazis l'ont utilisée un temps, puis c'est devenu le centre d'interrogatoire du KGB.

– C'est maintenant Blackhawk Security qui s'y est installée.

– Vous, en d'autres termes, remarqua-t-il avec un sourire amer. Je peux donc m'attendre à des techniques d'interrogatoire musclées – le supplice de la baignoire, par exemple.

– Tout à fait, sourit Kate Sinclair. Cependant, ce ne sera pas vous la victime, mais Mme Blackstock. »

Elle lança un ordre sec en tchèque, et trois gardes apparurent aussitôt. Deux d'entre eux étaient armés d'un fusil automatique, et le troisième tenait entre les mains des entraves et des chaînes.

« Votre carrosse est arrivé, colonel. Il est temps de vous faire monter dans le bus. »

Le bus prison sans fenêtre prit la route qui partait de l'ancien aéroport Príbram, à Dlouhá Lhota, vers le nord, en traversant les forêts du centre de la Bohême. Le véhicule semblait sortir tout droit d'un vieux film de gangsters : le chauffeur et les gardiens étaient séparés des prisonniers par une paroi grillagée aux ouvertures à peine assez grandes pour y glisser le canon d'une arme à feu.

L'intérieur du bus était équipé d'une petite cage pour accueillir un second gardien, également armé d'un pistolet à canon court, et qui contrôlait le cadenas verrouillant les entraves et les chaînes.

Les prisonniers occupaient de longs bancs latéraux fixés au sol et aux parois du bus ; des bancs qui étaient divisés en compartiments par des plaques de métal sur lesquelles les menottes de centaines de détenus précédents avaient laissé des graffitis de toutes sortes. C'était en fait une prison sur roues, aux vitres à l'épreuve des balles, aux parois blindées et aux pneus increvables.

Ce soir, ils étaient sept à voyager dans ce bus : Peggy, Holliday, et cinq jeunes hommes coiffés de sacs de toile noire, qui dialoguaient en farsi. La panique se devinait dans leur voix.

Holliday se retrouva assis face à Peggy, dans la partie avant du bus.

« Tu es sûr qu'on se rend bien à cet endroit... Pankrác ? lui demanda-t-elle.

– Sinclair n'a aucune raison de nous mentir.

– Mais pourquoi se donner tant de mal ? Pourquoi ne pas se débarrasser de nous purement et simplement ?

– Elle le fera, dès qu'elle aura obtenu l'information qu'elle cherche. »

Peggy remua les pieds, en tirant légèrement sur les lourdes chaînes qui coulissaient dans un anneau de fer fixé au sol. Par ce geste, elle tendit involontairement celle qui entourait les chevilles de l'un des hommes assis à côté d'elle. Celui-ci tourna vivement vers elle sa tête encapuchonnée pour lui lancer :

« *Ann ru sar et, kiram tu kunet cos eh lash jende !*

– *Torke char, arabe kassif !* » lui cria Peggy en retour.

Stupéfait, il se retourna vers ses compagnons, qui ne purent s'empêcher de rire devant cette réponse à son insulte, aussi vive qu'inattendue.

Comme le bus ralentissait avant de s'arrêter, les prisonniers devinèrent au-dehors la sonnerie stridente d'un passage à niveau. Au bout de quelques longues minutes, le garde et le chauffeur se mirent à parler. Holliday se pencha et tendit le cou pour jeter un coup d'œil à l'extérieur de son box. Il distingua vaguement la lumière rouge clignotante et les barrières rouge et blanc abaissées.

« Qu'est-ce qui se passe ? demanda Peggy.

– Un problème, on dirait, à un passage à niveau. Les lumières flashent, les barrières sont baissées, mais il n'y a pas de train.

– Et de quoi discutent-ils, tous les deux ?

– De savoir à qui incombe la responsabilité de descendre du bus pour aller vérifier ce qui se passe. C'est, du moins, ce que je crois comprendre.

– Et qui est-ce qui gagne ? demanda-t-elle en riant.

– Le chauffeur, je crois », répondit Holliday.

Avec un sourire théâtral, le garde se leva de son siège et le conducteur pressa un bouton sur le tableau de bord. La portière hydraulique s'ouvrit dans un souffle grinçant, et l'homme descendit les trois marches du véhicule.

La balle explosive jaillit par l'ouverture, pulvérisa littéralement le garde puis continua sa course avant de percuter la fenêtre du chauffeur, aspergeant de sang, de débris et d'éclats jaunâtres toute la longueur du bus.

« Merde ! » souffla Peggy en se baissant au maximum dans son petit box.

Holliday savait ce qu'elle voulait dire. Quelqu'un essayait de libérer les prisonniers encapuchonnés – sans doute des talibans afghans ou des hommes d'Al-Qaïda – et, aux yeux de leurs sauveteurs, lui-même et Peggy deviendraient des bagages aussi encombrants qu'infidèles.

Il tira violemment sur sa chaîne, mais rien ne bougea. Une deuxième explosion secoua le bus, et, une fois encore, il risqua un regard en dehors de son box. On avait fait sauter les portes de derrière. Le garde, protégé par sa cage, pointa le canon de son arme à travers le grillage et tira à l'aveuglette. S'ensuivit un bref instant de silence puis Holliday reconnut le bruit familier d'une grenade qui venait d'atterrir non loin. Et, de nouveau, une puissante explosion. Les chaînes qui le retenaient prisonnier du sol se détendirent brusquement.

Encore une détonation, plus légère, provenant de l'avant du bus, puis plus rien. Le silence total. Le dos collé à la paroi derrière lui, Holliday demeura sans bouger dans son box de métal et fit signe à Peggy de faire de même.

L'étrange silence se poursuivit une longue minute encore puis une voix rauque résonna :

« *Yallah! Yallah!* »

De l'arabe.

Les prisonniers commencèrent à parler entre eux, certains ne cachant pas leur joie, et Holliday sentit une nouvelle fois les chaînes se détendre nettement à ses pieds, puis ce fut de nouveau le silence. Quelques secondes s'écoulèrent avant que ne résonnent au-dehors les rafales soudaines d'une arme automatique.

« Qu'est-ce qui se passe ? s'alarma Peggy.

– Je ne crois pas que nos amis iraniens aient finalement droit à la réception qu'ils espéraient », lui répondit Holliday.

Suivit un autre long moment de silence puis des bruits de pieds bottés se firent entendre, venant dans leur direction. Trois personnages cagoulés apparurent alors, armés de mitraillettes Skorpion et vêtus de noir sous leurs gilets pare-balles en Kevlar. L'un d'eux se révéla être une femme.

Un des hommes s'arrêta devant le petit box de Holliday, cala son arme sur son épaule, détacha de sa ceinture un coupe-boulon, sectionna les fers entravant les pieds du colonel et fit glisser les chaînes de ses menottes. Il rangea tranquillement son outil et sortit de la poche de son pantalon de combat une petite clé, avec laquelle il défit les menottes du prisonnier.

Enfin, il recula d'un pas et déclara :

« Vous êtes libre, colonel. »

Holliday lui jeta un regard étrange. Quelque chose dans sa voix rauque lui semblait familier.

« Vous ne me reconnaissez pas, colonel ? »

L'homme ôta alors la cagoule qui lui cachait le visage, sourit à son vieil adversaire et cita une phrase de la Bible :

« Après avoir dit cela, Jésus cria d'une voix forte : "Lazare, sors !" Et le mort sortit... »

L'homme debout devant lui se mit à rire, la cicatrice de sa gorge prenant alors l'aspect d'un épais ver rouge.

« J'ai gardé mes bandages pendant des mois... »

C'était Antonin Pesek, le tueur tchèque que Holliday avait abattu à Venise un an plus tôt.

27

Située dans l'ouest de Prague, la pension Akát à la façade couleur tabac surplombait la voie ferrée et le terminal de tramway, à la station de métro Smichov. Le bâtiment, de style indéterminé, valait à peine mieux qu'un asile de nuit. On pouvait y dormir pour quelques couronnes, bercé au son de la vaisselle craquelée qui vibrait bruyamment sur les tables de la salle à manger chaque fois que passait un tram. Parfaitement anonyme, c'était l'endroit idéal pour les commis voyageurs et les touristes désargentés.

« Il est mort ? demanda Holliday en sortant de la minuscule salle de bains.

– De deux coups de pistolet : l'un en plein cœur, l'autre à la tête. Très pro, répondit Pat Philpot en dévorant une cuisse de poulet du KFC voisin. »

Peggy était vautrée dans un fauteuil, tandis qu'Antonin Pesek, leur sauveteur sur la route vers la prison de Pankrác, se tenait debout à la fenêtre et observait la rue en contrebas.

« Mais pourquoi l'avoir tué ? Il ne savait rien. C'était juste un pauvre photographe qui ignorait ce qu'il avait en main.

– Jefferson vous connaissait, Doc. C'est ça qui l'a tué. À l'origine, c'était vous le bouc émissaire. Maintenant, vous et Mme Blackstock, vous êtes des mouches dans le lait de Mme Sinclair.

– C'est vraiment trop extraordinaire, cette affaire, commenta Peggy. On dirait un conte des frères Grimm. »

Pesek se détourna brièvement de la fenêtre.

« Le monde entier est plongé dans l'univers des Grimm, intervint-il en souriant. Au XVIe siècle, une comtesse bohémienne du nom d'Élisabeth Báthory aimait se baigner dans le sang des vierges qu'elle attirait dans son château. En tant que tueuse en série, elle était nettement plus prolifique que votre Theodore Bundy[1]. Là, on peut parler d'« extraordinaire », ma chère.

– Alors, où vous placez-vous dans toute cette histoire ? » demanda Holliday à Philpot.

L'analyste de la CIA se servit une autre part de poulet, mais se ravisa et reposa le morceau de volaille pané dans sa boîte de carton. Il s'essuya les lèvres puis lâcha un rot discret.

« La famille Sinclair représente, depuis le début, une véritable plaie pour Washington. Elle a des liens qui remontent jusqu'à Donovan et Dulles et les gars de l'ex-OSS – les espions de l'Ivy League. Collés comme des mouches à la communauté des renseignements, ils n'ont jamais lâché l'affaire. Plusieurs membres de Rex Deus se sont infiltrés depuis des dizaines d'années au Congrès, au Sénat, à la Justice et au Pentagone. Le vieux sénateur était bien trop corrompu pour tenter quoi que ce soit – comme Joe Kennedy, à l'époque de la prohibition. Mais il avait de bonnes relations et, avant de mourir, il a passé le flambeau à son petit-fils, qui l'a lui-même passé à sa femme, la vénérable Kate. Aujourd'hui, c'est elle qui agit comme le vieux avait toujours rêvé de le faire.

– En mettant son fils à la Maison-Blanche », observa Holliday.

Avec un petit rire, Philpot jeta un os de poulet dans la corbeille.

---

1. Theodore Robert Bundy : célèbre tueur en série américain qui, au cours des années soixante-dix, a assassiné plusieurs jeunes femmes *(N.d.T.)*.

« La Maison-Blanche, oui... ça n'est que le début.

– Qu'est-ce que ça veut dire ? s'inquiéta Peggy.

– Il y a eu un film, dans les années soixante, reprit Pat. *Sept jours en mai*, ça s'appelait...

– Jamais entendu parler, avoua la jeune femme.

– Ah, la jeunesse... fit-il avant de plonger la main dans la boîte pour en sortir un nouveau morceau de poulet frit.

– Je me souviens, intervint Holliday, ça parlait d'un coup d'État militaire... d'un général qui n'aimait pas la façon dont un président mollasson se laissait faire par les Russes à propos d'un traité antimissile, et qui a comploté pour prendre les États-Unis de force, par les armes.

– C'est ça, reprit Philpot. Et Kate Sinclair est sur le point de faire la même chose avec l'aide de ses petits copains de la CIA et du Pentagone, le général Angus Scott Matoon en particulier. Elle se moque bien de la façon dont le gouvernement actuel est en train de vendre la boutique. Elle pensait avoir assez de pouvoir au Congrès pour faire destituer le pauvre gars. Et, maintenant, elle essaie par des moyens détournés de mettre son fils sur le trône tout en restant à la manœuvre.

– Dans le film, si le général tente ce coup d'État, c'est parce qu'il croit en toute honnêteté que le traité antimissile est une preuve de lâcheté et qu'il menace la puissance de l'Amérique. Mais l'excuse de Kate Sinclair, qu'est-ce que c'est ? demanda Holliday.

– Quelle est, d'après vous, la meilleure chose qui soit arrivée à George W. Bush ? Qu'est-ce qui l'a fait élire pour un second mandat et lui a permis de se lancer dans une guerre contre l'Irak ? Quelle est la meilleure chose pour un Président, selon vous ?

– Ben Laden et le 11-Septembre, suggéra Peggy. Saddam Hussein et ses prétendues armes de destruction massive.

– Un ennemi commun, ajouta Holliday.

– Un cri de ralliement : “Les Anglais arrivent !” enchaîna Peggy. Le Djihad al-Salibiyya.

– C’est complètement fou, commenta Holliday. Kate Sinclair pense vraiment qu’il suffit de faire croire que son fils a été blessé par un faux terroriste pour renverser le gouvernement ? Aucun homme politique américain n’est assez stupide pour penser une telle chose.

– Eh bien, intervint Pesek, toujours à sa fenêtre, cela me fait dire qu’il y a beaucoup de politiciens stupides, là-bas. Plus qu’ici.

– Il lui faudrait un nouveau 11-Septembre, pour ça, déclara Peggy. Quelque chose d’énorme.

– C’est précisément ce qu’elle attend », reprit Philpot en se calant contre son dossier.

Il s’essuya les mains sur une serviette de papier puis alluma une cigarette.

« Sauf que, cette fois, ce ne sera pas un riche Saoudien en conflit avec son père et pourvu d’une bite minuscule qui l’aidera. Ce sera un bon gars du Kansas, qui aura viré au style “la petite mosquée dans la prairie”, exactement comme ce pauvre type de sénateur Sinclair a été embrigadé par sa mère pour lancer depuis quelques années son message d’alerte à la population. Le Président sera pressé par Matoon de déclarer la loi martiale et, s’il refuse, il sera destitué et remplacé par le jeune sénateur. Qui est déjà assis dans le fauteuil du vice-président. Il ne reste qu’une chose...

– Tom’s Hill, murmura Holliday.

– Quoi, Tom’s Hill ? s’agaça Philpot, irrité d’avoir été interrompu dans son récit.

– Quand on a fouillé la maison de Tritt, à Lyford Cay...

– Vous avez fait quoi ? s’étrangla Pat, les yeux exorbités.

– On a fouillé la maison de Tritt, à Lyford Cay... je vous raconterai ça plus tard. Toujours est-il que j’ai trouvé un

CD bourré d'infos sur un endroit appelé Tom's Hill. Sur le moment, ça ne m'a rien dit, mais, maintenant...

– Maintenant quoi ?

– D'après le CD, Tom's Hill a une population de seulement quelques milliers d'habitants, mais presque tous sont employés par une société au doux nom de King Fertilizer Corporation. C'est le plus gros fabricant de nitrate d'ammonium des États-Unis.

– Seigneur Dieu ! lâcha Philpot, horrifié.

– Qu'est-ce qu'il y a de si grave ? demanda Peggy. Qu'est-ce que les fertilisants ont à voir avec tout ça ?

– Le nitrate d'ammonium, qui forme un des composants de ces engrais, est l'ingrédient de base de l'ANFO, lui expliqua Pesek. L'explosif qui a été utilisé pour l'attentat à la bombe d'Oklahoma City. »

Secouant lentement la tête, le sémillant tueur poursuivit :

« Vous, les Américains, vous êtes vraiment cinglés. Ça fait des années que la vente de ce genre de fertilisant est contrôlée en Europe, mais n'importe qui dans votre pays peut en acheter à la tonne, sans qu'on lui pose la moindre question. »

Repoussant le rideau, il regarda une nouvelle fois dans la rue.

« À propos d'Américains cinglés, on dirait bien qu'on a de la visite. »

Philpot fut instantanément sur ses gardes.

« Qu'est-ce qu'ils conduisent comme voiture ? »

Il sortit un Glock 9 de l'étui qu'il portait sous l'épaule et glissa une balle dans la chambre.

« Une Lincoln Navigator », répondit Pesek.

À son tour, il s'empara de son arme, un Beretta 92, puis tira de la poche de sa veste un petit silencieux.

« Le Blackhawk, dit Philpot. C'est soit ça, soit nos gars. Ils sont combien ?

– Quatre, répondit Pesek. Trois en groupe, et un légèrement en arrière.

– Qu'est-ce qu'ils portent avec eux ?

– Des sacs à dos.

– Quel genre de matériel, d'après vous ?

– Sans doute des FN P90. Interdits. Ce sont les BIS qui les utilisent.

– Les BIS ? demanda Peggy, intriguée.

– Bezpecnostní Informacní Sluzba, dit Holliday. La police secrète tchèque.

– Comment on s'y prend ? » interrogea Philpot.

Le tueur tchèque n'hésita pas une seconde.

« Il faut les contenir. Celui qui reste en arrière va prendre l'escalier pour parer à toute tentative de fuite. Les trois autres vont emprunter l'ascenseur et pénétrer dans la chambre. Ils auront une clé magnétique.

– Comment savez-vous tout ça ? s'étonna Peggy.

– Parce qu'à Prague on achète n'importe qui, madame Blackstock. Et les réceptionnistes d'hôtel sont très bon marché, je peux vous l'assurer. »

Se tournant vers Holliday, il ordonna :

« Vous et votre nièce, dans la salle de bains. Couchez-vous dans la baignoire. Monsieur Philpot, prenez la cage d'escalier.

– Et vous, Pane Pesek ? » demanda-t-il.

Celui-ci sourit puis effleura brièvement sa moustache parfaitement lissée.

« Je serai dans ma chambre, de l'autre côté du couloir. »

Philpot hocha la tête et sortit de la pièce.

« Vite, reprit Pesek. Ils vont être là d'un instant à l'autre. »

Holliday saisit Peggy par le coude et tous deux partirent vers la salle de bains. Pesek sortit à son tour, en fermant la porte derrière lui.

« Il n'a pas essayé de te tuer, un jour ? demanda la jeune femme avant de s'agenouiller dans la vieille baignoire.

– Plus d'une fois, en fait, fit-il en y grimpant à son tour. Inutile de préciser que, moi aussi, j'ai essayé de le tuer. J'ai même pensé avoir réussi, pour être franc.

– Et tu lui fais encore confiance ?

– Pas besoin. Philpot le paie pour ses services.

– Qu'est-ce qu'il a à voir avec nous ?

– Pesek est un pro. Il est fidèle à sa réputation. S'il trahit ceux qui le paient, il sait qu'il ne retrouvera jamais un autre boulot. Il sera grillé à vie et finira probablement éliminé par un autre tueur.

– Des meurtriers avec une éthique, soupira-t-elle. On aura tout vu. Et là, on fait quoi ?

– Tais-toi et ne bouge plus, dit Holliday en s'accroupissant dans la baignoire à côté d'elle. Les méchants seront là dans une seconde. »

Le déclic d'une clé magnétique glissée dans la serrure annonça l'arrivée des trois hommes dans la pièce. Un silence, puis, soudain, les crépitements sourds des mitraillettes qui se déchaînaient dans la pièce voisine. Des trous se formèrent sur la porte de la salle de bains, le miroir de l'armoire à pharmacie vola en éclats et, de nouveau, le silence.

« *Da prdele !* lança une voix furieuse.

– *Do pice !* » ajouta une autre.

S'ensuivit un bref moment de silence puis ce fut la voix de Pesek qui résonna :

« *Dobry den, Zdvorilí pánové* », dit poliment le tueur.

Une exclamation, suivie de trois déclics, comme si l'on remontait un réveil à l'ancienne, puis encore trois autres.

« Qu'est-ce que c'était ? » souffla Peggy, toujours accroupie dans la baignoire.

Holliday se redressa. Il aurait pu lui dire que c'était le bruit de la mort, mais il n'en fit rien.

« Tout va bien, maintenant, leur lança Pesek de la chambre. Vous pouvez revenir, colonel Holliday. »

Suivi de Peggy, il sortit de la baignoire et ouvrit la porte de la salle de bains.

« Nooon ! » s'exclama la jeune femme.

Trois corps gisaient sur le sol, baignant dans une mare de sang.

Devant la porte, Pesek dévissait tranquillement le silencieux de son arme.

« Ne touchez à rien, leur dit-il. Et venez vite avec moi. Il y en a probablement d'autres qui nous attendent. »

Les yeux baissés sur les trois cadavres gisant par terre, il ajouta :

« Et s'il n'y en pas d'autres, c'est la police qui ne tardera pas à arriver. Il faut partir d'ici.

– Pour aller où ? demanda Holliday. On n'a ni papiers, ni passeports, ni... rien du tout.

– À Aix-les-Bains », répondit Philpot, qui venait de les rejoindre.

Considérant les dégâts d'un regard détaché, il précisa :

« J'ai un ami là-bas. »

28

Billy Tritt et un garçon du nom de Stephen Barnes, l'un des plus remarquables techniciens parmi les skinheads psychopathes membres du Bras droit du Maine, arrêtèrent la camionnette volée AT & T à côté de la boîte de dérivation de l'autoroute 18 ; ils se trouvaient à un kilomètre et demi de la King Fertilizer Corporation, l'usine d'engrais de Tom's Hill. Tritt coupa le moteur avant de se tourner vers son jeune voisin. Tous deux portaient l'uniforme et le casque d'AT & T, récupérés sur les cadavres des anciens occupants de la camionnette.

« Tu sais quoi faire, soldat ? demanda Tritt d'une voix ferme.

– Oui, monsieur, répondit Barnes. Ouvrir la boîte de dérivation pour y chercher le câble de la ligne T1. Là où il rejoint le faisceau des autres câbles, j'insère un répartiteur à trois voies et je passe une ligne secondaire pour vous joindre dans la camionnette.

– Bon. Tu as tes outils ? »

Barnes tapota sa lourde ceinture.

« Oui, monsieur.

– Le répartiteur ? »

Barnes hocha la tête en plongeant les doigts dans la poche supérieure de son uniforme légèrement taché de sang, pour en sortir la grande pièce de chrome.

« Voilà, monsieur », répondit-il fièrement.

Il n'avait pu entrer à l'Institut technique Lincoln à cause de l'argent que cela aurait coûté à ses parents, et aussi pour quelques incartades côté drogue, mais il savait ce qu'il faisait. S'il avait obtenu ce diplôme, il aurait pu travailler pour n'importe quelle chaîne de télévision câblée, toutefois ses deux années au centre pénitentiaire de Wyndham lui avaient ôté toute envie de chercher un travail régulier.

« Bon. Alors vas-y, soldat. »

Avec son allure d'ado de cent quinze kilos tout en muscles, Barnes sortit de la camionnette pour aller installer les cônes de signalisation comme on le lui avait dit, bien qu'il n'y ait pas une voiture à l'horizon. À perte de vue, on n'apercevait que les vastes champs de maïs recouverts d'une neige sale balayée par le vent.

La boîte de dérivation était une grosse armoire verte posée sur l'accotement. Barnes sortit de sa ceinture une petite pince à levier, fit sauter le cadenas et se mit au travail, à la recherche du câble T1 qui permettait à l'usine d'engrais de communiquer avec les serveurs du centre logistique API de Wichita. API était le transporteur contractuel qui livrait les produits de la King Fertilizer vers leurs différentes destinations.

Il fallut quinze minutes à Barnes pour trouver la ligne T1, et dix autres pour faire passer un câble à travers le hublot sur le côté de la camionnette. Tritt s'en empara, le joignit à un connecteur et fixa le fil sur son portable Hewlett-Packard. Une minute plus tard, il était branché sur le serveur de la King Fertilizer et détournait déjà quatre conteneurs de granulés de nitrate d'ammonium vers les docks de la King Fertilizer International, à Baltimore.

Quelques clics supplémentaires lui permirent d'établir les codes d'autorisation destinés aux chauffeurs qu'il enverrait sur place, afin de transporter l'engrais de Baltimore dans le Maine *via* la Triskip Carriers, transporteur fluvial qui évoluait régulièrement entre Baltimore et le New Jersey, New York, Boston et Portland. De là, ils poursuivraient leur route vers Halifax et Montréal.

Grâce à ces quelques actions depuis l'arrière-pays glacé du Kansas, Tritt mettait en œuvre cent vingt-cinq tonnes de l'élément de base de l'explosif destiné au plus gros attentat au camion piégé jamais réalisé. Dans les sept jours à venir, le chargement arriverait à Portland ; entre-temps, les autres membres du Bras droit du Maine pomperaient les dix mille litres de mazout qu'il faudrait ajouter aux granulés dans leurs conteneurs. L'explosion qui en résulterait, après déclenchement, serait à peu près mille fois plus puissante que celle d'Oklahoma City.

Son travail terminé, Tritt débrancha l'ordinateur et gratta la paroi du véhicule. Le câble recula puis disparut derrière le hublot. Tritt ouvrit la portière côté conducteur et se retrouva dans le froid, son souffle flottant comme une fumée dans l'air immobile. Il regarda le jeune Barnes récupérer le câble puis fermer la porte de la boîte de dérivation, avant de remplacer le cadenas à combinaison qu'il avait fait sauter par un autre, identique, sorti de la poche de sa veste.

« C'est fait ! » lança-t-il en souriant à Tritt

Le tueur jeta un regard vers le triste ciel gris. Il recommençait à neiger. De gros flocons humides. Parfait.

« Bon travail. Maintenant, jette par terre le câble supplémentaire.

– Pardon ?

– Jette-le, soldat.

– Ah, bon... bien monsieur. »

Visiblement perdu, le garçon n'en fit pas moins ce qu'on lui disait. Tritt ouvrit sa veste pour sortir un Mossberg Bullpup de son étui, et lui tira une balle dans la tête. Barnes s'effondra, comme décapité, la tête et le cou explosés en mille morceaux de chair sanguinolente, de cerveau et de crâne en bouillie qui jaillirent en un nuage rosâtre, avant d'aller s'éparpiller sur la neige autour du corps affalé.

Il se recroquevilla comme un Kleenex, tandis que Tritt rangeait l'arme sous son bras puis s'approchait en sortant deux grands sacs plastiques de sa poche. Il ramassa la hachette du garçon accrochée à sa ceinture et s'en servit pour lui sectionner les deux mains, qu'il plaça dans deux sacs différents.

Il les ferma hermétiquement, les mit dans les deux poches de sa doudoune puis récupéra le câble. Enfin, du bout des pieds, il envoya le corps dans le fossé.

Ensuite, il balança de la neige par-dessus, jusqu'à ce qu'on ne voie plus rien. Avec un peu de chance, le cadavre se décomposerait et ses restes parcheminés n'émergeraient qu'au printemps. Il faudrait encore un bon moment avant qu'il soit identifié, si on y parvenait un jour.

Tritt ramassa les cônes, regagna la camionnette, mit en route le moteur et le chauffage puis alla jeter les cônes et le câble à l'arrière. Peu après, il filait plein est, vers l'aéroport de Wichita, avec l'intention de garer son véhicule dans le parking longue durée, de le nettoyer de fond en comble avant de l'y abandonner.

Son matériel de base se trouvait dans un sac de voyage rangé dans un casier de l'aéroport. Il louerait une voiture dans une grosse agence, traverserait quelques États, achèterait un robot ménager dans un quelconque Wal-Mart, pour y broyer les mains du malheureux Stephen et jetterait cette purée dans les toilettes, au fin fond d'un motel tout aussi quelconque à au moins un État de distance de celui du Wal-Mart.

Il rincerait le robot à l'eau de Javel dans un autre motel également séparé d'un État du précédent, pour ensuite en faire don à une œuvre de charité dans la prochaine grande ville qu'il traverserait. C'était se donner beaucoup de mal pour si peu, mais mieux valait en faire trop que pas assez, comme disait sa grand-mère, qu'il s'agisse de gâteaux ou de quoi que ce soit d'autre.

« Tu rigoles ! marmonna Randy Lockwood, le chef de la police de Winter Falls. Pourquoi il viendrait ici ? »

La maire, Dotty Blanchette, s'adossa à son siège en soupirant.

« Parce que M. Je-sais-tout a fréquenté Abbey School et que c'est sa quarantième cérémonie de remise des diplômes.

– Tu ne devrais peut-être pas traiter le président des États-Unis de ce nom.

– J'énonce juste un fait. De toute façon, ce n'est plus qu'un Président par intérim.

– Dans combien de temps ? soupira Lockwood.

– Dix jours. L'équipe préparatoire arrive dans une semaine. Apparemment, pour le match de hockey annuel prévu entre Winter Falls High et Abbey School, c'est lui qui va lancer le palet. Les photographes vont se précipiter. Normalement, c'est moi qui dois l'accompagner puisque sa femme est en Thaïlande ou dans le coin pour essayer d'arracher des prostituées de douze ans au sida, ou quelque chose de ce genre.

– Il s'intéressait plus au hockey qu'au football, je crois, observa Randy. Je me souviens à peine de lui.

– Oui, c'était le capitaine de l'équipe de hockey d'Abbey School, tout ça grâce à son père qui avait payé la patinoire de l'école. Il avait commencé à Andover, mais Abbey possédait une meilleure équipe, alors il y a passé quatre ans avant de se faire transférer à Yale. Il estimait que toutes les femmes devaient lui tomber dans les bras. Beau comme un dieu, doté d'un charisme hallucinant. Un seul sourire et elles atterrissaient dans son lit. Sauf moi. Trop charmeur à mon goût.

– Les femmes peuvent être tellement cruelles ! commenta Lockwood avec un sourire.

– Tout ça, c'est du passé. De l'histoire ancienne. À oublier...

– Comment est-ce qu'il va arriver ici ? Quand son père venait, en été, il prenait toujours un hydravion. Mais le lac est gelé, donc ça ne va pas être possible.

– Dans leur grande sagesse, les services secrets n'ont pas jugé bon de m'informer sur ce point. »

Dotty se pencha en avant sur son vieux fauteuil de cuir pour boire une gorgée de café dans sa tasse Starbucks en Inox. À l'évidence, le café était froid, et elle fit la grimace quand l'amer breuvage lui traversa la bouche.

« Parfois, je me dis que je suis accro à la caféine, marmonna-t-elle. C'est la seule chose qui me tienne en vie. Pas facile de gérer cette ville, même en hiver ; alors, si un Président vient s'y prendre les pieds dans le tapis...

– Ça ne me déplairait pas, comme boulot, dit Lockwood, l'œil brillant. Il y a tellement d'avantages, les décorations, les balades dans une des Cadillac de Mark Horrigan à la Parade de la truite, tous les ans...

– À propos de Horrigan, tu n'as jamais retrouvé son fils ?

– Volatilisé. Paraît que son père l'a envoyé chez sa mère, en Floride.

– Tu vas te lancer à sa poursuite ?

– À quoi bon ? Il aura vite fait de se retrouver tout seul dans le pétrin là-bas. Ils n'auront qu'à gérer le problème eux-mêmes. »

Randy se leva, quitta le fauteuil qu'il occupait devant le bureau de Dotty Blanchette. La mairie se trouvait dans l'ancien hôtel de ville et, à travers les fenêtres cintrées de Dotty, il apercevait la place, jusqu'aux voitures garées sur

Main Street. Il était temps d'aller distribuer quelques prunes, histoire de renflouer les caisses de la ville.

« Au fait, ajouta-t-il en souriant. J'ai une mission plus importante à assurer que Tommy Horrigan. Il faut que je m'occupe de ce foutu président des États-Unis. »

29

La première personne à remarquer Aix-les-Bains fut sans doute un centurion romain sur la route qui le menait d'Italie à la Gaule, pour conquérir ce pays de barbares indisciplinés. À son départ de l'armée, il retourna vers ce joli village au bord d'un lac, bâtit un bassin au-dessus des sources chaudes, qu'il nomma *Aquae Grantianae.* Et cela donna naissance à une tradition.

Située à l'ombre du mont Revard, sur les bords du lac du Bourget, le plus grand plan d'eau douce de France, la petite ville d'Aix-les-Bains traitait l'arthrite de ses riches clients depuis deux mille ans. Elle avait été particulièrement à la mode durant les années 1880, après une visite de la reine Victoria, qui voulait tout simplement l'acheter au gouvernement français. L'offre fut aimablement déclinée, mais, peu après, devaient sortir de terre un casino et un champ de courses destinés à tondre les clients des jolis hôtels alentour, et les sources furent renommées Royal-les-Bains.

Des trains entiers arrivaient directement de Paris, bondés de représentants de la haute société qui venaient faire trempette sur la plage. Les bateaux à vapeur traversaient la Manche, emplis de joueurs de tennis désireux de passer les mois d'été à l'air pur des Alpes ; les épouses y discutaient de leurs époux, les époux de leurs épouses, et les amis des uns et des autres, pendant que Clara Butt chantait *The Keys of Heaven* sur les gramophones. C'était la Belle Époque, mais elle finit par disparaître. Les dorures des plafonds s'écaillèrent, le marbre des sols se fendit et les tuyaux transportant l'eau de source se mirent à retentir de terribles bruits métalliques, au même titre que les articulations des vieux clients. La petite ville ancienne, cachée dans les montagnes, tomba pratiquement dans l'oubli, et ce fut précisément pour cette raison que M. Richard Pyx, le fournisseur de documents, s'y installa. Pour cela et aussi pour la proximité de ses nombreux comptes en banque, à moins de cent cinquante kilomètres de là, à Genève.

Peggy Blackstock s'éveilla aux premiers rayons du soleil inondant les montagnes escarpées qui marquaient les limites de la Haute-Savoie. Elle s'était installée à l'arrière de la Mercedes louée à Prague, que conduisait maintenant Philpot, avec Holliday à côté de lui.

Elle s'assit en clignant des yeux.

«Bonjour! lui lança le chauffeur aux joues rondes. On est presque arrivés.

– Où ça?» demanda-t-elle en bâillant.

Elle regarda par la fenêtre. Ils se trouvaient sur une route de haute montagne. Sur la gauche apparaissaient d'épaisses forêts de pins, mais elle aperçut dans le lointain une ville éclairée par le soleil, en bordure d'un immense lac aux eaux scintillantes.

«À Aix-les-Bains», répondit Philpot.

Un étroit chemin de gravier apparut sur la gauche, et il s'y engagea, dirigeant la vieille Mercedes à travers les troncs dépenaillés et les roches à pic, pour déboucher sur une prairie au milieu d'un plateau. Devant eux se dressait une maison typiquement campagnarde, avec ses murs de pierre blanchis à la chaux, ses fenêtres profondément enchâssées et son toit de tuiles à forte pente. Et, au bout de l'allée, un auvent en fibre de verre verte, collé à un côté de la maison. Dessous apparaissait la brillante carrosserie bleu marine d'une luxueuse décapotable à deux places, une Mercedes SLK 230.

«Je ne sais pas qui est ce type, mais il doit bien se débrouiller dans la vie, marmonna Holliday.

– Plutôt, oui, acquiesça Philpot. La guerre au terrorisme déclarée par notre récent dirigeant a dû produire le même effet que Woodrow Wilson déclarant la guerre à l'alcool: d'un côté ou de l'autre, la guerre est bonne pour les affaires. Les talents de Rich sont très recherchés de nos jours.

– Rich? demanda Holliday.

– Richard Arbruthnot Pyx. C'est trop absurde pour ne pas être son vrai nom.»

Un panneau de bois était accroché à la porte, arborant un nom gravé en lettres bien droites: LE VIEUX FOUR.

Philpot se gara derrière la voiture de sport et coupa le contact. Le vieux diesel s'arrêta dans une quinte de toux. Ils descendirent dans la fraîcheur du petit matin, Holliday et Peggy s'étirant en bâillant, Philpot allumant une cigarette. Pyx devait posséder un système d'alarme particulièrement sensible, car il les attendait déjà devant la porte, un large sourire sur son aimable visage. Peggy ne lui trouva pas du tout un air de faussaire. En fait, il ressemblait plutôt à une *rock star* en vacances. Grand, légèrement voûté, en jean et chemise blanche sortie de la ceinture, pieds nus dans ses sandales. Il avait d'épais cheveux ébouriffés et une barbe de deux jours ainsi que, derrière des lunettes rondes, légèrement teintées, des yeux marron brillants d'intelligence. Il ne devait pas avoir atteint les trente ans.

«Paddy! lança-t-il gaiement. Tu m'as apporté du travail, c'est ça? Ou tu t'arrêtes juste pour un pain au chocolat et une tasse de mon excellent café?»

Dominant ses manières sympathiques, il y avait cet accent irlandais qui lui donnait un petit air de Colin Farrell.

« Oui, du travail, mais on ne dirait pas non à un petit déjeuner », répondit Philpot avant de se tourner vers Peggy et Holliday pour ajouter :

« N'est-ce pas ? »

Il fit les présentations, et Pyx s'écarta pour les laisser entrer, les conduisant directement à la cuisine, dont l'équipement se voulait rudimentaire, à part une machine à expresso Gaggia rouge, qui sifflait et fumait sur une simple planche aussi vieille que la maison et qui servait de plan de travail. Le reste était à l'avenant, avec ses dalles sombres au sol, ses murs blanchis à la chaux, son antique frigo, son garde-manger sur pieds, son four séparé et sa grande plaque de brûleurs à gaz, d'aspect quasi professionnel.

Des épices sur les étagères, des casseroles de cuivre et des poêles en fonte pendues aux poutres, et puis ce soleil matinal qui entrait par la fenêtre à petits carreaux achevaient de lui donner un aspect rustique. D'ailleurs, Peggy entendait les oiseaux chanter. En d'autres circonstances, elle aurait trouvé ce cadre idyllique pour un séjour à la campagne, mais là, c'était plutôt la peur et l'angoisse qui régnaient. Pyx les fit asseoir à la table de pin, au milieu de la pièce, et y déposa une assiette remplie d'odorants croissants au chocolat, puis il alla se planter devant la cafetière pour y préparer quatre cappuccinos mousseux qu'il apporta un à un avant de venir s'installer parmi ses convives. Il plongea un croissant dans son café, en mordit un morceau, aussitôt imité par Peggy. Il y avait tellement de beurre dans cette pâtisserie qu'elle la sentit immédiatement lui fondre dans la bouche. Philpot en prit deux.

« Alors, lança finalement leur hôte. Vous ne ressemblez pas vraiment aux gens que Paddy amène chez moi, mais je sais que les apparences sont parfois trompeuses.

– On veut des passeports, lança Philpot la bouche pleine. Et tout le bazar.

– Racontez-moi ça, dit Pyx en se tournant vers Peggy.

– Pardon ?

– Dites quelque chose... Chat vit rôt. Rôt tenta chat. Chat tenté mit patte à rôt...

– Je ne comprends pas.

– Je voudrais vérifier si vous avez un accent.

– Pas du tout.

– Ça dépend des points de vue. À Castleknock je n'en aurais pas, mais ici, oui. Parlez. »

Peggy répéta la phrase qu'il lui avait suggérée.

« Westchester, New York, conclut-il. Mais vous venez de passer quelque temps en Israël. »

Elle écarquilla les yeux.

« Comment le savez-vous ?

– Question d'expérience. C'est mon boulot. »

Il se tourna vers Holliday.

« À vous, maintenant. Même phrase. »

Holliday répéta à contrecœur ces vers de mirliton.

« Né en Virginie-Occidentale, mais élevé dans le nord de l'État de New York ?

– Pas loin. »

L'homme avait visé juste, évidemment. Holliday avait passé les quatre premières années de sa vie à Norfolk, une fois que son père eut quitté la marine, avant d'entrer dans les chemins de fer.

« Aucun de vous deux ne possède un accent identifiable par un non-spécialiste. Et les agents qui contrôlent les passeports sont loin d'être des experts. Je vais donc vous faire passer pour des Canadiens. Vous êtes déjà allés là-bas, au moins ?

– Je me suis rendue plusieurs fois à Toronto, dit Peggy, et aussi à Montréal. »

Pyx se tourna vers Holliday :

« Et vous ?

– Pareil. Mais pourquoi ne pas dire qu'on est américains ?

– Parce qu'ils ont accès aux bases de données de votre pays. Je suppose que vous y êtes *persona non grata* en ce moment, sinon vous garderiez vos vrais noms.

– C'est une longue histoire.

– Comme toujours, conclut l'Irlandais. Bon, alors on dit l'Ontario. Facile. Ils n'utilisent que de simples certificats de naissance et des permis de conduire. Il vous faudra également une carte de santé.

– Une carte de santé ?

– C'est gratuit. Exigence du gouvernement de l'Ontario. Ils en distribuent à tout le monde, mais, pour je ne sais quelle raison déontologique, il leur est interdit d'en croiser les informations entre bureaux. Ensuite, une bonne photo d'identité. Je peux me charger des cartes de santé, des certificats de naissance et des permis de conduire ici. »

Peggy ne comprenait pas un mot de ce qu'il disait.

« Et les passeports ? demanda Philpot.

– Encore plus simple, répondit Pyx en souriant. Mais d'abord les photos. »

Il se leva et les conduisit vers l'arrière de la maison en suivant un corridor en L garni d'une interminable bibliothèque, qui menait à la chambre à coucher. Mais, au lieu d'y entrer, Pyx s'arrêta et sortit un livre d'une étagère. Dans un petit déclic, une partie de la bibliothèque tourna sur elle-même.

« Sésame ouvre-toi », dit Pyx en s'effaçant pour les laisser entrer.

Il les suivit et referma derrière lui. D'un regard circulaire, Peggy contempla la chambre secrète, plutôt grande, dans les vingt mètres carrés, sans fenêtre. Des tables de travail couraient le long de trois des murs, surmontées d'étagères, toutes marquées par des étiquettes de diverses couleurs, tandis que, dans un coin, s'alignaient cinq ou six écrans plats. Sous chacun apparaissait, posé sur un casier d'acier, le serveur noir correspondant, où clignotait une lampe verte. Les tables regorgeaient de toutes sortes de périphériques, du grand scanneur à plat à la table lumineuse, en passant par quelques imprimantes couleur professionnelles. Le long du mur du fond se dressait un LightWorks à triple écran destiné au montage vidéo.

« Vous êtes drôlement décontracté avec vos secrets, commenta Holliday. On aurait pu être des flics.

– Mais non. Paddy vous aurait déjà tués. D'ailleurs, il m'avait prévenu de votre arrivée ; sinon, j'aurais deviné de toute façon, dès l'instant où vous avez quitté la route. »

Apparemment, le commentaire de Holliday ne le froissait pas le moins du monde.

« Et puis, ajouta-t-il, je ne vous aurais pas accueillis avec du café et des croissants, vous pouvez me croire. »

Haussant les épaules, il se dirigea vers la console LightWorks.

« En outre, j'ai une petite entreprise de montage de films des plus valides. Il n'y a rien ici de particulièrement gênant, à part le contenu des disques durs ; et là, je vous assure que, le temps que les flics fassent leur entrée, j'aurai viré toutes les données compromettantes. »

Holliday se rembrunit.

« Je n'ai pas vu Philpot vous appeler.

– Il m'a envoyé un texto de Pilsen. Je suppose que vous avez rencontré quelques ennuis chez les Tchèques.

– Quelques-uns, oui. »

L'attention de Peggy fut soudain attirée par un gros appareil photo monté sur un trépied contre le mur, face à la bibliothèque tournante.

«C'est un Cambio Wide DS avec un objectif Schneider 35 XL Digitar et un dos Phase One P25 moyen format. Ça vaut combien un truc comme ça ? Trente mille ?

– Plutôt dans les trente-cinq, dit Pyx. C'est vraiment l'automatique le plus cher du marché.

– Je ne dirais pas vraiment que c'est un automatique.»

Pour Holliday, cela ressemblait à un gros cube de métal équipé d'un objectif. Pas du tout à un appareil photo.

«Il est conforme au matériel numérique utilisé par le gouvernement, dit Pyx. C'est avec ça qu'ils font les passeports, maintenant, du moins aux États-Unis et au Canada. En principe, c'est indéréglable. Les photos ne sont ni collées ni plastifiées, mais numérisées, puis éditées par impression thermique sur le document.

– Ça ne doit pas vous simplifier le travail, dit Holliday.

– En fait, ça le facilite.»

Il désigna le dos de la bibliothèque tournante, peint d'un blanc cassé neutre et éclairé par deux lampes basses placées de chaque côté de la porte, chassant toute forme d'ombre.

«Allez là-bas, voulez-vous ?» proposa Pyx.

Holliday se positionna contre le panneau.

«Levez la tête, ne souriez pas, fermez la bouche.»

Il y eut un déclic puis un flash, et Peggy se rendit compte que les lumières de chaque côté de la porte étaient des stroboscopes photographiques.

«À présent, écartez-vous et laissez Mme Blackstock prendre votre place.»

Holliday s'éloigna tandis que Peggy venait se placer contre la porte. Pyx descendit un peu le trépied pour compenser leur différence de taille, et les stroboscopes s'illuminèrent à nouveau.

«Parfait !» s'exclama Pyx.

Il sortit la carte mémoire de l'appareil photo, la glissa dans un lecteur spécial près d'un écran, puis tapa quelques instructions sur le clavier.

« Vous aimeriez un nom en particulier ?

– Non, dit Holliday.

– Moi non plus, renchérit Peggy.

– Bon, alors pour vous, ce sera, euh... Norman Peterson, et Mme Blackstock sera Allison Masters. »

Pyx se remit à taper.

« Lieu de naissance, Toronto, Ontario, Canada. Date... 1981 à peu près. Nom de jeune fille de la mère... du père... Documents fournis. Caution. »

En même temps, ses doigts couraient sur le clavier, et il acheva en fredonnant.

« Maintenant, continua-t-il, on achemine, afin que ça ne me revienne pas directement ici. D'abord, je choisis un consulat canadien approprié, disons en Albanie, et je cite leur adresse comme point d'origine. »

Il lut le résultat sur l'écran.

« Rruga, Dervish Hima, Kulla, numéro deux, appartement vingt-deux, Tirana, Albanie et, enfin, le code de commutation par paquets. »

Il termina dans un grand geste du bras.

« Et à quoi sert tout ça ? demanda Holliday.

– Ça va dire aux ordinateurs du service des passeports d'Ottawa que M. Norman Peterson et Mlle Allison Masters, qui se trouvent en ce moment à Paris, le bureau émetteur de passeports le plus proche, renouvellent les leurs ou, plutôt, l'ont déjà fait. Ça dit à l'ordinateur que les nouveaux passeports les attendent à l'ambassade, à Paris. En même temps, d'autres instructions ont été envoyées, ainsi qu'une demande de numérisation JPEG des photos d'identité. Tout ça est antidaté de quelques jours, les passeports sont imprimés aujourd'hui et seront prêts dès que vous irez les chercher. Vous montrerez alors les certificats de naissance, les permis de conduire et les numéros d'assurance sociale que je vais vous fournir. Ainsi, on vous remettra deux passeports canadiens parfaitement authentiques, tout juste imprimés, émis par votre serviteur. Si l'un de leurs experts en informatique s'avisait de remonter les diverses étapes de la transaction, ça le mènerait au consulat d'Albanie qui doit se trouver dans je ne sais quel trou perdu au fin fond d'une rue commerçante de Tirana. C'est un peu alambiqué, mais ça reste le meilleur moyen de parvenir à nos fins. On s'introduit dans leurs bases de données, et ils croient que les instructions proviennent d'eux et sont donc authentiques et autorisées. Jusqu'ici, ça m'a toujours réussi.

– Vous n'avez pas parlé de numéros de sécurité sociale ? demanda Peggy.

– Ne commettez pas cette erreur si on vous pose la question à l'ambassade de Paris. La sécurité sociale, c'est américain ; l'assurance sociale, c'est canadien.

– Mais, on ne va pas à Paris, objecta-t-elle.

– Bien sûr que si ! » intervint Paddy Philpot.

À part leurs passeports, ils auraient tous les documents nécessaires à 14 heures. De plus, Pyx avait ajouté deux cartes Visa de la banque Nova Scotia à leurs nouveaux noms, chacune dotée d'un crédit de dix mille dollars qui, selon l'Irlandais, seraient pompés dans les ressources infinies de la Banque canadienne, provenant de transferts invisibles émis quotidiennement par satellite depuis le monde entier.

Ils passèrent presque toute la matinée au Vieux Four, à boire de la bière blonde Sangano bien fraîche, à déguster du fromage et du pâté en écoutant Pat Philpot débiter ses souvenirs du temps où il était un espion. Holliday aurait presque pu en oublier pourquoi ils se trouvaient dans ce bel endroit. Presque...

Au début de l'après-midi, documents en main, ils remercièrent Pyx pour son hospitalité, ainsi que pour la rapidité et la qualité de son travail, puis remontèrent dans la Mercedes afin de regagner la vallée. Ensuite, ils filèrent sur l'autoroute, parcoururent les cent kilomètres qui les séparaient de Lyon en un peu plus d'une heure, et Philpot les déposa devant l'entrée moderne de la gare de la Part-Dieu.

« Il y a tout le temps des trains ultrarapides pour Paris. Vous ne mettrez pas plus de deux heures. Tout devrait bien se passer. Vous n'avez pas oublié l'hôtel que je vous ai réservé ?

– L'hôtel Normandie. Rue de la Huchette, entre la rue du Petit-Pont et le boulevard Saint-Michel, sur la rive gauche, dit Holliday en répétant ses instructions.

– Bravo ! commenta en souriant l'analyste de la CIA.

– Merci pour les passeports. Je n'oublierai pas ça. Nous vous le rendrons au centuple.

– Ce n'est rien, Doc. Considérez-vous comme réembauché dans la Compagnie.

– Et vous, alors ?

– J'ai du monde à voir à Prague. Mais nous nous retrouverons aux États-Unis. »

Philpot sortit un petit téléphone noir de sa poche et le lui tendit.

« Je vous appellerai », dit-il.

Souriant encore, il remonta la vitre et repartit.

Holliday et Peggy firent demi-tour, traversèrent la route et entrèrent dans le hall de la gare. Ils achetèrent deux tickets de première classe pour le prochain départ en TGV.

Ils montèrent à bord, trouvèrent leurs places et s'installèrent pour ce trajet relativement court. Jusque-là, ils n'avaient rien vu de suspect, mais, sans passeports, et munis de faux documents, ils se sentaient quelque peu vulnérables. Le wagon était bondé, essentiellement de touristes de diverses nationalités qui remontaient à Paris et qui restaient regroupés, si bien que personne ne s'occupa d'eux.

Le train sortit lentement de la gare, pile à l'heure, et, quelques minutes plus tard, il prenait de la vitesse en traversant les faubourgs de la grande ville française. Ni Holliday ni Peggy n'avaient encore ouvert la bouche depuis le départ de Philpot.

« Tu veux manger quelque chose ? » lui proposa-t-il.

Il avait pris le siège côté couloir, laissant la fenêtre à Peggy.

« Non, merci.

– Tu veux boire ?

– Non, je n'ai pas soif, assura-t-elle en secouant la tête. Plus tard, peut-être.

– Oui, plus tard. »

Un long moment s'écoula puis la jeune femme demanda :

« Qu'est-ce que tu sais au juste de Philpot ? »

Le train commençait à légèrement onduler et vibrer tandis qu'il se lançait dans la campagne tout en continuant à gagner de la vitesse.

« Je sais qu'avec Pesek, ils nous ont épargné pas mal d'ennuis. Il nous a préparé ces passeports aujourd'hui. Chose que nous n'aurions jamais pu faire nous-mêmes.

– Une sorte d'ange gardien, quoi...

– Je ne dirais pas ça.

– Tu ne t'es jamais demandé de quel côté il était ? interrogea-t-elle, l'air soucieux. Il pourrait faire partie du complot de Sinclair. Ou du groupe voyou de l'Agence. Des mensonges dans des mensonges dans des mensonges.

– Si, je me suis parfois posé la question, avoua-t-il.

– Et alors ?

– Je ne peux pas te donner la réponse parce que je ne l'ai pas. Je sais juste ce qu'il a fait pour nous jusqu'ici.

– Il y a toujours quelque chose qui ne tourne pas rond quand tu crois que tout le monde ne songe qu'à te mettre la main dessus. »

Holliday ne répondit pas tout de suite, l'œil perdu sur la tapisserie rayée et sur la table rabattue devant le siège en face de lui.

« Quand tu regardes une série à la télé, ou quand tu lis un polar, il arrive toujours un moment où tu te demandes pourquoi ils ne vont pas prévenir la police ?

– C'est vrai, reconnut Peggy. C'est comme dans les films d'horreur, quand la fille descend dans une cave obscure alors que tout le monde sauf elle sait qu'elle devrait remonter immédiatement.

– Sauf que, si elle faisait ça, le film s'arrêterait là. Et c'est exactement où nous en sommes. On est là où le film devrait s'arrêter, parce que, si on possédait un minimum de jugeote, on filerait voir la police.

– Mais on ne peut pas, objecta Peggy.

– Qu'est-ce qui te fait dire ça ?

– Philpot laisse le film tourner. Quant à toi, tu peux nous débarrasser du système GPS de ce téléphone avec le matériel adéquat.

– Et ensuite ?

– Pourquoi fait-il ça ? demanda-t-elle. Avec les gens de Pesek, ils nous ont tirés du pétrin après nous avoir kidnappés et, maintenant, il nous fournit des passeports. Ils veulent qu'on se retrouve au cœur de cette histoire. Pourquoi ? »

Elle marqua une pause avant d'ajouter :

« Il n'est pas en train de nous tendre un piège, comme l'a fait Brennan ?

– Cette idée m'a traversé l'esprit, reconnut Holliday. Mais qu'est-ce qu'on peut y faire, à l'heure qu'il est ? »

Il regarda Peggy avec insistance.

« Je ferais mieux de te renvoyer auprès de Raffi, à Jérusalem.

– Ne sois pas si vieux jeu, Doc ! En plus, Raffi n'est pas à Jérusalem, mais en Éthiopie ou je ne sais où, à la recherche d'anciennes légions romaines ou des mines du roi Salomon, ou de je ne sais quoi. De toute façon, je n'irais pas. Tu as besoin de moi. »

Cessant de regarder par la fenêtre, elle se tourna vers son oncle.

« Alors, qu'est-ce qu'on fait, maintenant ?

– J'ai peut-être bien encore une carte à jouer, dit pensivement Holliday.

– Tu as intérêt à ce que ce soit un as. »

Kate Sinclair était en train de survoler l'Atlantique, pour regagner les États-Unis, pour l'investiture de son fils au poste de vice-président, quand le téléphone satellite de son compagnon de voyage tinta avec insistance. S'excusant, Mike Harris prit la communication. Il écouta un message qui ne dura pas une minute, puis raccrocha.

« Quelque chose d'important ? demanda-t-elle en fumant sa cigarette et en buvant son verre de vin.

– Pyx te fait son rapport, comme prévu. Il a donné à chacun un passeport et des cartes Visa. Les Visa sont localisables par GPS, grâce à une puce placée sous l'hologramme, comme il l'a dit. Nous les trouverons quand nous voudrons.

– Bien, dit la vieille dame. J'ai toujours pensé qu'il fallait graisser la patte à cet homme. Il peut être très utile parfois de connaître des gens qui cherchent de faux papiers d'identité. »

30

Holliday et Peggy récupérèrent leurs passeports à l'ambassade canadienne à Paris, prirent un taxi pour l'aéroport Charles-de-Gaulle et arrivèrent à New York vingt-trois heures après être montés dans le TGV, à Lyon. Curieusement, tout s'était déroulé sans le moindre accroc. À l'ambassade, l'employé leur avait remis les passeports avec un large sourire. Ensuite, le chauffeur du taxi vers Charles-de-Gaulle s'était extasié sur son récent voyage à New York, où il avait rendu visite à sa sœur qui vivait à Brooklyn ; et puis, la nourriture sur les jumbo-jets d'Air France était délicieuse. Les agents de la sécurité à JFK leur prêtèrent à peine attention, bien qu'ils aient affaire à des passagers sans bagages, et tous deux purent héler un taxi qui les conduisit en ville. Ils louèrent deux chambres adjacentes au Gramercy Park Hotel, qui venait d'être remis à neuf, et ils purent ensuite se retrouver pour déjeuner au Rose Bar, de hamburgers de bœuf de Kobe accompagnés de frites coupées à la main et de tomates vertes.

« Alors, qui est au juste ce Max Kessler ? demanda Peggy en trempant une frite dans un bol de ketchup. Et pourquoi va-t-on le voir ?

– C'est un peu l'ombre de Henry Kissinger, un geek avant l'heure, un fou de l'information, un rassembleur, un érudit, un homme de réseaux. Mais, par-dessus tout, il a été le conseiller privé en matière de renseignements des quatre derniers Présidents.

– Je n'ai jamais entendu parler de lui. »

Ce qui n'empêcha pas Peggy de reprendre une frite qu'elle se mit à mâcher avec gourmandise.

« Justement, souligna Holliday. C'est un peu notre fantôme de l'Opéra, le type qui se tient toujours dans les coulisses.

– Pourquoi tant de secret ?

– Je crois que ça a quelque chose à voir avec son père.

– Qui est-ce ?

– Un colonel SS, le second de Rhinehard Gehlen.

– Euh... Rhinehard qui ?

– *Gehlen.* Un chef des services secrets nazis en charge des affaires soviétiques. À la fin de la guerre, il a échangé ses renseignements auprès de l'OSS contre un asile aux États-Unis pour lui et sa famille. Il a travaillé des dizaines d'années pour la CIA. Pour cela, il est retourné en Allemagne de l'Ouest, où il est devenu chef des services de renseignements jusqu'à la fin des années soixante-dix. Hugo von Kessler est resté ici avec sa femme et son fils, Max, qui a perpétué la tradition familiale. On murmure encore des choses au sujet de ses relations dans le milieu de l'espionnage, mais, au fond, les gens s'en fichent tant qu'il reste efficace.

– Comment le connais-tu ?

– Nous nous sommes mutuellement rendu service plusieurs fois, ces dernières années. Tout ça pour dire que Max Kessler connaît tout et tout le monde à la CIA et en matière d'espionnage. Si Philpot nous mène en bateau ou si Tritt est mêlé à un complot, il le saura. »

Max Kessler occupait ce qui avait été autrefois le sinistre appartement de Boris Karloff, au sixième étage du Dakota Building, sur Central Park. Cet immeuble avait été rendu célèbre par le tournage de *Rosemary's Baby* et, aussi, parce que John Lennon avait été assassiné devant.

L'appartement de Kessler comportait un salon, une salle à manger transformée en bureau, deux chambres et une énorme cuisine. Tous les murs ou presque étaient lambrissés de bois, on y trouvait encore des lustres de cristal et de lourds meubles victoriens, importés d'Angleterre dans les années cinquante. L'endroit regorgeait de napperons et de tapis persans bien poussiéreux, sans compter les méchants tableaux de chevaux et de batailles sur les quelques murs couverts de tapisserie. On se serait cru chez une vieille tante douairière.

Kessler avait l'air d'un entrepreneur de pompes funèbres. Il les accueillit à la porte, en costume trois-pièces bleu marine rayé, cravate Harvard bleu et or et chaussures à glands. Il portait sur son long nez des lunettes cerclées d'écaille qui ne faisaient que souligner son tout aussi long menton. Il avait les joues creuses et un front haut, bordé de cheveux gris coiffés en arrière à la prussienne. Les yeux derrière les lunettes évoquaient plutôt des billes de charbon et, quand il se fendit d'un sourire pour les accueillir, ce fut comme si ce mouvement sur ses lèvres minces allait lui faire éclater tout le visage, tel un œuf dans une eau bouillante.

Il les conduisit dans le salon et leur désigna le canapé rayé de jaune et noir qui semblait sortir tout droit de chez sa grand-mère. Il se posa sur un fauteuil tapissé de la même étoffe, croisant les doigts tel un maître d'école à l'ancienne. Peggy s'avisa soudain qu'il évoquait un mélange de Basil Rathbone et de Jeremy Brett dans leur rôle de Sherlock Holmes. D'ailleurs, il parlait avec un léger accent anglais, un comble pour cet homme d'ascendance allemande.

« Voilà un moment que nous n'avons pas échangé un mot, colonel, lança-t-il avec un fin sourire. Votre coup de téléphone m'a quelque peu surpris. Je suppose qu'il s'agit d'une urgence.

– Cela reste à confirmer.

– Avant de commencer, je voudrais mettre au clair cette histoire de téléphone que vous aurait donné notre relation mutuelle, M. Philpot.

– J'en ai ôté la carte SIM et la batterie, assura Holliday.

– Sage précaution. Cette utilisation des transpondeurs GPS dans les téléphones, de nos jours, m'inquiète beaucoup. Cela fait très orwellien, un peu trop *1984* à mon goût.

– Que pensez-vous de Philpot ?

– Il pourrait facilement jouer sur les deux plans.

– Mais les deux plans de quoi ? intervint Peggy.

– À une époque, vous étiez impliqué dans cette affaire de Rex Deus et de Mme Sinclair, n'est-ce pas, colonel ?

– J'ignorais que c'était de notoriété publique, s'étonna Holliday.

– La notoriété publique n'est pas ma tasse de thé, rétorqua sèchement Kessler.

– Et Sinclair, que vient-elle faire là-dedans ?

– Un pape assassiné. Un prêtre et son amant trouvés morts sur une route secondaire de Virginie. Deux agents de sécurité de Blackhawk décédés dans un prétendu accident à Rock Creek Park, mais avec une dizaine de trous dans la carrosserie du véhicule. Un vice-président tué. Un mandat d'arrêt national en Italie ; un incident à la frontière canadienne, impliquant un homme et une femme correspondant à votre description. Une tentative d'assassinat par un groupe terroriste inconnu contre un sénateur des États-Unis ; un photographe assassiné dans l'incendie de sa Porsche toute neuve et, enfin, un mandat fédéral, ici, qui suscite aussitôt une question : comment avez-vous pu rentrer aux États-Unis sans que les autorités en soient aussitôt prévenues ? Vous et Mme Blackstock avez commis pas mal de ravages au cours de la dernière semaine, colonel.

– Vous oubliez qu'on nous a aussi kidnappés et envoyés dans un trou noir au fin fond de la République tchèque, dit Peggy.

– Ah oui ! Le sauvetage spectaculaire organisé par Pane Pesek et sa petite équipe de *ninjas*. Je ne pensais pas que cela valait la peine de le mentionner.

– Facile à dire, marmonna-t-elle.

– Je suis une araignée dans sa toile, madame Blackstock. Je reste dans mon petit repaire et les informations me parviennent par miettes. Parfois, elles s'accumulent pour former un copieux repas, parfois non.

– Et dans cette affaire ? demanda Holliday.

– Dans cette affaire, elles se rapportent à Kate Sinclair, qui nous mène à son tour à son collègue de Rex Deus à la CIA.

– C'est-à-dire ?

– Michael P. Harris, sous-directeur des opérations. Le P correspondant à Pierce. C'est le frère de Kate Sinclair. Comme je l'ai dit, les miettes d'informations passent parfois inaperçues.

– Ce qui expliquerait bien des choses, murmura Holliday.

– Ou rien du tout, rétorqua Kessler en souriant. Dans ce cas, toutefois, cela explique presque tout.

– Racontez ! dit Peggy.

– Désormais, du moins selon M. Philpot, vous êtes au courant des ambitions de Mme Sinclair pour son fils et donc du rôle hégémonique qu'elle veut faire jouer à Rex Deus aux États-Unis. Mais Kate Sinclair a besoin de plus d'influence. Ce n'est pas parce que son fils a été blessé par un prétendu terroriste et qu'il joue les seconds couteaux à la Maison-Blanche qu'elle va pouvoir réaliser toutes ses ambitions. À mon avis, elle aurait besoin de quelque chose de plus conséquent, et le plus vite possible.

– Qui, quoi, où et quand ? énonça Holliday. Voilà les miettes qui nous manquent, comme vous dites.

– Le *qui* est facile, dit Kessler. Kate Sinclair ne peut rien faire seule, pas plus que son fils – même s'il en avait la faculté. Non. Le *qui* revient par définition à M. Harris. Quant au reste – il faut rechercher un événement ou une personne, un moment, un endroit où une catastrophe rapporterait le plus. Et les rechercher vite. Le moment est essentiel. Cela doit se produire avant que les médias cessent de s'intéresser à notre nouveau vice-président. Regardez l'endroit et le moment précis où se trouve M. Harris et vous aurez votre réponse.

– Une idée, peut-être ? demanda Holliday.

– Une ou deux, oui », répondit Kessler, un léger sourire aux lèvres.

Quatrième partie
FINAL

31

Établie au début du XIXe siècle par un groupe de moines fuyant les ruines carbonisées de ce qui avait été l'abbaye du Petit-Clairvaux, en France, Abbey School, à Winter Falls, avait préfiguré le concept du tourisme moderne. Au cours des siècles précédents, le Petit-Clairvaux avait déjà subi les pires dégâts, des épidémies de lèpre à l'incendie final, en passant par les rois meurtriers, la destruction de l'ordre du Temple, et le dégoût de Napoléon Bonaparte pour la vie monastique et les religions organisées en général.

Les douze derniers moines embarquèrent donc pour le Nouveau Monde, trouvèrent un site isolé dans les forêts du New Hampshire et s'y installèrent dans une vie contemplative, tout en fabriquant du fromage de brebis.

Malheureusement, cet aliment au puissant goût fumé n'eut pas l'heur de plaire à la population locale et, au début du XXe siècle, l'abbaye Saint-Joseph se transforma en sanatorium antituberculeux ; il survécut ainsi jusqu'à la mort de la plupart des moines et de leurs patients durant l'épidémie de grippe espagnole en 1918.

En 1920, l'abbaye se transformait encore et devenait Abbey School, pension catholique expressément destinée à produire des prêtres et des moines chargés d'étendre le credo bénédictin en Amérique. Ce qui ne marcha pas mieux que le fromage de brebis. En 1930, alors que Winter Falls devenait un lieu de retraite d'été des plus populaires parmi les puissants et les riches, Abbey School, désormais vaste complexe de bâtiments centenaires et de structures plus modernes, ouvrait ses portes aux enfants de tous ceux qui avaient les moyens de payer des frais de scolarité et de pension plutôt conséquents, indifféremment de la race, de la religion ou de la couleur – à l'exception des Noirs, des Chinois et, par-dessus tout, des Juifs. En fait, ne furent acceptés, au cours des cinquante années qui suivirent, que des garçons blancs, anglo-saxons, et protestants.

Durant ces cinquante années, Abbey School atteignit une certaine importance en tant qu'école privée où célébrités de premier plan, politiciens et super-riches du monde entier envoyaient des enfants pas toujours très doués. L'école comportait certains avantages : elle mettait l'accent sur les sports – qu'elle préférait d'ailleurs appeler « jeux » – plutôt que sur les études ; elle se trouvait au fin fond du New Hampshire, ce qui évitait à ses élèves privilégiés de s'adonner aux méfaits de la drogue, du sexe ou de l'alcool. Cela offrait en outre une bonne excuse aux familles pour ne pas venir les voir, sauf en cas de force majeure.

Durant les années soixante exista un service régulier de limousines pour New York et Boston, mais aussi d'hydravions à l'usage des parents qui tenaient absolument à rendre visite à leurs enfants retenus derrière le rempart de granit entourant l'ancien établissement monastique.

Cela se révéla être l'endroit idéal où envoyer le fils d'un amiral à la retraite, héros de la Seconde Guerre mondiale, fils qui obtint à force d'acharnement un B + de moyenne et réussit tous ses tests d'entrée dans les universités où il souhaitait s'inscrire ; ce qui tombait bien puisque son père voulait le voir un jour devenir Président. Aimable, beau garçon, doté d'un large sourire, c'était un jeune homme plutôt ordinaire à la coupe impeccable et doué en hockey.

C'était même l'unique domaine dans lequel il excellait, mais, par ailleurs, il allait hériter du côté de sa mère d'un milliard de dollars en puits de pétrole. En fin de compte, seul le match l'avait décidé à assister à cette quarantième réunion. Plus que son diplôme d'Abbey School ou son entrée à Yale obtenue en un clin d'œil, ce fut sa victoire contre les Winter Falls Wolves, en tant que capitaine des Abbey Argonauts, ainsi que l'obtention de la coupe de Saint-Joseph si convoitée qui lui avaient offert la plus grande fierté de sa vie préprésidentielle. Comme l'avait un jour remarqué Morrie Adler, dans une interview de Charlie Rose : « Ça lui a donné le feu vert pour le restant de ses jours. »

Au fond de lui-même, il avait toujours su que sa réussite ne dépendrait pas d'autre chose ; s'il parvenait à remporter le match, il remporterait tous les autres défis. Ce fut aussi l'une des pires bitures de sa vie, lorsqu'il se retrouva complètement défoncé grâce à l'immonde tord-boyaux à base de pommes secrètement concocté par Morrie Adler dans ses alambics cachés au fond de la cave et aux Lucky Strike roulées dans une émulsion de film Polaroid et de diméthyltryptamine, sorte d'acide découvert par son cousin, Mickey Haines.

Désormais, avec sa bibliothèque présidentielle qui allait se construire à San Diego, sa retraite de deux cent mille dollars par an, son budget voyage, son bureau, ses dépenses de représentation, une protection des services secrets sur dix ans et une assurance maladie plus que complète, le tout sortant de la poche du contribuable et l'attendant au terme de son mandat, dans un an et demi, il lui paraissait indiqué de couronner le tout par une visite à Abbey School.

Le président des États-Unis songeait à tout cela, installé dans le luxueux compartiment réservé aux passagers du Marine One qui bourdonnait en cette fin d'après-midi dans le ciel du Vermont, en direction de Winter Falls. À côté de lui, Morrie parcourait les derniers rapports sur les meurtres commis par le djihad, en essayant d'y comprendre quelque chose. En dessous d'eux, la forêt enneigée s'étirait au bout de l'horizon. Morrie alluma un Cohiba, en tira une longue bouffée et s'adossa à son moelleux siège de cuir, un verre en cristal à la main, empli de bourbon Pappy Van Winkle's Family Reserve, un 45 % bien tassé, accompagné de quelques glaçons.

« Tu crois que Shannon O'Doyle sera là ? demanda-t-il d'un ton nostalgique.

– La Reine des neiges ? »

Le Président s'esclaffa. Shannon O'Doyle avait alimenté les rêves sexuels de tous les garçons d'Abbey School et du lycée de Winter Falls. D'un blond cendré naturel, plutôt timide, elle croisait les jambes en émettant chaque fois ce bruissement provoqué par le frottement de ses bas qui faisait fantasmer les plus sourds.

« Aujourd'hui, ce doit être une vieille dame aux cheveux blancs.

– Et alors ? répliqua Morrie. Il y a des rêves qui ne cessent jamais. »

Il sourit en retenant du bout des dents son épais cigare cubain. C'était vraiment le bon vieux temps.

« De toute façon, ajouta-t-il, nous aussi, on est de vieux messieurs grisonnants. »

Le Président poussa un soupir. Pourquoi mettait-on tant de temps à parvenir quelque part et en avait-on ensuite si peu pour en profiter ? C'était l'ennui du rêve américain : inévitablement, on se réveillait. L'hélicoptère ronronnait au-dessus des arbres et il regardait par la fenêtre en pensant aux bas de Shannon O'Doyle et au crissement des patins sur la glace.

« Quelles chances a-t-on que ce Kessler ait raison ? » demanda Peggy.

Ils étaient assis sur une banquette au fond de la salle, chez Gorman, qui donnait sur le quai et sur l'étendue blanche et glacée du lac, dans la lumière tombante du soleil d'hiver. Les chars à glace formaient une longue file, leurs voiles abaissées dans le vent hurlant qui envoyait une étrange stridulation de cigale à travers leurs gréements tendus.

Holliday sirotait son café en contemplant par la fenêtre ce paysage morne et blafard. En été, les quais et le lac devaient avoir meilleure mine à cette heure de la journée.

« Plutôt bonnes, marmonna-t-il d'un ton aussi morne et désolé que le paysage gelé. Il me semble très convaincant.

– Il paraissait convaincant dans son salon à New York, dit Peggy. La réalité est un peu différente. »

Elle souleva les épaules en ajoutant :

« Ce n'est sans doute qu'une coïncidence. Il ne se passe rien ici, je t'assure.

– Kessler ne croit pas plus que moi aux coïncidences. Il croit au synchronisme. »

Reposant sa tasse de café, il se mit à énumérer plusieurs points sur ses doigts :

« Un Président doit effectuer une visite. Comme par hasard, Mike Harris, qui se trouve être un parent direct de Kate Sinclair, est chargé de l'événement. Ça tombe à pic – de nos jours les dépêches se succèdent rapidement, et notre nouveau et très distingué vice-président, Richard Pierce Sinclair, va vite sortir des radars. Winter Falls a été élu l'endroit le plus sûr d'Amérique, ce qui en fait une cible parfaite, facile à attaquer. Sa destruction n'en sera que plus choquante. Si Sinclair et Rex Deus veulent faire une déclaration, c'est le moment et l'endroit rêvé.

– Et si on se trompait ?

– Dans ce cas, on irait voir ailleurs. On n'a rien à perdre.

– Sauf du temps, maugréa Peggy. Temps qu'on aurait pu passer autre part.

– Kennedy a fait en son temps une déclaration sur l'assassinat : "S'il existe quelqu'un d'assez fou pour vouloir tuer le président des États-Unis, il peut le faire. Il lui suffit d'être prêt à donner sa vie contre celle du Président."

– Et alors ?

– Ce pays a consacré des milliards de dollars à l'antiterrorisme depuis le 11-Septembre, pourtant on n'a pas été capable d'arrêter un type avec une bombe dans son slip sur un vol pour Detroit. Nous devons faire de notre mieux. Personne ne nous a désignés comme les sauveurs du Président ; ça, c'est le boulot des services secrets.

– Et si Kate Sinclair et Rex Deus les ont infiltrés ? Ce n'est pas impossible, tu sais. On dirait qu'elle s'est déjà immiscée partout dans Washington. Alors pourquoi pas l'équipe du Président ?

– Ça ne nous en rend pas responsables pour autant.

– Officiellement non. Moralement, peut-être.

– Je ne suis pas l'arbitre moral de la nation, laissa tomber Holliday d'une voix amère.

– Tu devrais, peut-être. Il nous en faudrait bien un. Même les voix dans le désert finissent par se faire entendre.

– Kessler nous a montré la direction, crois-moi, Peg. Il en sait plus qu'il ne le dit. Il s'est introduit dans toutes les administrations depuis Reagan. Il veut que nous soyons là. Il sait que quelque chose va se passer à Winter Falls, ce soir, et il espère qu'on va pouvoir l'empêcher.

– Comment ? Qu'est-ce qu'on cherche ?

– Tritt. Il sera dans les parages, je te le garantis. Et, cette fois, ce ne sera pas juste un assassinat. Si Kessler a raison, il va en faire des tonnes. Kate Sinclair a besoin de quelque chose d'assez gros pour appâter Matoon et tout le reste.

– Je crois qu'on a tous les deux perdu la tête. J'ai l'impression de me retrouver dans une de ces théories du complot qui s'accumulent sur Internet. C'est comme si... ça n'a pas l'air vrai, on ne peut pas se retrouver plongés dans une affaire comme celle-là. Pourquoi nous ? Deux citoyens ordinaires au milieu d'un coup d'État militaire, ici, au cœur des États-Unis ? C'est dingue.

– Raconte ça à John Wilkes Booth. C'était un acteur de deuxième zone, pourtant il a changé le cours de l'histoire américaine en assassinant Abraham Lincoln. Adolf Hitler était un artiste raté et un simple caporal ayant combattu lors de la Première Guerre mondiale. Pourtant, il a été le principal responsable de la mort de cinquante millions de personnes. Parfois, les théories de la conspiration peuvent être justes, ma chérie. »

Holliday jeta un coup d'œil à sa montre. Encore deux heures avant la confrontation. Ils allaient se mettre en retard.

Il toucha le bras de Peggy.

« Viens, dit-il doucement. Il est temps d'y aller. »

32

Assis dans son petit bureau de la mairie, le chef Randy Lockwood était assiégé par les trois agents à tête de mangouste qui lui collaient aux trousses depuis 8 heures du matin. Dotty lui avait dit de porter son grand uniforme par respect pour le Président, mais il éprouvait un léger sentiment de ridicule. Outre le fait que, dans les autres villes, on ne l'arborait que pour les enterrements de policier, il faisait un froid de canard ce jour-là, et Lockwood sentait le vent s'immiscer par toutes ses boutonnières cuivrées. Comme si cela ne suffisait pas, il était aussi très gêné par tous ces galons, ces médailles et autres citations.

Un seul de ses trois interlocuteurs, l'agent spécial Saxby, lui avait parlé jusque-là. Les deux autres semblaient chargés de surveiller Saxby, à moins que ce ne soit Lockwood lui-même, il n'aurait su le dire.

« Ça ne sert à rien ! lança Saxby. Il faut envoyer quelqu'un leur parler.

– Je n'ai rien à voir avec ça, dit Lockwood. C'est le directeur d'Abbey School qui l'a suggéré au proviseur du lycée, et ensemble ils ont étendu l'invitation au Président.

– Personne ne nous a demandé notre avis, ni à nous, ni à la Sécurité, ni aux services secrets, grommela Saxby. Ce crétin pose sa crotte et déclenche une opération qui coûte plus d'un million de dollars au contribuable. De plus, cela nous empêche de faire ce que nous avons à faire, c'est-à-dire traquer les terroristes, et non pas escorter un intérimaire chaque fois qu'il voyage aux frais de la princesse.

– Je n'y suis pour rien ! Je n'ai même pas voté pour lui.

– Après cette attaque en Virginie, le niveau de sécurité est passé à l'orange. Vous savez ce que ça veut dire ?

– Oui, répondit sèchement Lockwood. C'est comme commander un Venti Frappuccino chocolat blanc et moka chez Starbucks. "Defcon One", "Broken Arrow", "Bent Spear", et toute cette terminologie de merde à la James Bond que vous croyez bon d'utiliser tous autant que vous êtes. C'est énorme, je suppose ?

– Dites-le comme vous voudrez, chef Lockwood, mais ça signifie qu'il y a un grand risque d'activité terroriste à travers le pays en ce moment. Et nous prenons tout ça très au sérieux. Et vous, vous devriez en faire autant.

– Je suis de la vieille école, agent Saxby. Le genre que mon père traitait de crétin, de type ordinaire. Alors vous êtes prié de m'écouter quand vous êtes dans ma ville, compris ? J'étais *quarterback* au football, parce que je voulais impressionner les filles. Quand je suis parti au Vietnam, j'ai compris qu'il ne s'agissait pas de tuer du Viêt-Cong, mais de survivre, heure après heure. Quand j'y suis retourné, pour une deuxième affectation, c'était dans le but d'obtenir un grade et une retraite.

« Une fois revenu au pays, je me suis mis à distribuer des amendes et je suis allé à la pêche. Le dernier crime qu'on a eu à Winter Falls remonte à vingt-cinq ans, quand une de nos vacancières a découvert que son mari profitait de son absence pour s'envoyer une fille à New York. Le tribunal a considéré qu'elle avait été poussée au meurtre et elle a écopé d'une peine de prison de trois ans avec sursis. Aujourd'hui, elle fait partie du conseil d'administration de l'école.

« Je ne vais pas m'affoler avec vos codes rouges ou je ne sais quoi. Ce match aura lieu à Abbey School, pas au milieu du World Trade Center, et le Président ne sera ici que quelques heures. Si vous n'arrivez pas à repérer un djihadiste dans cette foule, vous n'avez plus qu'à changer de métier. »

Saxby lui décocha un regard noir.

« Savez-vous pourquoi ces avions ont réussi à se jeter sur les tours du World Trade Center, monsieur le flic ordinaire ?

– À vous de me le dire, agent Saxby.

– C'étaient des cibles, chef Lockwood. Faciles à atteindre. Les plus hauts buildings de New York. Et que vous les regardiez depuis le nord ou depuis le sud – et les avions venaient de cette direction – on aurait dit deux gros pavés de béton. Même comme ça, ils ont presque manqué le premier. Une authentique cible. Et c'est exactement ce que vous êtes, chef Lockwood, contraventions ou pas, pêche à la ligne ou pas. Ici, avec le Président dans vos murs, c'est comme si vous aviez dessiné une cible au milieu de la ville, que ça vous plaise ou non. Vous êtes la ville la plus sûre d'Amérique, avec le président des États-Unis dans le mille. Oussama ben Laden n'aurait pas rêvé mieux.

– Espérons que vous faites erreur, agent Saxby. J'ai mis tous mes effectifs à votre disposition, dont la moitié aux services secrets, pour qu'ils travaillent avec vos hommes. Tout le monde connaît tout le monde, ici. Les étrangers se voient comme le nez au milieu de la figure. Ce n'est pas pareil en été, quand les touristes vont et viennent toute la journée. Ils ont amené des chiens renifleurs pour vérifier qu'il n'y a pas de bombe sous les sièges de la patinoire ; ils ont placé partout des détecteurs de métaux. Sa Majesté va venir. On a préparé un point d'atterrissage pour l'hélicoptère, dans le parc, devant la mairie. Il sera attendu par deux Cadillac Escalade des services secrets arrivées ce matin, et vous, les gars, vous avez ce petit hélicoptère qui a ronronné toute la journée à la recherche d'éventuels tireurs planqués sur les toits. Je ne vois vraiment pas ce qu'on pourrait faire de plus. »

Soudain, l'expression de Saxby changea, passant du revêche à la lassitude. À croire que tout le poids du monde lui tombait sur les épaules, l'écrasait; il paraissait avoir vieilli avant l'âge.

« C'est toujours la même chose, chef. Vous faites toujours ce que vous pouvez, vous couvrez vos bases, vous surveillez les coins et recoins, mais ça ne suffit jamais. La plupart du temps, ce genre de chose représente le boulot le plus assommant du monde. Vous avez lu tous les polars de Tom Clancy, vu toutes ces émissions de durs à cuire à la télévision, mais c'est de la merde; la recherche des terroristes, c'est de la merde. Voilà trente-deux ans et sept mois que je fais ce métier. Encore cinq mois avant la retraite et, depuis le premier jour je suis sur les nerfs parce que je n'en fais jamais assez. Parfois vous laissez passer un détail, parfois, sans crier gare, tout vous saute à la figure et vous arrivez une demi-seconde trop tard. Vous couinez de désespoir quand vous auriez cru crier de joie, vous partez à gauche quand vous auriez dû prendre à droite et, depuis trente-deux ans et sept mois, j'ai les nerfs en pelote à force de guetter cette erreur. »

Il marqua une pause avant de reprendre :

« Mon agent d'assurances m'a dit que tout un chacun avait un train de marchandises qui surgissait un jour au passage à niveau, mais quand on le voit arriver, il est trop tard.

– En voilà un qui a compris comment vendre ses polices d'assurance », répliqua Lockwood dans l'espoir d'alléger un peu l'atmosphère.

Mais il comprenait exactement ce que voulait dire cet agent grisonnant du FBI. On ne savait jamais d'où viendrait la balle qui vous tuerait. Un de ces jours, il pourrait arrêter un voyou pour conduite en état d'ivresse et se retrouver face au canon d'une arme à la sortie d'une fête un samedi soir, et finir dans l'uniforme qu'il portait en ce moment, mais allongé sur le dos dans un cercueil tapissé de satin. Au-dehors, un camion-citerne Sandri Sunoco passa dans un lourd grondement. Le vent se levait et la neige tombait de plus en plus dru. La nuit s'annonçait difficile à Winter Falls.

Saxby grimaça un petit sourire.

«Je voudrais juste que tout ça s'arrête et que l'ex-Président s'en aille ; à ce moment-là, peut-être, chef Lockwood, on pourrait aller se boire une bonne bière bien fraîche et manger un bon steak avant de se raconter d'autres souvenirs de guerre.

– Ainsi soit-il», acquiesça Lockwood.

33

Malcolm Teeter, qui aimait que ses amis l'appellent Stryker, son personnage préféré dans le jeu vidéo *Mortal Kombat*, attendait seul au volant du camion Sunoco garé derrière le centre commercial de Winter Falls, le long de Crooked Pond Road. Le détonateur de la bombe ANFO de trente-quatre mille litres et vingt-sept tonnes qui remplissaient la citerne rouge, blanc et bleu, se trouvait devant lui sur le tableau de bord. Fait d'un servo-mécanisme radiocommandé récupéré sur un modèle réduit de canot à moteur acheté dans un magasin d'électronique à Portland, le détonateur était relié à quatre piles de six volts et à un déclencheur numérique, du genre de ceux qu'on utilisait avec les fusées antichars.

Le nouveau gars leur avait montré comment s'y prendre pour commander ce type de matériel sur Internet. Il était allé jusqu'à leur procurer ce qui apparaissait comme une réplique parfaite de l'uniforme des gardes nationaux du New Hampshire, afin qu'ils puissent se fondre dans la foule durant l'opération *Winter Falls*.

Il s'était présenté sous le nom de Barfield et il paraissait sympathique, juste un peu trop tranquille. De toute façon, Malcolm n'était pas idiot. Dans moins d'une semaine, bien que personne n'ait rien dit, on saurait qui était le patron, et il pouvait au moins jurer une chose, ce ne serait plus ce satané Wilmot DeJean. Il en avait le rang, d'accord, et rappliquait toujours, l'air de dire « C'est moi le directeur de l'école », alors que c'était le plus souvent Barfield qui leur montrait ce qu'il fallait faire. Par exemple comment se débarrasser de tous ces restes de hot-dogs, pourquoi ne pas porter son pistolet sur le côté, comment se mêler à une foule sans éveiller les soupçons avec ses tatouages ou ses rangers, ou encore, la différence qu'il y avait entre regarder et vraiment voir et, par-dessus tout, la patience.

Malcolm n'aimait pas trop conduire le petit camion, mais, comme le disait ce Barfield, c'était le plus important parce que le premier. Il détournerait les policiers du vrai centre des opérations – l'école – pour les ramener par ici, plus au nord. Selon Barfield, il y aurait beaucoup de flics dans la ville et, quand on descendait Main Street, on sentait presque déjà leur présence.

Lorsqu'on traversait le parc pour passer devant le poste de police et la caserne des pompiers, on en voyait partout. Il fallait vraiment être idiot pour porter un porte-documents et un pardessus et rester debout à un coin de rue sous la neige qui tombait. Il n'y avait que les services secrets ou les fédéraux pour faire ça.

Bien entendu, personne ne repéra Malcolm, et c'était le plus important. Sunoco était pour ainsi dire le plus gros distributeur de fioul domestique de l'État, et comptait des stations à peu près partout. Qui remarquerait un camion-citerne au beau milieu de l'hiver ? Ils étaient censés rouler à toute heure du jour et de la nuit.

Pourtant, Malcolm n'aimait pas stationner loin du centre. Des six camions, c'était le seul qui ne se trouverait pas à proximité de la patinoire. Heureusement qu'il jouait un rôle clé, comme l'avait déclaré Barfield, mais ça ne le faisait pas remonter dans – comment disait-on, déjà ? – dans son amour-propre. Il se sentait un peu comme la cinquième roue du carrosse.

Teeter jeta un coup d'œil à travers le pare-brise à moitié couvert de givre. Le parking en face du grand supermarché. Presque l'heure de la fermeture. Il ramassa la petite commande radio qui allait faire détoner les bombes entassées à proximité du mur latéral du centre commercial. Il était peut-être la cinquième roue du carrosse, mais il connaissait les statistiques.

Il sourit. Il voyait déjà les estimations et les comparaisons dans les journaux. La bombe d'Oklahoma City avait creusé un cratère profond de dix mètres et fait s'écrouler la moitié d'un immeuble de bureaux, causant des dommages sur tout le pâté de maisons. Celle-ci vaporiserait le supermarché tout entier et une demi-douzaine d'autres magasins dans le centre commercial.

Il allait recevoir un appel téléphonique de Barfield. Ce serait le signal pour descendre du camion avec le détonateur, pour appuyer sur le bouton de commande et puis détaler. Il aurait cinq minutes pour se mettre à l'abri et filer vers le rendez-vous de Pine Street. Il vérifia de nouveau sa montre. Vingt minutes. Il mit un concert de Tina Turner sur son iPod. Elle savait chanter, la garce.

Le général Angus Scott Matoon se tracassait au fond de son bureau du Pentagone. Il était 20 heures et, jusque-là, aucune nouvelle ne leur était parvenue de Winter Falls. Cela pouvait tout dire ou ne rien dire, mais si l'opération *Croisade* devait réussir, il devrait rendre les hommes de *Feu de prairie* opérationnels et vite. Il en avait suffisamment en place pour s'emparer des unités de commandement, petites, mais vitales, des télécommunications par satellite du pays ; en revanche, il aurait besoin de temps pour rassembler les rênes du pouvoir dans son seul poing. *Croisade* était une corde raide, il fallait plonger brièvement l'Amérique dans le chaos avant que le vice-président Sinclair n'arrive à la rescousse. S'il commandait les chefs d'état-major de l'armée, Matoon avait également la direction du peu connu et encore moins documenté USNorthcom, le commandement des États-Unis d'Amérique du Nord – une défense forte d'un million d'hommes pour contrôler la terre, la mer et le ciel autour des États-Unis, du Canada et du Mexique. Présent essentiellement aux États-Unis et dans ces deux pays souverains, l'USNorthcom était censé imposer, le moment venu, la loi martiale de fer ordonnée par le Bureau ovale et le commandant en chef. Cette force avait été créée en secret juste après le 11-Septembre, puis augmentée par la suite, durant les crises économiques de 2008 à 2010, à mesure que grandissaient la crainte de subir d'autres effondrements bancaires et la menace d'une guerre civile.

Dès que le mot se répandit, annonçant que l'opération *Croisade* avait commencé, la principale préoccupation de Matoon avait été de prendre le contrôle d'une unité portant le nom euphémique de « Force de gestion de l'impact », puissante force de la police nationale gérée comme une armée, issue du quartier général de l'USNorthcom situé sur la base de la Patterson Air Force, dans l'Ohio. Rien de tout cela ne serait possible tant qu'il n'aurait pas obtenu la maîtrise des systèmes satellites, plaçant *de facto* Rex Deus à la tête de la nation. Il regarda sa montre. Incapable d'attendre plus longtemps, il décrocha le téléphone rouge devant lui sur le grand bureau de chêne qui avait autrefois appartenu au général Robert E. Lee, et composa un numéro.

« Nous avons un *feu de prairie.* »

Tout se passa comme sur des roulettes. L'hélicoptère se posa au centre de la grande cible de toile installée sur la pelouse enneigée du petit parc de la mairie, dans Croppley Street. Le Président, tout sourire, descendit de l'appareil en sautillant, serra les mains de la maire Dotty Blanchette. Avant de mourir de froid, tous deux se précipitèrent à l'intérieur de la Cadillac placée au centre de la file des neuf voitures qui allaient former un cortège jusqu'à Abbey School.

La patinoire de l'école était située sur les fondations de ce qui avait été le principal enclos à bestiaux du temps des fromages de brebis, avant de se voir transformée en terrain de cricket à la grande époque des jeux dans l'école, tandis que la large surface à l'est du bâtiment principal avait été métamorphosée en terrain de base-ball. Étant donné que le New Hampshire comptait jusqu'à cinq mois d'hiver, il suffisait de tondre le gazon du terrain et de l'arroser dès la fin d'octobre, ou au début de novembre, pour en faire une patinoire. Et puis le futur Président montra de quoi il était capable en renvoyant tous ses adversaires dans les cordes. Il gagna tant de matches qu'il parut naturel de couvrir le terrain en question et d'y ajouter des sièges pour les spectateurs.

Auparavant, le match classique entre Winter Falls et Abbey School avait lieu en plein air, sur la patinoire du lycée, mais il fallait que ce soit aux heures du jour, si bien que les spectateurs ne se bousculaient pas. Grâce à la patinoire couverte d'Abbey School, tout changea radicalement ; cela commença par de spectaculaires exhibitions des deux écoles : majorettes pour le lycée, revues exclusivement masculines pour Abbey School. Avec ses deux mille cinq cents places, la salle pouvait accueillir la moitié de la population de la ville, ainsi que les élèves des deux établissements.

Les orchestres jouaient, on vendait programmes et hot-dogs pour rapporter un peu d'argent aux bonnes œuvres des deux écoles. Pour ce qui était d'Abbey School, cela consistait à envoyer vingt dollars par mois pour entretenir un enfant de sexe indéterminé, appelé Sui Sang, à Hong Kong ; quant au lycée de Winter Falls, cela consistait à verser vingt dollars par mois pour l'Armée du salut.

Tout cela était conforme à l'association typiquement américaine du sport et de la charité ; à sa façon, la cérémonie de lancer du palet revêtit son propre cachet, se haussant à la hauteur du Prix de l'homme ou du Prix de la femme de l'année décernés par l'université Harvard. Des célébrités de tout poil y avaient été conviées, de Dick Cheney et Wayne Gretsky à Pee-wee Herman et Howie Mandel. Le lancer du palet au début d'un match Abbey School-Winter Falls était très couru par les photographes, spécialement lorsque le *New York Times* décidait d'en faire sa première page et d'en profiter pour annoncer la sortie prochaine de l'autobiographie, *Promesses, Promesses*, que le Président ne manquerait pas d'écrire tôt ou tard.

Le trajet vers le vieux rempart gris d'Abbey School ne prit pas plus dix minutes, même à ce rythme de procession – plus qu'il n'en fallait à Morrie pour demander où se trouvait la pulpeuse Shannon O'Doyle... Morte, lui avait annoncé une Dotty navrée, depuis près de dix ans, d'un cancer du sein.

Ils passèrent le portail principal, surveillé par deux voitures de patrouille aux gyrophares clignotants, histoire de montrer qu'on ne plaisantait pas, avant d'emprunter la grande allée qui longeait le bâtiment principal et les anciens cloîtres en direction de la patinoire, un édifice triangulaire de verre et d'acier, qui n'avait rien de commun avec le style XIXe de cette sombre et austère école.

Trois minutes plus tard, Dotty, Morrie et le Président se virent escortés jusqu'à leurs places par deux scouts, l'un d'Abbey School, l'autre du lycée. Les flashes crépitèrent de toutes parts tandis que les haut-parleurs annonçaient l'arrivée des deux équipes. Les hommes s'alignèrent pour serrer la main de celui qui tenait les rênes du monde. À 19h15, les festivités commencèrent. Quarante-cinq minutes de musique d'école et de discours stupides, puis le palet serait enfin lancé.

Personne ne remarqua le gros camion-citerne Sunoco stationné à côté du bâtiment principal, ni l'homme en uniforme Sunoco, un tuyau à la main devant une colonne d'alimentation ordinaire. Personne, semblait-il, ne s'avisa que si l'on pouvait garer un camion devant l'école ce soir-là, il aurait dû s'agir d'un camion de la Hess, une compagnie de distribution de gaz naturel, et non pas de cet imposant Sunoco jaune.

Le Gulfstream de Kate Sinclair atterrit à l'aéroport régional de Manassas et roula lentement vers les bâtisses 1930 qui composaient le terminal. À l'instant où le pilote coupait les moteurs, le téléphone satellite de Mike Harris tinta de nouveau. Il prit la communication avec un sourire satisfait.

« Eh bien ? » demanda la vieille dame d'un ton irrité.

Elle détestait que d'autres sachent ce qu'elle ignorait encore.

« D'après le GPS, ils sont à Winter Falls.

– Envoie un message à toutes les patrouilles. Qu'on les récupère à temps. »

Sa voix de fumeuse se cassa dans sa gorge et elle sentit son cœur se serrer d'impatience. Intérieurement, elle souriait. Cela n'aurait pas mieux marché si c'était elle qui avait tout organisé. Avec les gens de Matoon aux commandes et l'*habeas corpus* suspendu par la loi martiale, on pourrait récupérer en toute légalité l'inestimable calepin de Holliday, même sur le sol américain. Nanti de la fortune énorme qu'il représentait, Rex Deus régenterait le monde occidental pendant mille ans.

« Qu'on les mette en détention jusqu'à ce que je décide ce que je ferai d'eux. »

34

William Tritt avait réparti de petites unités du Bras droit du Maine, en uniforme de la garde nationale, dans les maisons de tous les membres de la police de Winter Falls qui n'étaient pas en service, de tous les membres du bureau du shérif du comté de Carroll qui vivaient dans un rayon de trente kilomètres autour de la ville, et dans les maisons de tous les pompiers de la région qui n'étaient pas de garde. Ainsi, ces dangers potentiels se retrouvaient soit bâillonnés et ligotés, soit morts, s'ils avaient opposé la moindre résistance.

Le reste de ses petites troupes s'était dispersé dans les bois autour d'Abbey School. Bien sûr, c'était un peu une mission suicide, mais il avait raconté assez d'histoires sur les soulèvements d'une population gagnée à une cause pour convaincre les hommes du Bras droit du Maine qu'ils allaient réussir.

Bien entendu, Tritt s'en moquait éperdument ; il accomplissait le travail pour lequel il était payé. Ce qui se produirait ensuite ne le concernait pas. Jusqu'aux déflagrations, ils étaient censés empêcher quiconque de sortir de la patinoire. Pour sa part, il avait regagné sa chambre, dans un petit hôtel de South Main Street. Son ordinateur ouvert sur le lit, il attendait la confirmation du dernier versement sur son compte suisse. Il n'avait pas l'intention de rester à proximité des feux d'artifice au moment où ils se déclencheraient. En fait, il comptait bien se trouver alors à des kilomètres de là.

Dean Crawford pilotait sa voiture de police sous la neige. Il effectuait sa tournée habituelle du nord du Maine, qui le mènerait le long du lac, jusqu'à Goose Corner et retour. Ensuite, il ferait un arrêt au centre commercial, où il prendrait le temps de déguster son repas chez Denny, avant de poursuivre sa navigation en sens inverse, et de finir ainsi son service.

Ce soir, tout le monde était sur le pied de guerre à cause de la visite du Président, mais Crawford exerçait son métier de flic depuis trop longtemps et il l'avait exercé en tellement d'endroits qu'il lui en fallait plus pour se faire du mouron. Il cherchait à éviter à tout prix les embrouilles, sous quelque forme qu'elles apparaissent. Un passage en Irak durant la guerre du Golfe plus une décennie dans la police du comté de Miami Dade, puis dans celle de Baltimore lui avaient appris à passer à côté des coups tordus. Même le mariage était une embrouille, il ne le savait que trop après son troisième divorce. Non pas qu'il soit un mauvais flic. Il pouvait se montrer fier de ce qu'il avait accompli, mais, à la longue, il fallait penser à lever le pied.

En tout cas, en ce moment du moins, il était parfaitement heureux d'effectuer sa tournée habituelle jusqu'à la station d'épuration et retour, en surveillant les alentours au cas où un intrus surgirait, ce qui ne se produisait jamais à cette époque de l'année. Car la plupart des délits avaient lieu à la belle saison, à Winter Falls comme partout ailleurs ou presque. Les truands n'aimaient pas le froid, pas plus que les grosses chaleurs. Par une nuit pareille, le pire qui pouvait lui arriver serait une voiture coincée au milieu des congères, ou un cas de conduite en état d'ivresse. Et ça lui allait très bien comme ça. Il rentrerait à la fin de sa tournée de 16 heures à minuit, regagnerait son petit pavillon au bord de l'étang et regarderait une émission tardive à la télé, en buvant une bière ou peut-être deux. Seul. Peinard.

Crawford quitta Willow Street pour entrer dans Crooked Pond Road, où donnait le parking du centre commercial. Tout paraissait fermé sauf l'agence d'assurances et Denny. Le reste était plongé dans l'obscurité. La neige tombait abondamment, à présent, et le vent soufflant du lac faisait tourbillonner les flocons, qui prenaient l'allure de minuscules tornades dans la lumière jaune des lampes au sodium. Un gros camion-citerne Sunoco ravitaillait l'agence, et Crawford se demanda si les conducteurs de ces énormes véhicules recevaient des primes pour rouler par un temps pareil. C'était vraisemblable. Les heureux veinards ! À entendre son chef, il semblait qu'on ne pouvait prendre la tournée de minuit à 8 heures du matin que si l'on n'était pas marié, et il allait de soi qu'on ne faisait pas d'heures supplémentaires.

D'un autre côté, il avait eu des patrons pires que Lockwood. Le vieux savait ce que c'était que se battre. Et il n'était pas toujours facile de revenir du front. Cela vous marquait, et vous marquait très jeune, et ceux qui n'avaient pas vécu cela ne pouvaient pas comprendre. Lockwood, lui, comprenait ; aussi ses sautes d'humeur occasionnelles ou ses remarques acides n'étaient-elles jamais prises au pied de la lettre. Lockwood comprenait également que, parfois, un homme avait besoin de quelque chose de plus fort qu'une bière ou deux pour s'endormir s'il voulait écarter les mauvais rêves. Cela aussi, c'était un avantage.

Crawford gara sa voiture devant chez Denny puis débrancha sa radio. Il s'assura que son volumineux PDA Motorola restait bien à sa place dans l'étui accroché à sa ceinture, et il sortit. Il s'étira quelques secondes puis il fonça sous la neige envahissante et pénétra dans le restaurant. Il n'y avait pratiquement personne à part un couple au fond de la salle et deux ou trois autres clients installés au comptoir, sans doute des habitués qui vivaient dans les parages, des gens qui sortaient du travail, peut-être aussi le conducteur du Sunoco. À vrai dire, les gens du coin étaient tous au match de hockey. Lui-même aurait pu y aller.

Une serveuse à l'air las arriva avec le menu, mais il commanda d'office ce qu'il prenait tous les soirs : un steak avec des œufs et des pommes de terre sautées. Et un café. Il trouva sur son siège le dernier numéro du *New Hampshire Gazette* et se mit à le feuilleter en attendant son dîner.

La serveuse posa devant lui une grande assiette fumante et il attaqua son repas tout en lisant le journal. Au beau milieu d'un article proposant une nouvelle taxe sur les banques, il s'interrompit, reposa sa fourchette. En provenance de Crooked Pond, il venait d'apercevoir une voiture de location, à en croire le numéro de sa plaque d'immatriculation et le badge JFK Hertz sur le pare-brise, qui partait dans le sens opposé. Il remarqua même le numéro : ABC 2345, digne d'une plaisanterie de gamin. Qui donc irait louer une voiture à JFK pour venir au nord du New Hampshire par un temps pareil ? Certes, il devait exister une centaine de bonnes raisons pour ça, mais son flair de policier le chatouillait et cela lui coupa l'appétit. Sortant son PDA, il consulta les avis de recherche et mandats d'arrêt, et reçut presque aussitôt la réponse.

« L'enfoiré ! marmonna-t-il.

– Pardon ? »

Crawford leva la tête. La serveuse se tenait devant lui, un pot de café à la main. Il jeta dix dollars sur la table, regarda l'écran du Motorola et prit une longue inspiration avant d'éteindre la machine.

« Faut qu'j'y aille », annonça-t-il.

J'y crois pas ! Une foutue embrouille à Winter Falls, New Hampshire.

Rangeant l'appareil dans son étui, il se leva ; il avait déjà oublié son dîner. Il sortit en courant de la salle à peu près déserte.

Holliday et Peggy roulèrent jusqu'à Sugar Hill Road, à la périphérie de Winter Falls. C'était lui qui conduisait. Ils avaient passé presque toute la journée à chercher des indices du passage de Tritt, mais sans succès. Ils n'avaient vu qu'une ville partout occupée par les services secrets. Holliday avait même aperçu çà et là des gardes nationaux, ce qu'il estimait quelque peu excessif. Il prit la direction de South Main Street et l'autoroute qui menait vers la sortie de la ville. Kessler s'était trompé ; aucune menace ne pesait de ce côté-là.

« Quand je pense que la presse a gobé cette farce du Djihad al-Salibiyya, maugréa-t-il irrité. Ils n'ont donc plus de journalistes d'investigation ?

– Aujourd'hui, il n'y en a plus que pour les blogs et l'opinion », répondit Peggy.

Le chauffage ne fonctionnait plus depuis un moment et elle frissonna.

« C'est Internet qui a massacré la presse, poursuivit-elle, et le vrai journalisme est mort avec elle. On ne diffuse plus d'information, on se contente d'un bla-bla-bla racoleur. Un gamin autiste retrouvé dans un marécage ou un type caché sous la chaire de son église, qui survit à un ouragan, ça marche mieux qu'une guerre à l'étranger ou un désastre qui ferait des dizaines de milliers de victimes. Quand on vit en dehors des États-Unis, comme ça m'est arrivé, on se rend compte à quel point on se regarde le nombril. »

À côté d'elle, Holliday tressaillit.

« Qu'est-ce qui se passe ?

– Je crois qu'il y a une voiture de police derrière nous, répondit-il.

– Ce n'est sûrement rien. Il y a des flics partout, dans le coin, ce soir. »

Soudain, le gyrophare de la voiture s'alluma et un coup de sirène retentit.

« Il veut qu'on s'arrête.

– On peut lui échapper ?

– Dans une Ford Escort ?

– Bon, on a nos papiers.

– Espérons que Pyx a bien fait son boulot », dit Holliday.

Il se gara et vit l'autre véhicule faire de même derrière lui. Rien ne bougea ; aucun flic n'en sortit.

« Qu'est-ce qu'il fabrique ? demanda Peggy.

– Il y a quelque chose qui cloche.

– PAS UN GESTE ! » lança un porte-voix dans l'obscurité enneigée.

Ce fut là que toutes les lumières du monde s'allumèrent.

35

« Je n'ai plus l'âge pour ça ! » soupira Holliday. Peggy et lui se retrouvaient menottés de chaque côté d'un bureau métallique, dans une salle d'interrogatoire à peine plus grande que des W.-C. D'ailleurs, l'odeur pouvait confirmer cette impression, un désinfectant au pin masquant à peine les relents d'urine, de flatulences et de vomi d'ivrogne.

Apparemment, Winter Falls aimait mener des interrogatoires précis et directs. Ils aperçurent une caméra vidéo à l'ancienne avec micro intégré sur un support en angle ; quant à la glace sans tain, elle était si vieille que le film d'aluminium semblait s'effriter de partout, au point qu'on voyait tout ce qui se passait dans la salle de police.

La scène sur la route à la sortie de Winter Falls aurait pu se dérouler dans un film de Bruce Willis, avec des flics de toutes tailles jaillissant des voitures et des camionnettes alentour, certains en uniforme, certains en civil, et certains visiblement appartenant au FBI.

À un moment, Peggy et Holliday se retrouvèrent menottés, grelottant sous la neige, alors que la Sécurité intérieure, la police d'État du New Hampshire et le FBI se disputaient pour savoir qui avait la priorité.

Finalement, un flic en grande tenue vint les chercher pour les faire entrer dans une voiture de police municipale, regarda les autres en fronçant les sourcils avant de les évacuer vers le poste. L'affrontement avait été brutal, car tous ces types avaient voulu montrer qu'ils avaient des couilles. Malgré l'odeur ambiante, Holliday ne pouvait s'empêcher de respecter le flic grisonnant. Il aurait juré que l'homme avec fait ses débuts dans les marines ou dans les rangers.

« Qu'est-ce qu'on fait maintenant ? demanda Peggy.

– On subit les interrogatoires des flics locaux et on remonte la chaîne de commandement jusqu'aux plus haut gradés. À moins qu'on ne nous envoie directement à Guantanamo.

– Je croyais qu'ils l'avaient fermé.

– Difficile de mettre en pratique les bonnes idées.

– Tu connais quelqu'un qui pourrait nous tirer de là ?

– Je connais des tas de gens, sauf que je ne sais plus de quel côté ils sont maintenant. »

Il regarda la pièce autour d'eux.

« Il va falloir attendre, j'en ai peur, conclut-il.

– Je ne suis jamais allée en prison. Il ne nous faudrait pas un avocat ?

– On a largement passé ce cap, petite. On est maintenant plongés jusqu'au cou dans le marécage de la Sécurité nationale. »

Le flic en grand uniforme reparut, mais il s'était débarrassé de sa veste aux boutons de cuivre. Il ferma la porte derrière lui et s'assit sur la chaise restée libre.

« Ça roule ? » s'enquit-il.

Il avait l'air irrité.

« Ça roule ! répondit Holliday.

– Lequel d'entre vous pourrait me dire pourquoi je ne suis pas assis en ce moment avec le président des États-Unis, à regarder un match de hockey et à me faire prendre en photo ?

– Parce qu'il va se passer dans cette ville quelque chose d'effroyable à moins que vous ne vous en occupiez tout de suite.

– À ce point-là ?
– À ce point-là.
– Expliquez.
– Un homme que je connais, Max Kessler, qui a été le conseiller de tous les Présidents depuis le premier Bush, a dit que votre ville allait être la cible d'une gigantesque attaque terroriste, qui devrait servir de façade à une prise de pouvoir de la présidence et du pays tout entier par Kate Sinclair et son fils, le vice-président, ainsi qu'un chef d'état-major de l'armée, le général Angus Scott Matoon, tous membres d'une organisation religieuse semi-secrète, appelée Rex Deus. Ils étaient déjà derrière l'assassinat du pape par un tireur américain.
– Vous vous fichez de moi ! s'emporta le flic. On dirait un roman de Dan Brown. Du Tom Clancy sous stéroïdes.
– Pas le moins du monde, assura Holliday. C'est tout ce qu'il y a de réel.
– Et vous voulez me faire avaler ça ?
– Non. Ce qui ne change rien au fait que c'est vrai. Beaucoup de gens n'ont pas cru Paul Revere[1], non plus. »
Le flic soupira et remonta les manches de sa chemise. Langage corporel de policier pour dire « Maintenant on passe aux choses sérieuses ». Holliday éclata de rire. Ce qui n'était pas la réaction à laquelle s'attendait Lockwood.
« Ça vous fait marrer ?
– Je m'y attendais.
– À quoi ? »
Holliday désigna du menton le tatouage à la tête de mort enrubannée qu'il portait sur l'avant-bras.
« Ranger un jour, ranger toujours ! s'exclama-t-il.
– J'étais dans le premier bataillon, dit Lockwood.

1. Héros de la révolution américaine, à qui l'on attribue le fameux « Les Anglais arrivent ! » à la veille des batailles de Lexington et Concord, en 1775 *(N.d.T.)*.

– *Lurp*», rétorqua Holliday.

Ce qui signifiait LRRP, ou « Patrouille de reconnaissance à longue portée ».

« Où ?

– Chu Lai, vallée d'Ah Shau. Toutes ces belles plages de Nha Trang.

– Pareil pour moi. Alors vous avez dû connaître Nguyen Coung.

– Un éclaireur Kit Carson – un des meilleurs. Bien sûr que je le connaissais. »

Peggy était complètement perdue.

« Alors c'est vrai ! reprit le policier.

– Vrai, dit Holliday. Sua Sponte et tout. Dix-huit ans et en pleine forme.

– Dans ce cas, pourquoi vous et votre amie êtes répertoriés comme terroristes et assassins ? Vous auriez semé les cadavres derrière vous. Avec des avis de recherche fédéraux. On pouvait tirer à vue.

– C'est une longue histoire.

– Je n'ai pas le temps pour les longues histoires. Les fédéraux vont débarquer ici d'une minute à l'autre et il faudra que je vous confie à eux. Pas le choix. Donnez-moi juste une version condensée, et je verrai ce que je pourrai faire.

– Vous avez entendu parler d'un certain Billy Tritt ? »

Malcolm Teeter avait vu le flic jaillir de chez Denny, et il n'attendit pas de vérifier après qui il en avait. Aussi discrètement que possible, il descendit de la cabine pour prendre ses jambes à son cou. Indubitablement, il désertait son poste et allait se faire incendier par ce Barfield, mais il savait parfaitement qu'il s'agissait d'une répétition générale et que cela n'avait pas d'importance. Autant sauver sa peau avant celles des autres.

Comme rien ne se produisit au bout de dix minutes, il se mit à douter, toujours caché derrière une palissade dans l'arrière-cour d'un inconnu, à moitié gelé, en train de fumer ses trois dernières cigarettes. Il savait qu'il restait un paquet de Lucky dans la boîte à gants ; ce fut finalement ce qui emporta sa décision, et non la crainte des représailles de Barfield.

Là, il eut de la chance. Il venait à peine de reprendre sa place dans le camion lorsque son portable sonna. S'il avait attendu une minute de plus, il aurait manqué l'appel. Il poussa un long soupir de soulagement, saisit le téléphone sur le tableau de bord et l'ouvrit.

À soixante centimètres de sa nuque, l'explosion activée par l'appareil enflamma les vingt-huit tonnes d'ANFO, transformant le camion-citerne en une grenade géante qui vaporisa Teeter sans lui laisser le temps de dire ouf.

Le choc se déploya exponentiellement, aplatissant le supermarché et le reste du centre commercial en moins d'une seconde. Des éclats de métal explosés de la citerne allèrent frapper les arbres et s'éparpiller dans les maisons voisines telles des lames de scalpel, tuant tout ce qui vivait dans un rayon de trois cents mètres.

Au moment où la deuxième explosion se déclencha, une monstrueuse boule de feu s'éleva du sol couvert de neige et s'épanouit en une tumeur incandescente.

Le bruit retentit comme une crevasse dans le monde, un train de marchandises surgissant au cœur d'une tornade, les trompettes de Josué faisant voler les vitres en éclats dans toutes les directions. La terre trembla, littéralement. Le miroir sans tain de la salle d'interrogatoire du poste de police de Winter Falls se brisa de part en part avant de s'écraser au sol, tandis que tout le bâtiment était frappé de violentes secousses.

« Seigneur Dieu ! hurla Lockwood, qui avait presque été éjecté de son siège. C'est quoi, ce bordel ? »

La lumière du plafond s'affaiblit, tremblota puis s'éteignit. La pièce fut plongée dans le noir.

« Le commencement, dit Holliday, près de lui. Maintenant, ôtez-nous ces menottes avant qu'il ne soit trop tard. »

36

La position du premier des camions-citernes, près du centre commercial, n'avait rien de fortuit. À trente mètres de là, planquée derrière le supermarché, se trouvait la principale sous-station de cent trente-deux kilovolts qui alimentait toute la ville de Winter Falls. Le grillage de deux mètres cinquante, surmonté de barbelés acérés, ne résista pas à la bombe et fut détruit dès les premières secondes de l'explosion.

Malheureusement pour les habitants de la ville, la principale station de distribution téléphonique se trouvait à quinze mètres de la sous-station électrique et du transformateur, si bien que les deux tours de téléphonie cellulaire les plus proches de Pine Hill Road furent aussitôt inopérantes. En un instant, presque tous les moyens de communication de Winter Falls furent anéantis.

Le bruit de la déflagration parvint jusque dans le stade de hockey d'Abbey School, la pression faisant vibrer les chevrons en arc de la toiture. En quelques secondes, les services secrets avaient lancé leur procédure d'évacuation standard pour le Président, mais furent coincés devant ce qui ressemblait à un feu d'armes légères provenant des bois. Le Président et sa suite furent conduits dans le vestiaire d'Abbey School, sorte de bunker souterrain en béton où ils seraient à l'abri.

« Où se trouve le Président, en ce moment ? » demanda Holliday.

Ils tentaient de se frayer un chemin à travers les bureaux de la brigade. La moitié du plafond s'était effondrée et ils devaient respirer un air infesté de poussière de plâtre. Autour d'eux retentissaient des cris, des quintes de toux, mais on n'y voyait rien. Holliday et Peggy tâchaient de rester sur les talons du chef Lockwood, qui suivait le mur en direction de la sortie.

« Attendez ! lança celui-ci d'une voix rauque en crachant un glaviot poudreux. Je sors un portable. »

À tâtons, il finit par trouver le casier de radios rechargeables utilisées par les policiers quand ils ne roulaient pas en voiture. Il en alluma une, mais n'obtint que des parasites.

« Bon sang ! »

Il eut beau taper sur le poste comme un malade, rien n'y fit. On n'entendait plus que les plaintes des gens bloqués sous les décombres du plafond.

« Des flashes, marmonna-t-il. Il nous faut des lampes flashes pour pouvoir sortir ces gens d'ici.

– On n'a pas le temps, insista Holliday. Cela n'était qu'un début ! Ne me dites pas que vous croyez que ça n'a rien à voir avec la présence du Président. »

Dans le noir, il parvint à agripper Lockwood.

« D'après vous, où est-il ?

– Dans la patinoire d'Abbey School, dit le chef. À l'abri.

– Et où les services secrets devraient-ils l'emmener en cas d'urgence ? un malaise, par exemple ?

– Par là. Son hélico attend dans le parc.

– Il faut arrêter ce salaud avant qu'il ne soit trop tard, insista Holliday en lui tirant la manche. Sortez-nous tout de suite d'ici.

– On a des blessés. Des gens qui dépendent de moi. Je ne peux pas les abandonner.

– Vous ne pouvez rien pour eux. Ce type a assassiné le pape et éliminé le vice-président. Il vient de faire sauter l'électricité et les communications. Je peux vous garantir qu'il ne s'en tiendra pas là. »

Lockwood finit par émerger dans le couloir, suivi de près par Holliday et Peggy. De véritables nuages de poussière de plâtre flottaient autour d'eux, transformant en fantômes les silhouettes qui se dirigeaient vers le portail vitré de l'entrée. Ils finirent par émerger au-dehors, sous les bourrasques de neige. Toute la ville était plongée dans l'obscurité, à part les phares des voitures qui roulaient lentement dans le parc. Aucun signe du cortège présidentiel.

« On va mourir de froid, dit Holliday en frissonnant.

– Suivez-moi », ordonna Lockwood.

Il les conduisit à travers la rue qui courait le long du bâtiment, vers une rangée de boutiques donnant sur la place. Il s'arrêta devant la plus grande et Holliday parvint à en déchiffrer l'enseigne à l'ancienne : LE PARADIS SPORTIF D'ONCLE JIMMY. Lockwood n'hésita pas. Il balança un violent coup de pied à travers la porte vitrée, passa le bras dans le trou et tourna le loquet de l'intérieur. Il entra le premier, suivi de Holliday et de Peggy. L'endroit était sombre et silencieux ; on y devinait une longue salle au plafond bas, divisée en plusieurs ailes. Lockwood trouva une grosse lanterne de douze volts et la promena à travers les lieux. Aux murs étaient accrochés des bois de cerfs, une tête d'élan et un marlin bleu laqué.

Il éclaira ensuite l'aile médiane qui s'achevait sur des étagères de vestes de chasse matelassées orange ou kaki. Ses compagnons suivirent le policier et chacun en attrapa une.

« Et maintenant ? demanda Peggy. Qu'est-ce qu'on fait ?

– Des armes, dit Holliday.

– Je ne suis pas certain de vouloir vous donner des armes, marmonna Lockwood.

– Je me fous de vos certitudes. Je ne vais pas me lancer à la poursuite de Billy Tritt sans un gros calibre à la main.

– Je pourrais y perdre mon boulot.

– Et moi ma vie.

– Bien vu. »

Holliday choisit un AR-15 avec une bretelle et le passa en bandoulière dans son dos. Il remplit ses poches de munitions puis prit un Mossberg calibre 12, fourra cinq cartouches dans le magasin et en ajouta une vingtaine dans ses poches. En guise d'arme de poing, il opta pour un colt M1911 calibre 45 semi-automatique, semblable à celui qu'il avait utilisé au combat, au Vietnam comme en Somalie. Il trouva une ceinture à sacoche où il enfourna cinq ou six chargeurs, tandis que Peggy et Lockwood s'armaient eux aussi.

« On dirait qu'on prépare une audition pour *Rambo 6*, commenta-t-elle en brandissant un Ruger Blackhawk qui n'avait rien de féminin. Qu'est-ce qu'on utilise comme balles avec ce truc-là ? »

Lockwood avait saisi un Remington 480 Bushmaster qui compléterait bien le Walther qu'il portait sur la hanche.

« Des Casulls calibre 454, dit-il. Si vous voulez tirer un coup de feu avec ça, jeune fille, tenez-le bien à deux mains. »

Il lui tendit une boîte pleine d'énormes cartouches dont elle se mit à charger méthodiquement le barillet.

« Jeune fille, et puis quoi encore ? grommela-t-elle.

– Et si, avec cet attirail, on tombait direct sur des braves gens ? »

Lockwood sortit sa carte de police et sa plaque qu'il épingla sur le devant de sa veste de camouflage.

« Ça devrait faire l'affaire, répondit-il. Bon, qu'est-ce qu'on cherche, maintenant ?

– L'explosion n'était qu'un leurre, dit Holliday. Certainement destinée à attirer les flics du coin et à pousser les services secrets à exfiltrer le Président. Ça veut dire qu'ils vont le ramener vers l'hélico pour l'évacuer au plus vite. C'est évidemment ce que prévoit la procédure d'urgence.

– Autrement dit, ce Tritt sera dans les parages ?

– Je vous le garantis. Il doit avoir tout ce qu'il faut pour la vision de nuit, et un armement assez puissant pour faire tomber l'hélico avant qu'il n'ait pris trop d'altitude. Un Stinger ou quelque chose comme ça. Et ça ne s'arrêtera pas là non plus.

– Ça ne lui suffira pas ? demanda Lockwood.

– Il s'agit avant tout de créer un chaos assez énorme pour justifier une intervention de Matoon à la Maison-Blanche, afin de déclarer la loi martiale. Je parie que Tritt a d'autres camions piégés à faire sauter, sans doute à l'aide d'un détonateur à distance.

– Les téléphones et les radios ne fonctionnent plus. Comment compte-t-il faire sauter ces machins ?

– Le système satellitaire.

– Et comment on reconnaîtra ce type si on le croise ? Ma ville saute de tous les côtés, il y fait un noir d'enfer.

– Cherchez un type armé d'un missile sol-air.

– On se croirait revenu au bon vieux temps, gronda Lockwood. Quand il s'agissait de tuer un ennemi invisible.

– J'ai détesté le bon vieux temps, dit Holliday.

– Moi aussi. »

Ils ressortirent dans le froid.

À Abbey School, les services secrets avaient trouvé et neutralisé les six hommes dans leur faux uniforme de la garde nationale, en tuant quatre et en blessant deux, maintenant retenus prisonniers. Ces deux survivants ne tardèrent pas à révéler le plan qui consistait à faire sauter toute l'école avec une bombe ANFO. Le Président et son entourage furent aussitôt évacués, tandis que la police locale s'occupait du reste des spectateurs du stade. Vingt-cinq minutes après l'explosion qui avait plongé Winter Falls dans l'obscurité, la limousine présidentielle regagnait le centre-ville où l'attendait l'hélicoptère Marine One.

Dans sa chambre d'hôtel, Billy Tritt s'efforçait de contrôler sa fureur. La première explosion s'était parfaitement déroulée, envoyant Malcolm Teeter dans l'enfer qui ne pouvait qu'attendre son âme desséchée.

La moitié des fenêtres de Winter Falls avaient sauté, la panique régnait partout, et un énorme incendie dévorait l'est de la ville. Du coup, tous les camions de pompiers avaient été sortis de leur garage de l'hôtel de ville et, d'où il se trouvait, il pouvait nettement distinguer le toit à moitié effondré du poste de police. Avec l'interruption des communications résultant de la triple menace de destruction de la sous-station, du hub de commutation téléphonique et des deux tours du relais de Winter Falls, aussi bien l'unité du centre de gestion des urgences de la police d'État du New Hampshire, à Concord, que la brigade armée de la F Troop basée à Twin Mountains auraient dû être automatiquement alertées. Mais cette dernière se trouvait à une centaine de kilomètres de là, et Concord encore plus loin. Il lui faudrait une bonne une heure pour arriver, et au groupe d'intervention du Swat environ une demi-heure de plus.

Pourtant, la deuxième bombe d'Abbey School n'avait pas explosé, pour une raison inconnue, et Tritt avait été forcé de recourir au plan B. Cette deuxième bombe aurait dû détruire le bâtiment principal de l'école, les débris de pierre abattant à leur tour la structure relativement peu solide de la patinoire de hockey. À l'heure qu'il était, Tritt aurait dû se trouver au milieu du lac Winnipesaukee, à piloter la motoneige qu'il avait laissée derrière le restaurant Gorman un peu plus tôt dans la soirée.

Arrivé à l'autre bout du lac, il serait rentré dans sa voiture de location pour faire sauter les quatre autres camions piégés répartis autour de la ville, à l'aide d'un téléphone satellite, et pendant que Winter Falls brûlerait, il s'envolerait à bord du petit Cessna qu'il avait affrété à l'aéroport de Laconia, afin d'aller se perdre dans la nature.

Au lieu de quoi il se trouvait au troisième étage d'un vieil hôtel en brique, au beau milieu d'une tempête de neige, guettant l'inévitable arrivée du Président et de son escorte. Ce qui rendrait sa propre exfiltration nettement plus dangereuse, mais il avait signé pour abattre le Président et, jusqu'à preuve du contraire, il remplissait toujours ses contrats.

Il changea légèrement de place sur sa chaise devant la fenêtre. Le cortège allait arriver de l'ouest, à toute allure, sirènes hurlantes et tous feux allumés. La sécurité qui entourait de tout temps les Présidents n'était que de second niveau – mélange des nouveaux services secrets et des vieux de la vieille –, mais cela suffirait à le mettre en difficulté. Il y aurait bien quelques flics locaux ainsi qu'une unité de la police d'État du groupe de protection des VIP, mais ce serait tout.

Ils pousseraient tous un soupir de soulagement dès que l'hélico s'élèverait dans les airs enneigés, et ce serait à cet instant-là qu'il frapperait. Tendant le bras, il posa la main sur le tube du lance-roquettes ATC antichar à courte distance. Contrairement à l'arme utilisée en Italie, l'ATC n'était pas téléguidé, mais l'hélico ne se trouvait pas à plus de cent cinquante mètres de sa fenêtre. Il pouvait difficilement le rater. L'ogive de deux kilos, hautement explosive, allait transformer en une nanoseconde l'hélico VIP en un tas de ferraille.

Il avait soigneusement calculé son temps, et il lui faudrait une trentaine de secondes pour sortir par la cuisine du rez-de-chaussée, puis une minute pour atteindre le restaurant Gorman et le dock menant au lac gelé. C'était effectivement l'unique voie de sortie possible.

Ce qui restait du Bras droit du Maine aurait pu lui servir à s'échapper par la route, mais si la police d'État était bonne à quelque chose, elle allait rapidement installer des barrages routiers, d'autant qu'il s'agissait du président des États-Unis.

Si les types du MRA étaient assez idiots, ils n'hésiteraient pas à utiliser leurs armes pour se tirer d'affaire à tout prix, ce qui ne ferait qu'ajouter du combustible pour alimenter le feu de Matoon et des Sinclair. Ce projet était évidemment fou, comme l'était Hitler et, de toute façon, ça n'avait pas d'importance tant que ça payait bien. Avec ce qu'allait lui rapporter son travail de cette nuit, Tritt aurait de quoi prendre sa retraite. Et c'était bien ce qu'il comptait faire.

À présent, il entendait approcher les sirènes. Écartant légèrement les rideaux, il entrouvrit la fenêtre, prit l'arme antichar sur la table de nuit, la posa sur son épaule droite et se servit de son index pour ôter la double sécurité. Puis il glissa l'index vers le côté, le posa fermement sur le bouton de déclenchement situé juste en face de la lunette à vision nocturne. En attendant la suite, il se prit à imaginer un moment le bleu caraïbe du bord de mer vu de sa demeure de Lyford Cay. Il respira lentement, vidant l'air de ses poumons, et se vit en train de faire de la pêche sous-marine au-dessus d'un banc de poissons rubans vifs comme l'éclair. En bas, le cortège de voitures fit son apparition. Ils arrivaient. C'était le moment d'en finir.

37

« Merde ! » s'exclama Randy Lockwood.

À travers les tourbillons de neige, il apercevait la voiture de tête du cortège présidentiel, son avertisseur lumineux clignotant violemment, sa sirène un peu étouffée par la tempête. Si Tritt se trouvait dans les parages, ils n'avaient que quelques secondes pour le repérer. Derrière, il vit arriver le défilé des Escalade de l'escorte. Le Président occupait l'une d'elles. Grinçant des dents, le policier pria pour que ce type, Holliday, se soit trompé.

En règle générale, le commun des mortels regarde directement en face de lui, rarement au-dessus de l'horizon. C'est un instinct naturel, inné depuis des millions d'années, depuis les origines de l'humanité, depuis que les prédateurs des ancêtres de l'homme surgissaient à peu près toujours du même niveau, que ce soit devant ou derrière lui. De même, il gardait le réflexe de se fondre très vite parmi les troupes armées ou même les civils dans des contrées comme l'Irak ou l'Afghanistan ; comme le proclamait la devise officieuse de la 82e division aéroportée au Vietnam, la mort provient souvent d'en haut.

Holliday savait que si Tritt était dans le coin, il choisirait une position en hauteur. La place où donnait l'hôtel de ville était bordée, de chaque côté, de maisons victoriennes à deux étages. Plein sud, en face, sur Main Street, s'élevait l'hôtel Dominion, massif bâtiment en brique de six étages, à toiture plate, et qui dominait le parc formant le centre de la place.

Alors que les voitures défilaient à l'est, Holliday leva la tête. Au début, rien ne retint son attention. Le Dominion, comme toutes les autres bâtisses de Winter Falls, était éteint.

« Rien ? demanda Lockwood.

– Non. »

Le cortège se garait devant l'hôtel de ville.

Soudain, Peggy tendit le doigt :

« Là !

– Quoi ?

– Au troisième étage, quatrième fenêtre à partir de la droite. Elle est ouverte ! Qui ouvrirait la fenêtre par une nuit pareille ? »

Holliday regarda dans la direction qu'elle indiquait et repéra un mouvement, le vent qui soufflait dans des rideaux. Comme à Kandahar, avant qu'il ne perde son œil. Une fenêtre entrouverte, une ombre avec un téléphone... Le Humvee s'était alors arrêté juste devant l'engin explosif avant que tout ne saute, et la mitrailleuse calibre 50 sur le véhicule avait arraché le châssis de la fenêtre, emportant au passage les rideaux et la silhouette. Holliday n'hésita pas. Lockwood non plus. Tous deux firent feu simultanément, à l'instant où le doigt de Tritt appuyait sur le bouton de déclenchement de la fusée antichar.

Le monde explosa autour d'eux. Une traînée lumineuse s'éleva en arc de la fenêtre de l'hôtel, heurtant l'hélicoptère Super Puma exactement entre la porte coulissante et les rotors multiples légèrement affaissés, frappant le gros moteur bimodulaire Turbomeca et brisant les conduites de carburant. Ce fut le silence, une fraction de seconde, et l'on eut l'impression que rien d'important n'avait été touché. Et puis l'ogive explosa, enveloppant l'appareil entier dans une boule de feu.

L'onde de choc envoya Holliday, Peggy et Lockwood à terre, tandis que des fragments de rotor jaillissaient dans tous les sens. Un fragment traversa l'entrée du Paradis sportif d'oncle Jimmy, en même temps qu'un deuxième, plus gros, s'abattait en plein sur la voiture de police en tête du défilé, tuant instantanément le conducteur et son passager.

À travers la fumée et les flammes, il était impossible de savoir ce qui avait pu arriver au Président. Un nuage irrespirable s'abattit sur la place alors que Holliday, Lockwood et Peggy se relevaient. Avec la tempête de neige, la visibilité devenait à peu près nulle.

« Il était au troisième étage, dit Lockwood.

– Où peut-il aller ? demanda Holliday.

– S'il est assez malin, il évitera les barrages.

– C'est-à-dire ?

– Il doit avoir une motoneige dans le coin. On s'en sert pour se rendre aux cabanes à pêche. Une motoneige du côté des docks, ça n'aurait rien d'extraordinaire.

– Bon, il traverse le lac et disparaît avant qu'on ait pu réagir. Quelque part en route, il compose un numéro sur son téléphone satellite et fait sauter tout Winter Falls.

– Quelque chose comme ça. »

Holliday se tourna vers Peggy.

« Tâche de trouver qui dirige les flics là-bas, indiqua-t-il en désignant les restes de l'hélicoptère. Dis-lui que le chef et moi, on court après Tritt et qu'ils feraient bien de chercher d'autres camions piégés avant qu'il ne soit trop tard.

– Tu n'essaierais pas de te débarrasser de moi, par hasard ?

– Ne dis pas d'ânerie. J'essaie de sauver des vies. Allez, file ! »

Elle obéit.

« Et maintenant ? s'enquit Holliday.

– Suivez-moi », dit Lockwood.

Il se retourna et disparut dans la neige et la fumée, traversant la rue en direction de l'hôtel.

C'était trop tôt, mais Tritt n'avait pas le choix. Il envoya sa roquette, laissa tomber le tube de métal brûlant de son épaule et fila vers la porte, tapotant la poche de sa lourde parka pour s'assurer que le téléphone satellite s'y trouvait toujours. Il traversa le couloir plongé dans le noir, passa devant l'ascenseur pour continuer jusqu'à l'escalier.

Une minute plus tard, il débouchait dans l'entrée grouillant de clients et d'employés qui s'interpellaient, criaient et pleuraient, au milieu des rayons de torche déchirant la brume maintenant installée sur le rez-de-chaussée. Tout le monde sentait la fumée et le kérosène. Tritt passa totalement inaperçu lorsqu'il se dirigea vers le restaurant, à l'arrière du bâtiment. Puis il poussa les portes menant à la cuisine. Quatre-vingt-dix secondes après avoir détruit l'hélicoptère sur la place, il filait en courant dans la ruelle derrière l'hôtel et, deux minutes plus tard, il tournait la clé de contact de la grosse motoneige argent Yamaha Vector, derrière le patio du restaurant Gorman. Il donna un coup d'accélérateur, pointa l'engin plein ouest, en direction du lac gelé.

Tritt souriait sous son épaisse cagoule de laine, tout en essayant de sonder le vide neigeux de la nuit. Il avait rempli son contrat. À cent vingt à l'heure, personne ne pourrait plus le rattraper. À mi-chemin, il s'arrêterait, sortirait son téléphone satellite et appuierait sur le numéro préréglé. Ce serait la plus grosse explosion non nucléaire depuis celle de Texas City en 1947, qui avait rayé de la carte à peu près toute la ville.

« On arrive trop tard », constata Lockwood.

Les deux hommes se tenaient au pied des marches menant aux docks derrière chez Gorman. Ils voyaient les traces de pas laissées par Tritt dans la neige et percevaient au loin la motoneige qui s'éloignait. Trois autres véhicules restaient garés au pied de l'escalier, tous trois baignant dans une âcre odeur d'essence. Tritt en avait arraché les durites.

« On ne va jamais le rattraper. Cet enfoiré va faire sauter ma ville et je n'y peux rien.

– Attendez, dit Holliday, on ne va pas baisser les bras comme ça. »

Il se dirigea vers une rangée de chars à glace, passa la main sur la coque en fibre de verre noire d'un de ces bolides en forme de punaise d'eau.

« Ce sont des Monotype-XV, dit-il. Je ne savais même pas qu'il y en avait aux États-Unis.

– Vous savez piloter ces machins-là ? » demanda Lockwood.

Ces espèces de dragsters mesuraient dans les dix mètres de long, avec des mâts presque aussi hauts et un large balancier équipé d'une longue lame de bronze et d'acier à chaque extrémité. Une troisième lame se trouvait à l'arrière de la coque. Ce bateau en forme d'insecte se conduisait à l'aide d'un volant identique à celui d'une automobile, et disposait d'un cockpit réduit à sa plus simple expression. Le pilote devait également guider les mouvements de la voile par un système de cordes et de poulies, tandis que le cockpit avant du copilote fournissait essentiellement lest et contrepoids pour empêcher l'avant de décoller.

« Je suis resté un certain temps en mission à Helsinki. Mon groupe avait cette idée fixe de pousser un jour jusqu'à Saint-Pétersbourg en utilisant des chars à glace de ce genre à travers le golfe de Finlande. On n'a jamais tenté l'aventure, mais j'ai appris quelques bases.

– Et comment pourrait-on rattraper une motoneige avec un char à glace ? demanda Lockwood. J'ai vu beaucoup de gens faire la course, mais jamais à une telle vitesse.

– Les plus grands records que je connaisse avec ce genre d'engins atteignent le deux cents kilomètres à l'heure. Vous prenez le fusil à l'avant et je m'efforce de vous amener à hauteur du type qui massacre votre ville.

– Comment on fait bouger ce truc ? »

Tritt ralentit la motoneige, s'arrêta et vérifia le gros cadran de sa montre. Le vent était pire qu'il ne l'avait imaginé, et il allait prendre du retard. Mais peu importait ; personne ne l'attendait. Cependant, la ponctualité avait toujours été un mot d'ordre professionnel pour lui, et il y mettait un point d'honneur. Il se rappelait la platitude préférée de son grand-père allemand et y demeurait fidèle : *Tout ce qui vaut la peine d'être fait vaut la peine d'être bien fait.* Il vérifia le GPS fixé sur le guidon avant de procéder à une petite vérification.

Tritt était assez âgé pour venir d'une époque où GPS, téléphones satellites et autres gadgets technologiques du XXIe siècle constituaient encore des objets d'émerveillement auxquels il ne fallait pas trop se fier ; il préféra sortir sa vieille boussole militaire Bézard pour s'assurer que les données électroniques du GPS étaient correctes, ce qui fut le cas. Il tourna l'accélérateur de la motoneige puis l'éteignit, car il perçut soudain un bruit étrange venant de quelque part derrière lui. Soulevant son casque, il écouta puis posa un pied botté sur la surface de glace balayée par le vent.

Il y avait bien quelque chose. Un bourdonnement lointain. Pas une sorte de véhicule à chenille comme sa motoneige. Le son montait et redescendait plutôt irrégulièrement, faisant vibrer la glace. Il n'avait pas la moindre idée de ce qui pouvait produire un grondement aussi bizarre, mais il savait que ce n'était pas normal et cela ne lui plaisait pas. Peut-être quelqu'un qui traînait à grande vitesse une lourde caisse en bois sur la glace... Absurde. Il consulta de nouveau sa montre.

C'était un peu tôt, mais il décida de lancer tout de même son appel. Il sortit le téléphone satellite de sa poche et l'alluma.

La motoneige apparut tout d'un coup devant eux, alors que Holliday se débattait avec son volant, essayant de garder le contrôle du char à glace, qui fonçait telle une lame de couteau. Il ignorait à quelle vitesse au juste, mais, jusque-là, ils s'étaient guidés sur le bruit de la motoneige, jusqu'au moment où ils n'entendirent plus rien. De toute façon, avec le vent et la neige, Holliday ne pouvait en aucun cas essayer de communiquer avec Lockwood, recroquevillé dans son minuscule cockpit, son énorme Bushmaster braqué droit devant lui.

Attiré par le bruit de l'engin, Tritt se retourna, écarquilla les yeux sous le rebord enneigé de sa cagoule. De la main droite, il ramena une courte mitraillette MP5. Lockwood fit feu, atteignant la nacelle de la motoneige dans un jaillissement d'étincelles.

Holliday donna un coup de volant tout en retenant la voile, virant de bord tandis que les balles de la MP5 venaient se ficher dans la coque du bateau ou rebondir sur la longue lame avant qui se dressait hargneusement.

Il effectua encore un virage crissant sur une seule lame, manquant de retourner le char à glace, mais le temps qu'ils reviennent dans la direction de Tritt, la motoneige était repartie. Holliday se lança à sa poursuite en tapant sur la coque pour attirer l'attention de Lockwood. Le flic se retourna, lui décochant un sourire de tête de mort puis un signe d'acquiescement. Il n'avait pas été touché, pas plus, apparemment, qu'aucune partie vitale du bateau.

Tritt suivait une ligne droite, gagnant de la vitesse, poussant son engin dans ses dernières limites. Dans le lointain, Holliday apercevait l'horizon qui dessinait l'extrémité du lac. Une fois sur terre, le tueur leur échapperait. La motoneige pouvait fort bien rouler sur un sol gelé, tandis que le char à glace n'irait pas plus loin.

Holliday aperçut Tritt, qui lâchait le guidon d'une main pour fouiller dans la poche de sa parka. Sur le moment, il s'attendit à le voir sortir une arme, mais il distingua bientôt la lourde forme rectangulaire de ce qui devait être un téléphone satellite. Winter Falls n'avait plus que quelques secondes à vivre. Holliday donna une saccade sur la corde, serra la voile, et le bolide prit encore plus de vitesse. Il entendit Lockwood faire feu, mais cela ne servit à rien. Le char remuait trop et le flic ne pouvait atteindre sa cible.

Devant eux, en revanche, Tritt se tournait légèrement sur sa selle, pilotant d'une seule main, tenant son téléphone dans l'autre. Sous la cagoule, il devait sourire. Holliday redressa la direction en serrant cordes et poulies, ce qui lui permit d'accélérer encore. Sur le point de rejoindre la motoneige, il lâcha le volant, laissant filer le bateau, qui se souleva tel un yacht par grand vent.

Ainsi hissé dans les airs, il libéra la lame de bronze et d'acier d'un mètre de long. Holliday redonna un coup de volant et le char à glace virevolta derrière la motoneige à près de cent soixante à l'heure, la lame décollant encore plus haut alors qu'ils touchaient l'arrière de la machine du fuyard. Et au moment où Holliday vira brusquement de bord pour reprendre sa direction initiale, la lame atteignit Tritt. Elle lui trancha le corps juste au-dessus des hanches, commençant par couper sa veste, puis sa colonne vertébrale, puis son ventre. D'un coup le tronc se sépara du torse, tandis que du sang jaillissait dans les airs avant de retomber en une pluie de grêle sur la glace noire de nuit.

La motoneige, avec le tronc de Tritt toujours fixé à la selle, rugissait encore dans l'obscurité neigeuse. Holliday relâcha la drisse de la grand-voile, et le bateau lofa, se rabattit et s'arrêta enfin. Holliday se retourna sur son siège, guettant les explosions lointaines et les boules de feu qui marqueraient la destruction de Winter Falls. Dix longues secondes passèrent. Puis vingt. Puis trente.

Rien.

« On a réussi ! » rugit Lockwood.

Fermant les yeux, Holliday poussa un long soupir.

Ils avaient gagné.

38

L'hiver passa. Au cours des semaines précédentes, bon nombre d'événements s'étaient produits un peu partout dans le monde, mais aussi aux États-Unis. Pour commencer, il s'avéra que la blessure subie par le nouveau vice-président était beaucoup plus sérieuse qu'on ne l'avait cru au début, et il avait dû démissionner de son poste en faveur d'un candidat en bonne santé, plus apte à servir son pays. Reconnaissant, le Président avait attribué à Richard Pierce Sinclair la médaille présidentielle de la Liberté ; médaille reçue en son absence, dans le Bureau ovale, par sa mère, Kate Sinclair. Quant au récipiendaire, on supposait qu'il récupérait en Suisse, dans le domaine viticole familial.

Le Djihad al-Salibiyya disparut des gros titres, et l'on n'entendit bientôt plus parler de lui. Wilmot DeJean, chef putatif d'une milice marginale connue sous le nom de Bras droit du Maine, fut trouvé mort d'une crise cardiaque dans sa chambre du Brac Beach Resort, aux îles Caïmans. Selon plusieurs de ses partisans dégoûtés, DeJean avait frauduleusement détourné le plus gros du « trésor de guerre » de l'organisation qu'il avait créée.

Angus Scott Matoon disparut lors d'une chasse en hélicoptère, au nord de l'Alaska. On ne retrouva jamais son corps. Randy Lockwood prit sa retraite de chef de la police de Winter Falls, peu après avoir témoigné au cours d'une audition au Sénat sur les activités peu orthodoxes du lieutenant-colonel

Peter « Doc » Holliday et de Peggy Blackstock ; mais, bientôt, une rumeur courut selon laquelle il allait se présenter à la prochaine élection au poste de maire. À la suite de cette audition, tous trois furent invités à la Maison-Blanche pour un déjeuner privé avec le Président et madame.

L'explosion qui s'était produite au cours de la visite présidentielle dans la ville de Winter Falls se révéla finalement avoir été provoquée par un homme qui aurait étourdiment allumé une cigarette tout en remplissant le réservoir du chauffage central d'un centre commercial voisin. La déflagration causée par cette imprudence avait détruit la sous-station électrique toute proche, plongeant la ville dans l'obscurité. Le Président avait été évacué en bonne et due forme et, aux dires de la Maison-Blanche, n'avait jamais couru le moindre danger.

Aux Bahamas, Mary Breau, l'agent immobilier, recevait les visites de personnes intéressées par la propriété de Lyford Cay appartenant à M. William Tritt, mais elle avait toutes les peines du monde à reprendre contact avec le propriétaire.

Le printemps arriva au Vatican. Une douce brise soufflait à travers les oliviers et les citronniers, le long des allées du jardin. La circulation frénétique de Rome se traduisait par un grondement sourd et continu derrière les hautes murailles. Pour le moment, tout était calme à Saint-Pierre.

Le cardinal secrétaire d'État, Antonio Niccolo Spada, et le père Thomas Brennan, chef de Sodalitium Pianum, les services secrets du Vatican, se promenaient dans les jardins, goûtant le soleil encore tiède, sous la plainte discrète des rouges-queues dans les branches des arbres voisins ; un faucon crécerelle volait au-dessus des oiseaux, ses ailes noires semblant les menacer d'un malheur imminent. En passant devant un citronnier, Spada saisit un petit fruit qu'il porta à son nez pour en humer le puissant parfum.

« En fin de compte, rien n'a changé ou presque », dit le cardinal.

Suivant son pas, sa soutane rouge effleurait le gravier du chemin. Le prêtre en noir haussa les épaules.

« Nous avons obtenu une partie de ce que nous voulions. »

L'odeur rance de sa cigarette contrastait violemment avec les senteurs suaves du jardin.

« Au moins, nous avons un nouveau pape, ajouta-t-il.

– Un peu plus manipulable, cette fois, murmura Spada. Contrairement à son prédécesseur. Il s'intéressait beaucoup trop à des secrets qui ne le regardaient pas.

– Sinclair n'a pas obtenu le calepin, précisa tranquillement Brennan.

– Nous non plus, rétorqua le cardinal. Pendant que le monde voit nos références morales se désintégrer dans un sordide scandale sexuel, le Saint-Siège est au bord de la banqueroute.

– Mieux vaut détourner l'attention sur un scandale sexuel que de divulguer le rapport du commissaire aux comptes.

– Holliday n'use ni n'abuse de la fortune des Templiers, fortune qui revient de droit à l'Église, pas à un seul homme.

– Il ne se considère pas plus comme le serviteur du trésor que comme son propriétaire. À l'image du moine Rodrigues avant lui.

– Je me fiche éperdument de l'image qu'a de lui-même le colonel Holliday ; je réclame juste ce qui nous revient de droit.

– Kate Sinclair en dirait autant, répondit le prêtre. Pour elle, cela n'aura été qu'une bataille au cœur d'une guerre interminable.

– Une guerre que nous devons gagner. Quoi qu'il doive nous en coûter, il faut me rapporter le calepin des Templiers ! »

Doc Holliday détacha discrètement sa ceinture et regarda par le hublot du 747 d'El Al qui s'élevait lourdement dans les nuages au-dessus de l'aéroport JFK et filait plein est. Il s'installa confortablement sur son siège de première classe, but une gorgée de son jus d'orange et se tourna vers Peggy Blackstock, assise à côté de lui.

« Alors, tu me racontes pourquoi je retourne en Israël avec toi ?

– Parce que nous avons tous les deux besoin de nous reposer, parce que tu as été viré de ton job temporaire à l'université de Georgetown pour avoir manqué trop de cours, et parce que Raffi a trouvé quelque chose durant son voyage en Afrique noire, qui pourrait t'intéresser.

– Super ! »

Holliday termina son jus, reposa le verre, abaissa le dossier de son siège, ferma les yeux.

« Du moment qu'il fait chaud, qu'il y a une plage et que je vais pouvoir me détendre un peu...

– C'est promis, assura Peggy.

– On dit ça », marmonna Holliday.

Et il s'endormit.

Retrouvez Peter Holliday dans

La Légion perdue

(à paraître en juillet 2015)

De l'Éthiopie au Vatican, en passant par le Soudan et l'Égypte, Paul Christopher nous entraîne avec ce thriller ésotérique remarquable sur la piste des Templiers et de leurs inépuisables secrets.

Depuis qu'il a hérité de son oncle une mystérieuse épée retrouvée après la guerre à Berchtesgaden, dans le fameux « nid d'aigle » de Hitler, Peter Holliday, professeur d'histoire à West Point, cherche inlassablement à percer le secret des Templiers.

Un de ses amis explorateurs venant de retrouver en Éthiopie le tombeau de Julien de la Roche Guillaume, un templier ayant eu accès lors des croisades à certains des manuscrits perdus de la bibliothèque d'Alexandrie, Peter décide de se rendre en Afrique pour décrypter les mystères que renferme la sépulture.

Bien vite il s'avère que ceux-ci sont liés au sort de la 9e légion romaine, la fameuse « légion perdue » de Marc Antoine, disparue dans les sables d'Égypte.

Dans un pays à la situation politique plus qu'instable, Peter comprend bientôt qu'il est sur la piste d'un secret légendaire, qu'il va tout faire pour élucider.

Prologue

1039 APRÈS JÉSUS-CHRIST
KARNAK, SUR LE NIL
À CENT LIEUES D'ALEXANDRIE

Il s'appelait Ragnar Casse-Têtes. Son bateau, le *Kraka*, portait le nom de la jeune fille née des amours d'une Valkyrie et d'un chef viking dont l'effigie sculptée ornait la proue, paupières closes sur un sommeil peuplé de songes, corps nu drapé dans ses longs cheveux. Kraka, comme sa mère, possédait, disait-on, le don d'interpréter les rêves et de prédire l'avenir. Ragnar priait ardemment le ciel qu'il en soit vraiment ainsi et qu'elle saurait une fois de plus le conduire à bon port par la vertu de ses prophéties, car il remontait depuis dix jours un fleuve apparemment sans fin et traversait depuis ces cinq derniers jours une contrée qui, en dépit de sa chaleur accablante et de son soleil implacable, ne pouvait être que Niflheim, le sombre Pays des Morts, figé dans la glace éternelle.

Ragnar était le cousin et le meilleur guerrier d'Harald Sigurdsson, chef de la garde impériale varègue à Miklagard, la Ville aux grands murs – Constantinople, comme l'appelaient les gens du lieu. Avant de quitter cette fabuleuse cité des confins de la terre, il avait fait le serment à Harald de ne pas revenir avant d'avoir découvert les mines secrètes du célèbre roi des temps anciens et de s'être emparé de leurs prodigieuses richesses.

S'il échouait, il ne pourrait en tout cas incriminer ni son bateau, ni son équipage. De la plateforme de pilotage surélevée où il se tenait, il parcourut le *Kraka* d'un regard rempli de fierté.

Le navire mesurait vingt-cinq mètres de sa figure de proue à la courbe élégante de son étambot, cinq mètres en largeur et à peine deux de hauteur entre ses plats-bords et sa quille renforcée. Sa coque en chêne massif des pentes douces du fjord Flensburg était faite de planches fixées à clin par cinq mille rivets aux lourdes membrures, les joints calfatés avec de l'étoupe goudronnée. Ces bordages, qui s'affinaient en montant vers les plats-bords, assuraient au bateau légèreté, résistance et souplesse. Manœuvré à la rame, le *Kraka* pouvait aborder au rivage dans les eaux les moins profondes avec sa carène de moins d'un mètre sous la ligne de flottaison.

Sur mer, sa grande voile lui permettait de naviguer facilement à dix nœuds et de parcourir en un seul jour plus de cinquante lieues. Ici, sur ce fleuve aux eaux de nuit peuplées d'une étourdissante variété de monstres aquatiques, c'était tout juste s'il pouvait couvrir six ou sept lieues à une allure de deux nœuds avant que ses trente-deux rameurs ne commencent à peiner.

De son poste près de la barre, Ragnar regarda avec tendresse ses hommes assis à leurs bancs de nage. Ils étaient torse nu, comme lui, et les muscles saillants de leur dos et de leurs épaules luisaient de sueur tandis qu'ils propulsaient le navire à travers les flots sinistres en tirant sur les lourds avirons de six mètres. À l'instar de Ragnar, chacun d'entre eux s'était couvert la tête à la mode autochtone d'un linge maintenu par des bandes de tissu.

À la proue, debout sur une plateforme plus petite que celle de Ragnar, se tenaient l'étrange esclave noir, dignitaire de la cour, dont Harald lui avait imposé la présence, ainsi que son non moins étrange serviteur, un colossal eunuque nommé Barakah, chargé de veiller au confort de son maître et de noter la position du bateau grâce à des croquis, des dessins et des cartes extraordinairement précises qu'il établissait sur son ordre. L'homme à la peau noire s'appelait Abdul al-Rahman, et c'était sur son conseil que Ragnar et son équipage avaient adopté la coiffure locale, après que deux guerriers s'étaient effondrés sur leur rame, assommés par le soleil de plomb.

Juste devant la plateforme de pilotage, Aki, le dernier rameur sur tribord, donnait la cadence en scandant un chant ancien émaillé de *kenningar* imagés :

Chacun sait que sous ce cairn
Repose de longue date Gunnbjorn,
Le plus vaillant capitaine
Qui jamais courut les plaines humides d'Endil.
Que les skalds chantent avec fierté ses glorieux exploits
Jusqu'au jour où Njörd, dieu des Océans,
Submergera la terre.

Ragnar se tourna vers son timonier, Hurlu, un robuste gaillard qui tenait déjà la barre du *Kraka* longtemps avant que lui-même n'en prenne le commandement.

« Depuis combien de temps est-ce que les hommes rament ? lui demanda-t-il.

– Depuis le point du jour », répondit Hurlu.

Plissant les paupières, il leva les yeux vers le soleil, presque au zénith à présent, avant d'ajouter : « Au moins six heures. Beaucoup trop. »

Ragnar hocha la tête. Il avait assez souvent souqué dur pour connaître le poids des pelles que l'on plonge dans l'eau. Il lui suffisait d'évoquer ce souvenir pour avoir les épaules endolories.

« Mieux vaut accoster pour les laisser se reposer, dit-il.

– C'est aussi mon avis », approuva Hurlu.

Ragnar ne releva pas. Dans la bouche d'un marin plus novice, la remarque du timonier aurait constitué une marque d'insubordination, mais Hurlu était aussi vieux que les bordages du *Kraka* et pilotait déjà des bateaux à l'époque où Ragnar jouait encore avec des pelotes de laine sur les genoux de sa mère.

« Il nous faudrait de l'ombre », se contenta-t-il d'observer.

Il scruta les deux rives du fleuve, arides et désolées : rien que des rochers nus et de hautes crêtes de grès cuisant au soleil. Hurlu cracha par-dessus bord avec une expression de dégoût.

« Demande à ton singe apprivoisé, là-bas, suggéra-t-il en désignant du menton la plateforme de proue. Lui saura peut-être où en trouver. »

Même devant son capitaine, le vieux marin ne craignait pas d'afficher la méfiance superstitieuse que lui inspirait l'homme noir.

Ragnar siffla pour attirer l'attention d'Al-Rahman, puis lui fit signe de le rejoindre à la poupe. Al-Rahman parla brièvement à son serviteur Barakah, qui acquiesça, puis, descendant de sa petite plateforme, il parcourut l'étroite passerelle centrale faite de planches qui courait d'un bout à l'autre du navire, sa longue robe blanche tournoyant élégamment autour de ses chevilles.

S'il se déplaçait avec une légèreté de danseuse, l'homme n'avait rien d'un *rassragr* alangui, comme Ragnar avait pu le constater à Alexandrie, où ils embarquaient des provisions. Le gracieux Al-Rahman s'était instantanément mué en un guerrier aussi leste que féroce quand une bande de coupe-bourses menaçants s'en était pris à lui dans une ruelle en exigeant un droit de passage. En moins de temps qu'il en faut pour le dire, Al-Rahman avait brutalement taillé en pièces les quatre loqueteux à l'aide d'un court *saïf* à lame recourbée sorti comme par enchantement de sous sa robe virevoltante.

« *As-salâm 'aleïkoum*, Ragnar. Tu désirais me parler ?

– *Wa-aleïkoum as-salâm Abdul* », répondit Ragnar, utilisant l'expression qu'Al-Rahman lui avait apprise.

Comme prévu, Hurlu fronça les sourcils et cracha de nouveau par-dessus le plat-bord. Le capitaine sourit. Il adorait faire enrager le vieil homme quand l'occasion s'en présentait. Le visage artistement tatoué d'Al-Rahman s'éclaira également d'un sourire. Il avait très bien saisi l'intention du grand Danois blond. Ragnar et Al-Rahman formaient une bien étrange paire : le premier, épais comme un chêne, le second, fin comme un saule, mais tous deux d'une force égale, chacun à sa façon. S'ils étaient trop différents pour jamais nouer une amitié véritable, une confiance et un respect mutuels s'étaient forgés entre eux au fil du temps qu'ils avaient passé ensemble.

« Mes hommes sont en train de se faner comme des fleurs, Abdul, continua le capitaine. Il nous faut rapidement de l'ombre et de l'eau fraîche. Sais-tu où trouver ça, dans cette fournaise ?

– Des fleurs ! Ha ! grommela Hurlu.

– Après cette crête, le Grand Serpent tourne brusquement, répondit Al-Rahman en désignant l'endroit du doigt.

Dans la courbe, tu trouveras une oasis que les anciens Grecs appelaient Chenoboskion.

– Une oasis ? répéta Ragnar.

– Un point d'eau dans le désert, un refuge, expliqua Al-Rahman.

– Combien de temps pour y arriver ?

– À cette vitesse, peut-être une heure.

– Tu as entendu, timonier ? dit Ragnar en se tournant vers Hurlu. On dirait bien que nous ne sommes pas encore morts.

– Morts, non, mais au moins aussi desséchés que les vieux cadavres que les gens brûlaient pour cuire leur tambouille dans cette ville crasseuse, là-bas en aval.

– Al-Qahira, dit Ragnar, se rappelant le nom de la localité pouilleuse, qui, ironiquement, signifiait « la victorieuse ».

– Ouais, ça doit être ça, dit Hurlu. Utiliser les corps de ses ancêtres comme du petit bois ! On aura tout vu !

– À part ça, tu penses que nos fleurs fanées tiendront encore une heure, Hurlu ? »

Le vieil homme cracha une nouvelle fois.

« S'ils tiendront ? s'exclama-t-il, avant de se tourner vers le rameur qui donnait la cadence. Aki ! Un chant de guerre pour notre seigneur et maître ! Vitesse de combat ! »

Le *Kraka* bondit en avant, traçant un sillage blanc bouillonnant sur les flots noirs tandis que les rames mordaient sans à-coup la surface.

Il ne leur fallut que la moitié du temps prévu par Al-Rahman pour parvenir en vue de leur objectif. L'oasis se composait de quelques cabanes de torchis rudimentaires blotties dans l'ombre protectrice d'un bosquet de palmiers dattiers dont les larges feuilles haut perchées brillaient d'un vert lumineux dans le soleil éblouissant. Les ouvertures sombres des cabanes, tels des yeux décavés et aveugles, témoignaient d'un long abandon.

Une main en visière, Ragnar scruta la rive. Quelques pêcheurs avaient peut-être vécu ici, mais, comme toujours dans ce pays perdu, cela devait faire une éternité. Les cabanes ne devaient plus abriter que des scorpions et des araignées en quête d'un peu d'ombre, comme l'équipage du *Kraka*. Sans doute issu d'une source cachée au milieu des arbres, un ruisseau coupait la berge en pente douce pour se jeter dans le fleuve. Au pays, sur les rivages du fjord Flensburg sillonnés de torrents, personne n'aurait seulement remarqué ce filet d'eau ; ici, il représentait le salut.

Hurlu poussa avec un léger ahanement le long aviron-gouvernail contre le courant et les hommes n'eurent même pas besoin d'ordre pour souquer vers la rive. D'après Al-Rahman, le fleuve était en crue en cette saison et les eaux étaient hautes. Quelques instants plus tard, filant sur son erre, le *Kraka* s'échoua en glissant sur la berge plate. Les deux rameurs de tête soulevèrent l'ancre de bois lourde comme une pierre et la jetèrent par-dessus bord pour empêcher le bateau d'être emporté par le courant. L'équipage ayant effectué cette manœuvre des centaines de fois dans des centaines de lieux différents, l'accostage se fit en silence et en douceur, presque machinalement. Une fois leur tâche accomplie, néanmoins, les hommes, disciplinés à l'extrême, restèrent assis à leur poste en attendant les ordres de Hurlu : ils avaient peut-être la gorge sèche et les lèvres crevassées, mais le navire passait avant tout.

« Levez rames ! » cria Hurlu.

Dans un bruit de grincement, les marins dégagèrent les trente-deux rames de leurs trous doublés de cuir et les dressèrent à la verticale au-dessus des plats-bords tels les arbres d'une forêt.

« Désarmez ! »

Commençant à la proue, les rameurs basculèrent leurs avirons vers l'intérieur du bateau avant de les laisser tomber dans les fourches avant et arrière où reposaient déjà le mât abattu, les voiles ferlées, les bômes ainsi qu'un jeu complet de rames de rechange. Par mauvais temps, les éléments ainsi chargés sur les fourches pouvaient servir de faîtière à la tente que l'on dressait au-dessus des provisions pour les garder au sec.

« À terre, les gars ! »

Manifestant leur approbation par des cris affaiblis qui tenaient du croassement, les marins gagnèrent la proue, d'où ils sautèrent sur la grève bourbeuse parsemée de galets. Habituellement, si l'eau était peu profonde, ils y sautaient directement depuis leur banc de nage, mais pas ici.

Car ils avaient tous vu les énormes créatures écailleuses aux longues mâchoires qui peuplaient les eaux sombres du Grand Serpent et avaient regardé avec horreur deux d'entre elles emporter un veau qui se désaltérait tranquillement au bord du fleuve, non loin de la ville qu'Al-Rahman appelait Al-Qahira. Les deux monstres, agissant de concert, avaient presque coupé en deux la pauvre bête avant de l'entraîner, tandis qu'elle poussait des meuglements lamentables, vers les eaux plus profondes, où ses cris avaient fini par se noyer.

Quand tous les hommes eurent quitté le *Kraka* pour disparaître en titubant sous les arbres à la recherche de la source, Hurlu se tourna vers Ragnar.

« Satisfait ?

– Satisfait », acquiesça le capitaine avec un hochement de tête.

Hurlu sauta de la plateforme de pilotage, parcourut de son pas lourd la passerelle centrale et enjamba à son tour le plat-bord. Enfin, Ragnar et Al-Rahman descendirent eux aussi à terre, suivis par le silencieux Barakah.

La source du ruisselet se présentait comme une grande vasque remplie d'une eau incroyablement fraîche qui scintillait sous les frondaisons des palmiers. Certains des marins se laissaient tomber à plat ventre pour plonger leur tête sous l'eau tandis que d'autres se débarrassaient de leur tunique et de leur pantalon avant de se jeter tout nus dans le bassin.

Après avoir étanché leur soif – quoique avec un peu plus de dignité – Ragnar et Al-Rahman observèrent les matelots.

« L'homme réclame, Odin pourvoit, comme disait ma mère », commenta Ragnar en s'esclaffant.

Al-Rahman sourit.

« Ce bassin ne doit rien à Odin, ni à aucun autre dieu, répondit-il. Il n'est que l'œuvre du temps.

– Je croyais que tu avais foi en ton propre dieu, Allah ? observa le capitaine.

– J'ai foi dans les enseignements de son grand prophète Mahomet, béni soit-il, mais Allah est bien au-delà des connaissances et de la compréhension humaines. C'est pour cela que les Hébreux se refusent même à prononcer le nom de leur dieu à eux.

– Et les *kuffar* dans notre genre – les infidèles – qu'en faites-vous ? demanda le robuste Danois, se souvenant du terme que lui avait enseigné Al-Rahman.

– Mahomet nous commande d'avoir pitié de vous et de vous enseigner le Bon Chemin », répondit ce dernier avec une mimique amusée.

S'éloignant du bassin, ils se promenèrent sous les arbres. Ici, dans l'herbe haute, les dattes tombées au sol avaient germé pour donner naissance à de nouvelles pousses vertes. Pour la première fois depuis des jours, Ragnar se sentait détendu. À l'orée du bosquet, là où commençaient les sables infinis du désert, ils découvrirent une grande dalle de pierre à demi enfoncée dans le sol. Elle était noire et aussi lisse que du verre, à l'exception des endroits où des traits et des images y avaient été profondément gravés. Certains dessins représentaient des hommes, d'autres des animaux bien étranges : des bœufs aux cornes démesurées, des gazelles insolites au cou si long qu'elles dominaient toutes les autres figures, des bêtes aux oreilles immenses, dotées de pattes grosses comme des troncs d'arbres et de deux cornes qui leur sortaient de la bouche, et diverses créatures plus petites au nombre desquelles un chat muni de crocs énormes. De courtes hachures évoquaient des herbages, et les ondulations d'un épais serpent noir – qui ne pouvait être que le fleuve – soulignaient l'ensemble.

« Un de vos ancêtres qui aura voulu reproduire ce qu'il avait vu en rêve ? suggéra Ragnar en caressant les marques du bout des doigts.

– Ou ce qu'il avait vu tout court, répondit Al-Rahman. Qui sait ? Peut-être cette région était-elle jadis un paradis de verdure foisonnant de gibier. Peut-être le bassin où se baignent vos hommes est-il rempli d'une eau de pluie tombée il y a dix mille ans et qui ressurgit là pour nous rappeler le passé...

– Comment un paradis peut-il se changer en désert ?

– Comment la civilisation qui a construit les grandes pyramides et les temples devant lesquels nous sommes passés a-t-elle pu disparaître ? Rien n'est impossible. Tout s'efface. »

Ragnar tourna la tête et contempla le fleuve à travers les arbres.

« Penses-tu que notre quête soit raisonnable ? demanda-t-il. Que nous trouverons vraiment les mines du roi Salomon ?

– Les Romains croyaient bien en leur existence. Et puis, d'autres récits l'attestent. Il y avait jadis un grand roi du nom de Sogolon Djata qui pourrait être le Salomon dont parle ton cousin Harald. Les enfants de ce roi sont devenus si riches que leurs maisons étaient en or, prétend-on. On parle aussi de leur grande cité du désert, Tombouctou, qui abrite d'immenses richesses, et un ensemble de connaissances encore plus considérable.

– Crois-tu vraiment qu'une telle ville existe ?

– C'est ce que nous saurons bientôt, je pense, Ragnar, répondit en riant Al-Rahman, qui donna une claque sur l'épaule du Danois. Et peut-être même aurons-nous la chance de revenir, toi et moi, pour raconter notre aventure. »

Mis en pages par DV Arts Graphiques à La Rochelle
Imprimé en France par Normandie Roto s.a.s.
Dépôt légal : mars 2015
N° d'édition : 3089 – N° d'impression : 1500600
ISBN 978-2-7491-3089-7